商山四皓本事及接受研究

魏敏 著

上海三联书店

目 录

前言

商山四皓避秦乱而隐商山，汉初出山辅佐高祖刘邦之子刘盈稳固太子之位，功成后复隐林泉，其出处行止、高洁品行及银须皓首为后人世代讽咏品评。近年来四皓研究逐渐升温，从附庸于其他论题中独立出来，论及四皓仕与隐的原委，四皓题材的诗歌、绘画、碑刻作品，地方文化建设等方面。补足并考证相关文献，加强宏观与微观考察的结合，梳理四皓文化形象全貌及其演变历史，揭示四皓文化价值与时代意义，考索四皓精神的传播与接受等，将有助于全面、系统、深入地掌握四皓文化内涵，同时具有重要的理论与现实价值。

本书主要分四个章节进行具体论述。

第一章，主要考索史传中的商山四皓。通过较全面的耙梳史料，厘清"四皓"之称最早出于汉末扬雄，并成为其主流的称谓；四人名号中甪里、东园公有他称；绮里季、夏黄公有断句之争；东园公当姓庾姓唐，绮里季当姓吴名实字子景；并考察以"四皓"为名的其他人物事迹。利用多重证据考索"商山四皓"辅翼太子本事，分析四皓"拒邦助盈"之原因在于天下人心之所向，结果刘盈储位得保，天下未乱，四皓功成身退，赢得生前身后名，由此刻画出四皓高贤、隐逸、仙寿的原始形象；而四皓数次归隐商山，其隐地也随时代变迁而增异之说，成为中国隐逸与隐士文化的典型例证。

第二章，主要考索四皓文化形象的演变历程，围绕四皓高贤、智谋形象的塑造与反思，四皓隐逸与仙寿形象等展开。四皓文化形象历经魏晋南北朝时期而逐渐跳脱出“张良计”，唐五代强调“知时”“忠主”，多发借古抒怀言志之语，或以四皓自比或怀四皓心态，宋金时四皓真伪与其道德高下的质疑日盛，推动了四皓道德事功形象的深化，至元明清在事功批判重新抬头至深刻反思的评判色调下，完成了从“政坛”到“神坛”的形象转型；在人格精神与社会责任的取舍中，四皓的隐逸形象凝化为士人政治理想、人生价值与道德操守的圆融的另一支核心力量；而四皓升仙及长寿形象不断被重构书写，史书中诸多以四皓为名的人物及事迹等，则使得尊贤崇老成为中国文化中无法拂去的情结。

第三章，主要讨论商山四皓的艺术接受。具体讨论诗歌中“四皓诗”的创作及其宏观特征，历代四皓诗的分类及主题迁移，唐代题庙诗与白居易集团唱和“四皓诗”，宋代饱含强烈时代感的诗与形象鲜明的词，以及元明清“四皓诗”中的题画主题，都体现出“四皓”对中国传统文化的深远影响。话本、戏曲、小说中引用“四皓”展现出浓郁的传奇色彩，绘画、雕塑、碑刻、建筑中四皓形象比比皆是，且已经固化成为一种贤者之文化符号，四皓长寿、仙人形象突出，并与市民文化结合，成为教化民风的重要载体，还将仙风道骨的历史文化符号烙上传奇的色彩，从思想内涵及题材表现上，最大限度地包容了中国传统文化之精华，焕发出新的生命力。

第四章，探索四皓文化的域外传播接受，主要介绍并探讨四皓文化在古代日本、韩国的传播与接受情况。史志、文论等围绕四皓辅佐太子、稳固汉廷的事功，“真假”四皓与“张良计”等展开，四皓题材散见于诗歌、话本、绘画、建筑等诸多领域，涵盖四皓文化内核的高贤、隐逸、仙寿等层面。走出国门的四皓文化不亚于其在中国本土的流播，且逐渐内化成为日本、韩国古典文化的重要组成部分；四皓文化在日本、韩国的传播与发展，正是“中国文学经典海外传播”的典型例证，中国文化对日本、韩国文化的影响与塑造，对于认识古代汉文化圈中中国文化的历史地位，具有重要的现实意义和理论意义。

本书是对商山四皓本事及接受的一次尝试性思考，在留存资料匮乏且散佚的状况下，在相关研究有待系统化、深入化的研究现状下，力求能为商山四皓及四皓文化建构一个较为合理的体系，从而较客观准确地把握四皓文化的价值，延长四皓研究的学术生命。学识所限，疏漏舛误之处，尚祈读者惠予校正。

绪 论

商山四皓仅流传一诗一文于后世，却因其品行高洁、银须皓首，避秦焚书坑儒隐居商山，又因正统正道毅然出山辅佐太子刘盈，且功成身退后重归林泉，其生动事迹为世代传诵，影响深远。时至今日，以商山四皓故事推演传播形成的文化现象仍然没有完全终结，而在不断增加着新的内涵。

受崇尚征实的史官文化传统影响，中国古代的神仙多有或虚或实的历史人物作为原型。“商山四皓”作为一种独特的文化现象和文化遗产，其所表现的内在历史疑问遂成为学术界争议的热点问题。史书中关于四公之姓名、籍贯、隐地、墓葬的异说，四皓如何与商山结缘，其浸染着浓重民间传说色彩的故事背后的历史真相如何，四皓身上具备哪些独特的素质而为历代文人雅士所倚重，其经历两千多年的风雨沧桑仍然富有鲜活生命力的缘由何在，繁荣文化产业的新时期在中国再提再议四皓精神意义何在等，这些问题都使得商山四皓穿越时空，潜移默化地影响着士人之心，传播着一种圆融理想的人生哲学和生命奥义。

四皓以一个整体进入历史，表现出思想与情感的高度成熟特质，历代接受传诵中附加进越来越丰富的内容，例如史实、演绎、神格化等，也表现出各个时代不同的文化心理、社会风貌等，其接受传播过程中表现出在共性中又有差异的特质。扩大关照对象的涵盖面，从历史、政治、社会、军事、宗教等方面充分拓展四皓文化的内涵和外延，力求在政史结合中，解答以史鉴今，事物发展的巧合性与内在规律等。四皓以长寿长者形象被后世大为传诵，结合当今国情和文化建设的要求，力图挖掘其背后的多方面深层次文化内涵和价值。

四皓历史积淀深厚，源远流长，四皓所包含的淡泊高洁品质、历史政治意义、宗教文化意义、尊老敬贤传统等等，构建了一个复合的信用人格体系，是当代社会人文语境下迫切需要，但又缺失的一笔宝贵的物质和精神文化遗产，其所拥有的内涵丰富的历史人文价值，在调整规范人们的思想行为、促进精神文明建设等方面都有其特殊的价值和意义，却因种种原因而受关注度不高、学理化的研究更是鲜有人触及，尤其是对于深度挖掘和拓展四皓文化现象的产生、传播的历程、发展与现实意义等较为全面系统的学术专著尚为空白。浮光掠影地搜集一些材料，就可以成为一本颇有重量的读物，因而已出版的著述，更靠近文献资料和普识读本，单篇论文多囿于篇幅、角度等往往从四皓现象的一个侧面、一个切口去分析，或者在其他主题中被当作材料举例，达不到综合、深入、交叉的整体研究效果。故四皓文化现象的产生、传播的历程、发展与现实意义，各个学科都有可挖掘和拓展的潜力，值得深入研究讨论，以期获得丰硕成果，全面、系统、学理化地研究商山四皓就成为一个很好的切入点，有助于拓展其研究空间，使之成为该领域新的学术增长点。

本课题尝试将“商山四皓”这一古老而独特的文化现象作为关照对象，从历时性、跨文本、跨文类等角度切入，全面耙梳史料，利用出土文物、地方文献、田野考察等多重证据，考据历史上“商山四皓”的真相；在考察四皓高贤、隐逸、仙寿形象的基础上，全面梳理四皓在文学艺术领域的传播接受史，是非常有意义的思想文化寻根之旅，同时也是中国文学传统与现实人文精神紧密结合的人文关怀探索之旅，可以管窥中国士人的情怀、志趣与精神家园之貌，探究理想的人格、仕途与生命意义，也可以为社会转型期中困惑苦恼的现代人提供一片富有生命张力的灵魂栖息地，为当下“文化强国”战略的实施提供丰富的历史文化参考。

一、已有研究成果梳理

较之在历史、政治、文学艺术等多方面的传播演进，有关商山四皓的学理化研究仍嫌不足。囿于年代久远、环境多变、史料缺逸，甚或人为破坏，传世文献资料十分有限，且星罗散布于各个朝代、各种形式、各种文类的资料之中。神话传说、历史、文学、艺术、民俗、宗教、社会等学科领域的交叉，使之具有复合型的文化内涵，也增加了其学理化研究的难度，使得有关四皓的研究稍嫌寞落。对商山四皓已有的史料与研究成果进行回顾、梳理、总结，肯定成绩，发现缺失，具有重要的学理价值，将有助于商山四皓研究的进一步发展，对今后的持续研究有重要而持久的意义①。

(一) 1978 年以前的四皓研究

四皓因人格精神而被倚重，其须眉皓白、衣冠甚伟，闲步山林、高隐仙踪的形象被反复吟诵。自《史记》记述四皓史事以降，历代皆有四皓入史、入诗文、入画等文献资料传世，围绕四皓政治道德事功、四皓隐逸长寿形象等，形成了四皓文化的核心价值讨论体系（详细情况在正文中进行了系统论述解析），虽然不属于严格意义上的学术研

① 参见魏敏《略述宋代文献中的商山四皓》，载《宁夏大学学报》（人文社会科学版），2015年第1期。

究，但其中蕴含着的诸多思想火花、精妙分析及深刻内涵等，都对当今的四皓研究举足轻重。

民国时期黄巩《读船山遗书有感》云："隐居志可求，行义乃达道。宣圣未见人，千载徒浩浩。荆衡有船山，逸民迈四皓。一意尊纲维，夷狄必除扫，"[①]将四皓刻画为逸民，藉此诠释自己生存于易代之际的夹缝中，在个人人格尊严的完整性与对社会发展发挥作用之间的权衡取舍，凸显出四皓文化内核及四皓人格力量。这类文献中有关四皓的记述与评判，继承了数千年来从政治与道德功能角度出发关照商山四皓的传统，但对四皓形象整体关照的研究仍然缺乏。

建国初期少有专著、论文等以四皓为中心展开讨论，有关四皓的信息多附庸于其他论题中。对四皓遗迹器物等的考索与带有浓重政治色彩的评判，是此期四皓研究的两大主要研究向度。

1. *对四皓遗迹器物等的考索*　1951 年《西北区古迹名胜及文物的调查》一文提及商县"四皓墓：在县西关外五里许，传秦末汉初四皓（东园公、夏黄公、甪里先生、绮里季），来此隐居，殁后葬此，墓址尚存，又有四皓庙一座，其中大殿现为伤员医院借用。"[②]1957 年，陈直《汉晋人对史记的传播及其评价》言及乐浪出土汉箧画像题字"第二排孝惠帝、南山四浩、大里黄公、侍郎侍者、（四皓事段）"又注"商山四皓"云："始见《史记·留侯世家》及《汉书》王鲍两龚传序，夏黄公的名称，史汉及皇甫谧《高士传》四皓神坐机题字，均称为夏黄公。""《圣贤群辅录》称园公陈留襄邑人，夏黄公齐人，无称大里黄公的。唯三国《吴志·虞翻传》注引朱育对濮阳兴称夏黄公为大里黄公，与本箧题字正合。此盖为会稽人传说，与北方学说不同，彩匣的画工，亦可能

---

① 黄巩. 读船山遗书有感[J]. 船山学报，1935，(1).

② 西北区古迹名胜及文物的调查. 文物，1951，(10).

为会稽一带人士。”[①]1959年柳涵《邓县画象砖墓的时代和研究》言及1957年河南邓县出土一南朝画像砖大墓，内有浮雕石砖楷书“南山四皓”四字[②]。逯钦立举四皓名称为例，认为陶渊明关于四皓的概念沿用汉魏以来“绮里季夏、黄公”的传统说法正确，“四八目”的原著者引晋皇甫谧《高士传》中绮里季、夏黄公的说法错误，并由此内证“四八目”并非出于陶渊明之手[③]。

2. 带有浓重政治色彩的评判　卫仲璠认为张良为“个人全身远害，就阴附吕雉，替她画策，引用四皓，巩固太子的地位，造成‘人彘’”，而司马迁认为张良取媚吕后的行为“很不正派，有失大臣的风度”，并引吴汝纶评云：“如妇人好女，盖轻之也。”[④]陈朝璧进一步质疑四皓是否作《紫芝歌》及士大夫是否向往山林隐逸生活，认为四皓经不起卑辞安车的诱惑“终于从商山开了小差，在刘邦面前装模作样，帮助吕雉替她儿子保持住太子的地位”，而《紫芝歌》是否真出于四皓手笔，“犹待考证”，并由此认为“很难说‘山林作为隐士避世的处所，很早就被士大夫们向往着、吟哦着了’。”[⑤]

“四人帮”被粉碎后的1977年，连出数篇论野心家吕雉篡权的论文，实为批判江青集团。曾枣庄认为刘邦易太子，“目的在于防止吕雉篡权和残杀他的后代，保证他的帝业后继有人。”将四皓称为“反动儒生”，吕雉用卑辞厚礼收买他们作“吹鼓手”，“以反动的孔孟之道为其篡权复辟服务”[⑥]。天兵、杨光莉、秦廷辉、韩侃等更认为吕雉“伙同张良等人，演了一出‘商山四皓’‘辅佐’刘盈的阴谋丑剧，制造假象迫

---

① 陈直. 汉晋人对史记的传播及其评价[J]. 四川大学学报(社会科学版)，1957，(3).

② 柳涵. 邓县画象砖墓的时代和研究[J]. 考古，1959，(5).

③ 逯钦立. 读陶管见[J]. 吉林师大学报，1964，(1).

④ 卫仲璠. 司马迁的讽刺语言的艺术[J]. 文史哲，1958，(2).

⑤ 陈朝璧. 关于山水诗产生和发展问题的商榷[J]. 厦门大学学报(社会科学版)，1963，(3).

⑥ 曾枣庄. 吕后篡权的故事[J]. 四川师范学院学报(社会科学版)，1977，(1).

使刘邦改变主意”，四皓则是“一伙六国残余势力的代表人物”，“反秦的四具政治僵尸”①。

这些评价出于特殊的历史时期，论述常从政治斗争中心人物的思想、行为及造成的结果出发，带有强烈的政治色彩，尤以“文革”中后期表现最为强烈，因而缺乏客观、全面的评判，对四皓的评判显然失之偏颇。但从此关于四皓参与汉初太子废易事件并起重要作用，及有关四皓行止的优劣评判，成为四皓研究内容的重要一支，继而有关商山四皓的研究开始为学界所关注，其依附地位得以改观，逐渐从其他论题中显现、独立，并步入真正学理化的研究道路。

（二）1978—1999 年的主要研究成果

改革开放打破了特殊历史阶段的思想壁垒，有关四皓的研究由此进入真正学理化阶段。

1. *贬抑状况之持续及扭转*　从政治角度出发贬抑四皓的状况在改革开放以后仍持续颇久。王先霈、范际燕据白居易“文章合为时而著，诗歌合为事而作”之文学主张，及其当时任谏官左拾遗一职，推测白居易作《四皓庙》有讽刺意味，并认为乾隆皇帝评白居易《答四皓庙》“全是以作文法行之，直可当一篇四皓注读”之“本意是赞誉，我们读来却觉得有讽刺意味”②。沈家庄认为“所谓四皓，不过是几位只讲恭敬仁孝，腐陋不堪的人物”，杜牧用“翻案”法指出“四皓不是安刘功臣，而几乎在客观上成为灭刘帮凶，是符合历史真实的”③。寇养厚认为刘汉王朝保全的主要原因不在四皓，在于“陈平、周勃等人掌握了

---

① 天兵. 还吕雉的本来面目[J]. 江西师院，1977，(1). 杨光莉，秦廷辉，韩侃. 还吕雉野心家的本来面目[J]. 贵阳师院学报(社会科学版)，1977，(1).

② 王先霈，范际燕. 形象思维过程中艺术与政治的关系[J]. 文学评论，1980，(2).

③ 沈家庄. 思精神远　晚唐独步——杜牧七绝散论[J]. 湘潭大学(社会科学学报)，1981，(4).

军权，取得了武装力量的支持，人心的厌吕思刘”[①]。张森年强调四皓不思为刘邦分忧而协助吕后作乱，打消刘邦“使太子将”的念头，导致了刘邦亲兵击敌，对孝惠更为失望；洛士认为四皓“倚老卖老”，卖给汉家天下的是“为害十余年的吕氏之乱”，买来的只有若干“金玉璧帛”，礼义廉耻都“卖了个干干净净”，言辞颇为激烈[②]；傅伯星更云“历来论家对于‘四皓’都持批评态度”，宋代马远《四皓图》中四皓的形象，“就是老朽昏聩，以显示其徒具虚名、不堪处事的本质”[③]。

同时，较为公正的评判与正面赞颂四皓的声音逐渐打破并扭转贬抑四皓的局面。裴斐对比李白入宫时玄宗“降辇步迎，如见绮皓”，遭疏去朝时“书此谢知己，吾寻黄绮翁”，前后评价反差强烈，显与政治遭际挂钩，并据此认为商山四皓因有“济代心”与义不受辱的精神而在李白歌咏的隐者中具有较高地位[④]。高文、何法周认为陶渊明“处在一个人事乖违、时运见疏的时代”，故有“与四皓心心相印和思想上的共鸣”[⑤]。朱顺佐、陈荣昌认为骆宾王以四皓自许，希冀也能“乘时出山，干一番旋乾转坤，扶汉安刘的大事业”[⑥]。金毅从刘邦“有容乃大，珍贤贵隐”，未用政权力量强逼四皓出山从政，却因见四皓调护太子而放弃改易太子的打算出发，认为“容易取得逸民、隐士在政治上的支持”，“不至于因强征而对抗朝廷”[⑦]。

2. *四皓隐逸与升仙主题的拓展* 陈贻焮认为“四皓出佐皇储故

---

① 寇养厚. 杜牧七言绝句浅论[J]. 河北师范大学学报(哲学社会科学版)，1984，(3).

② 洛士，仁胜. 卖“老”的“艺术”[J]. 山西老年，1994，(10).

③ 傅伯星. 让马远走出历史——论马远生卒年的确认及其主要创作的动因与真意[J]. 新美术，1996，(3).

④ 裴斐. 论李白的隐逸[J]. 江汉论坛，1981，(1).

⑤ 高文，何法周. 试论陶渊明的政治倾向[J]. 开封师院学报(哲学社会科学版)，1977，(6).

⑥ 朱顺佐，陈荣昌. 骆宾王临海之行[J]. 唐代文学研究，1996.

⑦ 金毅. 论逸民、隐士及其隐遁权——《庄子》、《法言》、《抱朴子》论隐逸[J]. 北京第二外国语学院学报，1997，(4).

事，多为东宫官属；太子因此亦喜征召隐逸"[1]；而魏明安则认为是皇甫谧改动四皓史事情节，遂使四皓成为"身不屈于王公，名不耗于终始"的彻底隐士[2]；陈建华认为咏隐士诗里的出世思想源自商山四皓[3]。而四皓因其隐逸的特质而被列入道教神仙体系者古已有之，汉时四皓已进入朴素的神仙学说；晋代葛洪《抱朴子》记载四皓服丹药飞升，将四皓列为道教人物；南北朝邓墓画像砖中隐居升仙题材里"有故事情节的形象有竹林七贤、王子乔、南山四皓"，其共同处在于"隐居不为官，投身自然，长生不老直至成仙"。叶嘉莹言李白向往"立太子而后拂衣还南山的'绮皓'"，其诗"一方面既称述其'一行佐明圣，欻起生羽翼'的事功，一方面又赞美其'功成身不居，舒卷在胸臆'的隐退"，带有神仙意味[4]。郑杰文将四皓列入"背世离俗，隐遁修炼，希冀着得道在仙，白日飞升，永居他们理想中的天上仙界"派系[5]。

3. *有关四皓纪念地、诗歌的考证*　围绕四皓遗迹的保护与修缮、新修四皓纪念地等也出现了一些考证性文章。周本述将四皓与洞庭西山的四皓遗迹加以连缀[6]，郝臣杰将四皓与商山联系起来，用史传、文学作品、民间传说等连缀四皓相聚在商山、为辅太子进长安、青史留名在民间的三部分史事，并赞"先生可谓全德矣"[7]。李献奇据新出土崔日新墓志有"汉南山四皓夏黄公，岑令亭伯君其绪也"语，故

---

① 陈贻焮. 唐代某些知识分子隐逸求仙的政治目的——兼论李白的政治理想和从政途径[J]. 北京大学学报（人文科学），1961,(3).

② 魏明安. 皇甫谧〈高士传〉初探[J]. 兰州大学学报，1982,(4).

③ 陈建华. 论唐代咏隐士诗的思想性[J]. 齐齐哈尔师范学院学报（哲学社会科学版），1997,(5).

④ 叶嘉莹. 谈李白、杜甫的友谊和天才的寂寞——从杜甫《赠李白》诗说起[J]. 北京师范大学学报，1982,(3).

⑤ 郑杰文. 方仙道的派系——论方仙道之三[J]. 中国道教，1991,(2).

⑥ 周本述. 洞庭西山与"商山四皓"[J]. 苏州教育学院学刊，1986,(3).

⑦ 郝臣杰. 四皓传奇[J]. 陕西档案，1994,(2).

将夏黄公列入崔氏族谱[①]。

考证有关四皓的诗歌者，有朱金城对李白《山人劝酒》《商山四皓》《过四皓墓》三诗进行考释[②]；刘学锴认为李商隐的咏史诗"把讽刺的矛头集中指向当代荒淫昏聩的封建统治者，更触及时代政治的焦点和热点"，其《四皓庙》诗借对萧何功第一的异议，"表达了对武宗、李德裕君臣未能定储的遗憾"，于"陈旧的题材"中"注入了现实政治内涵而获得了新鲜感与时代气息"[③]；莫励锋认为杜甫《王十五司马弟出郭相访兼遗营茅堂资》诗"肯来寻一老"句所注"汉初应曜隐于淮阳山中，与四皓俱征，曜独不至"等语为"伪师古注"[④]等。

（三）21 世纪以来的主要研究成果

进入 21 世纪，四皓研究相关的成果数量成倍增长，其中涉及四皓的论文、著作达 500 余篇（部），几乎已经与 20 世纪全部著述数量持平；以四皓为研究中心者也有近百篇。研究的视角更趋多元化，内容涵盖了 20 世纪绝大部分主题，并扩张至更为广泛的研究领域。

1. 围绕四皓仕与隐的探讨　黄秀坤将四皓故事作为张良"忍"计的例子；李建峰认为四皓一直受高祖敬重，与吕后、留侯等"众多人物多方塑造"，使太子像刘邦，迫使刘邦放弃废太子的念头；蒋波等分析四皓与汉廷主要政治人物的关系，指出"四皓对于太子之争的平息，符合古代'立嫡不立庶'的惯例，也有利于汉初社会的稳定"；邵书

---

① 据李献奇《洛阳新发现唐志丛识》，1987 年洛阳市郊区邙山乡井沟村出土景龙二年（708）《崔日新墓志》，首行题"唐故司农寺主簿崔君墓志铭并序"，末行署"朝请大夫守合公县令武功苏颋撰文"，志文有"汉南山四皓夏黄公，岑令亭伯君其绪也"。夏黄公姓崔名广字少通。见《中原文物》1996 年第 2 期。

② 朱金城. 李白《山人劝酒》《商山四皓》《过四皓墓》三诗考释[J]. 河北大学学报（哲学社会科学版），1980，(4).

③ 刘学锴. 李商隐咏史诗的主要特征及其对古代咏史诗的发展[J]. 文学遗产，1993，(1).

④ 莫砺锋. 杜诗"伪苏注"研究[J]. 文学遗产，1999，(1).

峰则从张良忠君为国的人生价值观的角度来考量四皓事迹;季乃礼认为“四皓重礼,倾向儒家”,推测惠帝“孝治”可能受五老教化的影响①。

康保成概括四皓精神为“避乱隐居,不仕修身,待机出山”,认为陶渊明的四皓情结对我国传统文人“外圆内方”集体人格的形成产生了重要影响②。刘翠、刘石讨论了“商山四皓”与“南山四皓”二称在古代文学中流传与并用的情况,从历史地理角度解释其原因,指出四皓“在相当程度上是被后人不断建构的一个文化符号”,并着重辨析陶渊明与南山的关系③;王晓卫认为建安时期“四皓隐南山”为流行说法,四皓以贤者与隐者的形象被接受,南山与商山一样幻化为贤者隐处④;杨清之认为四皓之隐“并不是像庄子那样追求‘无名、无功、无己’,而是对孔子‘无道则隐’的一种实践”,并推断四皓所作《采芝操》作于汉初之说更近乎情理,将之上升至汉初士人隐逸情绪与汉代隐逸文学的发端⑤。

牛继清据四皓行踪认为其“当属于道家隐士群体”,而四皓客和太子的关系确定是“张良利用他与道家系统的非常关系着力斡旋的结果”⑥,其看法不同于孔定芳等的四皓逸民身份说。王子今认为四

① 参见李建锋《活在楚歌中的历史：汉初宫廷斗争》,载《文教资料》,2006年第18期;黄秀坤《宋代〈史记〉人物史评与诗评之比较举隅》,载《北华大学学报》(社会科学版),2000年第3期;蒋波、朱战威《商山四皓汉初事迹述论》,载《商洛学院学报》,2010年第1期。蒋波另撰《汉代的“招隐士”》(《秦汉研究》2011年)从西汉政府招隐士的角度考察四皓事迹。

② 康保成.试论陶渊明的“四皓”情结[J].中国文化研究,2004,(1).

③ 刘翠,刘石.“四皓”、“南山”与陶渊明[J].文艺研究,2010,(11).

④ 王晓卫.魏晋诗歌中的“南山”意象[J].贵州大学学报(社会科学版),2000,(5).

⑤ 杨清之.汉初士人隐逸情绪与汉代隐逸文学的发端[J].海南广播电视大学学报,2008,(4).

⑥ 牛继清.张良卒年及相关史事考论[J].淮北煤炭师范学院学报(哲学社会科学版),2005,(3).

皓不仅依托张良的道家影响力，“自身也确实表现出与早期道教文化特征十分接近的品格”，“紫芝”也可看作“和神仙方术有关的一种文化象征”，道家文献体系也曾有作为著作家的四皓席位，并藉此考察道家思想的文化风貌与政治影响①。

2. *四皓诗歌、绘画、碑刻及文献辑逸* 杜玉俭详述了汉至唐代四皓形象的发展演变史，并以白居易为中心的唱和集体的创作等精到地分析了唐代四皓题材的诗作②。张再林认为白居易对商山四皓的咏叹“从早年初入仕途时的企慕和钦羡，到中年遭受贬官之后的自愧不如，最终到晚年安享悠闲惬意生活的庆幸和自得的变化过程”，随境遇起伏而展现不同的色彩③。曾礼军则对比元稹、白居易等诗作中对四皓截然相反的态度，从维护李唐皇权角度赞颂四皓④。

赵启斌认为“在历代士大夫文人心目中，四皓的隐退与进入宫廷，无疑是他们政治理想的真实写照，或从政以辅佐君主匡定天下；或退隐山林以乐天知命，得其自由精神”，“暗合了他们既想实现雄心抱负又要明哲保身的心理和身处乱世的需求”，四皓主题因此在诗文、绘画中一再被表达⑤。郑岩细考东晋漆盘中的四皓画像，认为四皓故事“原典所具有的情节和人物个体的意义已经被淡化”，而在“新的语境中被赋予了新的意义”，被看作古代君王“求仙的媒介或同路人”⑥。

---

① 王子今.“四皓”故事与道家的关系[J]. 人文杂志，2012，(2).

② 杜玉俭. 唐代文学中的商山四皓题材[J]. 唐代文学研究，2006.

③ 张再林. 白居易对商山四皓的咏叹[J]. 阅读与写作，2011，(4).

④ 曾礼军《论唐代诗人对〈史记·留侯世家〉的接受》(呼兰师专学报，2004 年第 1 期)对比四皓与张良，认为诗人们借史咏怀、以古刺今，渴望“能够有像张良、四皓这样力挽狂澜的人物出现”维护李氏皇权。

⑤ 参见赵启斌《中国绘画史上的“老人图”》(《收藏家》2001 年第 9 期)及《略论〈商山四皓、会昌九老图〉的艺术价值》(《中国书画》2004 年第 10 期)所述。

⑥ 郑岩. 南昌东晋漆盘的启示——论南北朝墓葬艺术中高士图像的含义[J]. 考古，2002，(2).

涉及四皓文献之辑逸者，有谢汉强据明清的《商州志》所载，提出唐文《四皓赞》可能是柳宗元的佚文①。朱文通认为沈从文《“商山四皓”和“悠然见南山”》一文中所云史传上汉代和六朝人将商山四皓通说是南山四皓为“疏误”②。雷文汉据《水经注》所载四皓曾隐之商山即楚山，又有四皓庙等证“西周早期熊绎所居丹阳似当在今陕西商县的丹江河谷”，并介绍了商州四皓庙的情况，认为商州四皓墓不是“衣冠冢”而是真墓，四皓隐居的商山也称楚山，四皓在商山一带曾隐居多处③。任文利则通过考索王阳明的相关文献，及其诗作中多引四皓故事言己身退隐之志等，稽考出《四皓论》当为王阳明佚文④。

3. *地方文化建设与域外四皓研究*　商洛地方学者与政府、文化界对四皓文化也给予了高度重视，并着手实证开发研究。张冷夫与王英全《“商山四皓”文化品牌建设的思考》认为应加强四皓文化品牌的建设，充分挖掘其潜力，发挥其对商洛经济发展和社会进步的重要作用。王子玮《陕西商洛四皓墓旅游资源的开发》等也属此类⑤。2013 年的“商山四皓”文化学术研讨会是“对商山四皓材料、史料、历史资料进行的比较全面的梳理”，“也是对商山四皓文化最全面的一次研讨”⑥。郝臣杰、陈道久的《商山四皓研究》集中稽考四皓名籍、世

---

① 谢汉强. 这可能是柳宗元的一篇佚文[J]. 柳州师专学报，2002，(3).

② 朱文通. 也谈“商山四皓”和“悠然见南山”——沈从文先生的一个疏误[J]. 社会科学论坛，2003，(12).

③ 雷文汉. 商州四皓庙四皓墓稽考——兼论商山即楚山[J]. 商洛师范专科学校学报，2006，(1).

④ 任文利. 王阳明史论佚文《四皓论》考[J]. 湖南科技学院学报，2007，(3).

⑤ 见张冷夫，王英全《“商山四皓”文化品牌建设的思考》，载《商场现代化》2008 年第 24 期。王英全另撰文《商山四皓文化产业发展研究》(《运城学院学报》2012 年第 4 期)提出具体的四皓文化产业发展的方案。见《商洛学院学报》2010 年第 3 期。

⑥ 2013 年“商山四皓”文化学术研讨会在商洛召开，数十位文史研究领域的专家学者及地方文化人士，共同就四皓文化的现代意义与近年来研究的进展进行了深入探讨。徐卫民《“商山四皓”文化学术研讨会纪要》(《史学月刊》2013 年第 11 期)述论了会议相关内容。

系谱牒、墓葬隐地，记述历史上史学家、文学家、政治家对“隐士”四皓的褒贬，品评历代有关四皓的诗文、绘画、雕塑中体现出的隐逸、崇道、尊老等传统和精神①。

四皓的域外传播与接受，也是四皓文化流播的重要向度，如日本泷川资言《史记会注考证》有关四皓的论述②，平岗武夫《中国诗文选》白居易卷载《〈四皓庙〉の诗に答えゐ》③一文，伊藤漱平编《中国の古典文学》载市川桃子探讨《元稹〈四皓庙〉中唐诗の批判精神》④等，可惜其大多呈片段化。

综上所述，四皓研究或从四皓辅翼太子稳固汉廷的史事出发，对四皓的出处行止、精神特质与道德等方面进行评判；或从受四皓文化熏染，思想与创作都沾染四皓气息的名人名作出发，对历代吟咏四皓的作品进行品评；或从与四皓相关的其他历史人物出发，从儒家、道家、尊老、修仙等角度着眼，对四皓文化进行拓展研究，呈现出阶段性、累积性、创新性等特点。

改革开放不仅有力地促进了中国社会的转型与发展，也极大地促进了学术界的思想解放，有关四皓的研究整体风貌焕然一新：一方面，在其他主题的论述中，四皓文化及其相关材料依然被经常援引；另一方面，出现了大量真正学理化的以四皓为中心的研究成果。从政治角度出发贬抑四皓的状况仍持续颇久，赞颂性的评价则开始打破并扭转这一局面，出现了对四皓较为公正的评判。高贤隐逸作为四皓研究的必然主题开始显现，四皓升仙主题也开始被重视。围绕四皓遗迹的保护与修缮、新修四皓纪念地及与四皓有关的诗歌作品，产生了一些考证性文章，对补足四皓形象有重要史料学意义。

---

① 郝臣杰，陈道久. 商山四皓研究[C]. 北京：作家出版社，2007.

② [日]泷川资言. 史记会注考证[M]. 上海：上海古籍出版社，1985.

③ [日]平岗武夫. 中国诗文选[M]. 东京：株式会社筑摩书房，1977.

④ [日]伊藤漱平编. 中国の古典文学[M]. 东京：东京大学出版会，1981.

进入21世纪，以商山四皓推演传播形成的文化现象，还在不断增加着新的内涵，焕发着生命的活力。意识形态与政治干预的力量已然消弭，转而代之的是更趋理性、客观、全面的研究，四皓文化的内涵也被多方面深入开掘，并引起学界与社会各界关注度的持续升温。围绕四皓仕与隐的探讨、四皓诗歌、绘画、碑刻及文献辑佚等产生了一批含金量较高的研究成果；伴随国家文化发展战略的调整，地方政府与民间力量的积极努力，地方文化建设也持续升温，取得了一系列的成绩；域外四皓研究也有一些成果出现，补足了以往的空白，但仍比较薄弱。

二、本项研究的方法、新见及不足

商山四皓的故事最早见于《史记》，此后史书或其他典籍亦有记载，后世题咏、评论者众，艺术作品中亦多涉及，四皓形象及四皓文化更传播到了日本、韩国等地，是文学史、文化史上一个重要的研究课题。本书在充分吸收、借鉴已有四皓研究成果的基础上，采用多种较为合理的研究方法，于四皓本事考索、四皓文化形象阐释、四皓艺术接受研究等方面着力，各有创获。主要体现在以下几个方面：

第一，本书重视文献梳理、考辨与理论探讨的有机统一，在对已有四皓文献考索的基础上，尽可能全面地搜集相关典籍，耙梳出其中真正有价值的部分，并加强辨析，从史传中的商山四皓入手考辨四皓本事，涉及四皓之称谓、里籍、隐所、葬地、事迹及各地乃至域外各国四皓遗迹的考证等，尤其注意海外的四皓文献，其匮乏与不易得恰可填补四皓海外传播史料的空白，亦可为国内研究者提供新的观照视野与研究角度。

第二，本书采取宏观研究与微观考察相结合的方法，既广泛搜集材料，细致、全面考察解析相关历史疑惑，又在此基础上从中国传统文化的宏观角度，考察四皓文化形象及其历史演进，从高贤、智谋形象的塑造、深化与反思等方面进行论证，同时也关注到四皓隐逸、仙寿形象，较为全面系统地勾勒四皓从历史人物到文学形象的变化过程，揭现四皓文化之特质，弥补以往学术研究的薄弱环节，做到宏观研究与微观考察相结合，更有效地展现四皓研究的价值。

第三，本书采取文学、历史、文化等多学科融合的研究方法，具体在论文第一、二、三章分别从史学、文化学、艺术接受的层面研究四皓，如第三章从艺术接受的角度，分析博涉于诗歌、话本、戏曲、小说、绘画、雕塑、碑刻、建筑等各文体与领域中的四皓文献，立体地展现出四皓形象及其文化意义，拓展了论文的深度与广度。为了进一步挖掘四皓形象的广泛意义，还着重分析了四皓文化在日本、韩国的传播接受情况，使四皓文化的艺术接受研究有点有面，生动形象，显示出较为广阔的学术视野。

第四，本书综合计量统计、田野考察等方法，如历代“四皓诗”与日本汉诗中的商山四皓等，通过数据说明观点，得出较有说服力的结论；利用田野考察与图说史学、文学，并于文尾附有《商山四皓图版》和《日本商山四皓图版》，说明文字不能表达的地方，这些都有利于厘清商山四皓文化的独特性，从而更准确地把握四皓文化的价值。[①]

总体来说，本书基本做到了逻辑结构完整，线索清晰，在资料的收集挖掘方面下了很大功夫，尽可能做到文献翔实，文史结合，考论结合，中外结合，视野广阔，以小见大，全面深入地探讨四皓形象，力求清晰规范地书面表达，深度挖掘和拓展四皓文化现象的产生、传播的历程，发展与现实意义等，弥补了近年来的研究多能够注重四皓文化内涵的时代意义，但在具体的研究成果中，深度挖掘和拓展四皓文

① 本章内容参见魏敏《新时期以来商山四皓研究述评》，载《西北大学学报》（哲学社会科学版），2015 年第 1 期。

化现象的产生、传播的历程，发展与现实意义等方面的不足。

然商山四皓的相关文献资料多处于散佚状态，且所收集部分材料存在难以细辨的缺陷，囿于笔者知识储备不足，笔力有限，在引述过程中偶有疏漏，行文有粗疏之处；对 1978 年以前四皓研究史的梳理仍稍显薄弱；对国外接受的四皓形象与国内接受的不同之处论述较少，对部分文献的解读仍有欠缺，一些说法不够周密，或判断稍失于片面。

针对上述问题与不足，需将各位评审专家提出的问题、修改建议及指导意见充分吸收转化，以使论文更符合博士学位论文写作规范的准确度、逻辑性等要求；对一些自身力所不能及的问题，需在接下来的时间尽力去学习和解决，进一步修改完善。

第一章

史传中的商山四皓

商山四皓高贤德重却功成身隐的出处行止，成为后世征聘贤能的重要考核指标与中国古今知识分子完美仕途的范式；其须眉皓白的长寿仙姿，符合中国传统文化尊老重贤的精神内核而为后人世代传诵、讽咏不绝，由此形成的四皓文化也不断丰富完善，传播影响深远广泛。

四皓辅翼太子，使刘邦最终不易太子，史传中对其史事多有评述，也逐渐产生了有关四皓称谓、姓名等一系列的疑团，而四皓拒绝刘邦、助力太子的原委及评价几何，四皓在秦汉史籍中的形象原始及其归隐、隐地等，都是亟待学界关注并厘清的重要学术命题。无论后世如何质疑四皓的有无、真伪等，四皓高贤、隐逸及仙寿的形象深入人心，四皓文化在中国传统文化长河具有典型意义，都是毋庸置疑的。本章即首先系统梳理相关文献，以期掀开四皓数千年来隐藏于史传中的神秘面纱，使其史事与形象展现于世人面前。

第一节　商山四皓之称谓、姓名

一、"商山四皓"之称谓

商山四皓的故事最早出现在《史记》中，文中直指"四人"，并未称"四皓"。《史记·吕太后本纪》曰："如意立为赵王，几代太子者数矣，赖大臣之，及留侯策，太子得毋废。"①此"四人"之称谓不带任何道德评判色彩等特殊含义。司马贞《史记索隐》解释"留侯策"曰："令太子卑词安车，以迎四皓也。"②《史记·留侯世家》③《汉书·张良传》也使用"四人"这一描述性词语，《汉书·王贡两龚鲍传》序言仍沿用"四人"之说，并评判四皓"其风声足以激贪厉俗，近古之逸民也。"④

"四皓"这一称谓的最初出现，大致最晚在西汉晚期。从现有文献记录看，最初使用"四皓"称谓者，当属汉代扬雄⑤。其《法言·重黎》篇有云："或问'贤'。曰：'为人所不能。''请人'。曰：'颜渊、黔娄、四皓、韦玄。'"李轨注："四皓白首，高尚其事。"将四皓归为"人所不能"之"贤"，和颜渊、黔娄并称⑥。《渊骞》篇称："美行，园公、绮里季、夏黄公、角里先生。"⑦其《解嘲》有云："四皓采荣于南山"，不仅明确使用四皓名称，还明言四皓于南山采荣以为食。关于"荣"，颜师古注："'荣'者，谓声名也。一曰'荣'谓草木之英，采取以充食。"⑧《文

---

① （汉）司马迁. 史记[M]. 北京：中华书局，1959：1959：2044.

② （唐）司马贞. 史记索隐[M]. 中华书局标点本，1959：396.

③ （汉）司马迁. 史记[M]. 北京：中华书局，1959：2044—2046.

④ （汉）司马迁. 史记[M]. 北京：中华书局，1959：3055—3056.

⑤ 王子今. 四皓故事与道家的关系[J]. 人文杂志，2012，(2).

⑥ 汪荣宝撰、陈仲夫点校. 法言义疏[M]. 北京：中华书局，1997：399.

⑦ 汪荣宝撰、陈仲夫点校. 法言义疏[M]. 北京：中华书局，1997：450.

⑧ （汉）班固. 汉书[M]. 北京：中华书局，1962：3573—3574.

选》卷四五《解嘲》李善注:"'采荣',采取荣名也。"[①]

《汉书·外戚恩泽侯表》云:"高帝拨乱诛暴,庶事草创,日不暇给,然犹修祀六国,求聘四皓。"颜师古注:"《张良传》高帝谓四人曰'吾求公,公避逃我,今公何自从吾儿游乎?'""四皓须眉皓白,故谓之'四皓'。"称号在《王贡两龚鲍传》[②]。又《汉书·叙传上》云:"高四皓之名,割肌肤之爱。"[③]以言刘邦看重四皓。《艺文类聚》引《王命论·荐管宁表》曰:"汉祖高四皓之名,屈命于商洛之野。史籍叹述,以为美谈。"[④]《汉书·张良传》:"顾上有所不能致者四人,"颜师古注:"四人,谓园公、绮里季、夏黄公、甪里先生,所谓商山四皓也。"又:"四人者从太子,年皆八十有余,须眉皓白,衣冠甚伟。"颜师古注:"所以谓之'四皓'。"[⑤]清代严可均所收《全汉文》载有刘邦诏书轶文,其中有"吾以尔是元子早有立意,群臣咸称汝友四皓,吾所不能致,而为汝来,为可任大事也。今定汝为嗣"语,"四皓"之称或在其事发生时已经出现。

据说汉惠帝陵前有"四皓"纪念刻石,但未必出现"四皓"字样。赵明诚《宋本金石录·跋尾九·汉》"四皓神位刻石"条云:"右四皓神位神胙几刻石四,在惠帝陵旁[⑥]。验其字画,盖东汉时书。"[⑦]认为四皓神胙几制作年代为东汉。

《汉书·叙传下》云:"四皓遯秦,古之逸民。"[⑧]《太平御览》引皇甫

---

① (梁)萧统编、(唐)李善注. 文选[M],中华书局影印本,1977:632.
② (汉)班固. 汉书[M]. 北京:中华书局,1962:677—678.
③ 颜师古注:"不立戚夫人子。"(汉)班固. 汉书[M]. 北京:中华书局,1962:4211—4212.
④ (唐)欧阳询. 艺文类聚:卷十[M]. 北京:中华书局,1965:193、665.
⑤ (汉)班固. 汉书[M]. 北京:中华书局,1962:2034、2036.
⑥ 洪适《隶释》卷二六《金石录下》"在惠帝陵旁"的"旁"作"傍"。见《隶释·隶续》,中华书局影印本,1985:281.
⑦ (宋)赵明诚. 宋本金石录:卷十九[M]. 北京:中华书局,1991:450.
⑧ (汉)班固. 汉书[M]. 北京:中华书局,1962:4260.

谧《帝王世纪》说“四皓始皇时隐于商山”①，足见通过四皓言行，可认识战国晚期以至汉初的文化风貌。

《留侯世家》张照《考证》：“陶潜《四八目》即《圣贤群辅录》。别名《四八目》，盖所载如‘四佐’‘四凶’‘八元’‘八恺’之类，‘四’与‘八’居多，后人遂呼之为《四八目》耳。”②因相关称谓所论及的对象数目以“四”“八”居多而由此称。“四皓”当属较典型的借数字指代人物组合的称谓形式。《四八目》之真伪虽存在争论，但“辅”强调政治人才的责任与作用，所谓“彼四人辅之”，突出强调了四皓之行止对后来汉惠帝刘盈执政的重要作用。

与“四皓”并行的还有“四老”之称。《汉书·叙传》述张良功绩云：“留侯袭秦，作汉腹心，图折武关，解陀鸿门。推齐销印，敺致越信。招宾四老，惟宁嗣君。”③《晋书·凉武昭王李玄盛传》载录李暠《述志赋》中“情遥遥以远寄，想四老之晖光”语④。

还有“四公”之称。《晋书·殷仲堪传》中“四皓”与“四公”同用，且“四公”出现三次⑤。《晋书·艺术传·卜珝传》有云：“人各有心，卜珝之不欲在吾朝，何异高祖四公哉。可遂其高志。”⑥《晋书·石勒载记》有云：“以将军为高祖，自拟为四公，所谓君臣相知，此亦足成将军不世之高，何必吏之。”⑦而称四皓为“公”者，可追溯至《史记·留侯世家》中刘邦初见四人随侍太子时所说：“吾求公数岁，公辟逃我，今公何自从吾儿游乎？”此“公”可作孔融所云“公者仁德之正号”解。

---

① 《太平御览》：卷一六八，第817页下栏.

② 《史记》卷55《留侯世家》张照《考证》，见《文渊阁四库全书》，上海古籍出版社，1987年，第244册第305页上栏。

③ （汉）班固. 汉书[M]. 北京：中华书局，1962：4248.

④ （唐）房玄龄等. 晋书：卷七八[M]. 北京：中华书局，1974.

⑤ （唐）房玄龄等. 晋书：卷八四[M]. 北京：中华书局，1974：2196—2197.

⑥ （唐）房玄龄等. 晋书：卷九五[M]. 北京：中华书局，1974：2481.

⑦ （唐）房玄龄等. 晋书：卷一〇四[M]. 北京：中华书局，1974：.

还有以“商洛”指称四皓者。《宋书·武帝纪》载刘裕经过张良庙时所下令文，有“若乃神交圯上，道契商洛，显晦之间，窈然难究，源流渊浩，莫测其端矣”[①]句。《宋书·傅亮传》载录傅亮《演慎》中“商洛遐遁，畏此驷马”[②]句，《宋书·隐逸传·周续之传》载刘柳向刘裕推荐周续之的上书中有“商洛匡汉，英业乃昌”[③]语。

二、四皓“名号”释疑

《史记》载四皓之名姓曰：

> 上怪之，问曰：“彼何为者？”四人前对，各言名姓，曰东园公，角里先生，绮里季，夏黄公。

颜师古注《汉书·王贡两龚鲍传》所载“汉兴有园公、绮里季、夏黄公、角里先生”句云：

> “四皓”称号，本起于此，更无姓名可称知。此盖隐居之人，匿迹远害，不自标显，秘其氏族，故史传无得而详。至于后代皇甫谧、圈称之徒，及诸地理书说，竞为四人施安姓字，自相错互，语又不经，班氏不载于书。诸家皆臆说，今并弃略，一无取焉。”[④]

颜认为“后代”“四皓”传说，如“氏族”“姓字”“地理”等均属“臆说”，“自相错互，语又不经”，取“并弃略，一无取焉”的态度，虽言明了

---

① （南朝）沈约．宋书：卷二[M]．北京：中华书局，1974：41.
② （南朝）沈约．宋书：卷四三[M]．北京：中华书局，1974：1339.
③ （南朝）沈约．宋书：卷九三[M]．北京：中华书局，1974：2280.
④ （汉）班固．汉书：卷七十二[M]．北京：中华书局，1962：3056.

《史记》《汉书》未着四皓姓名之因由，也说明了后世记载四皓姓名多分歧的原因。但由此做结论说四皓“无姓名可称知”，就有些悖谬。

四皓并非仅为隐居之人，他们曾为秦博士，自当有姓、名、字，即便逃秦“秘其姓氏”，后世亦可“解密”。《史记·留侯世家》最早记载四皓“曰东园公，角里先生，绮里季，夏黄公”[①]，这显然不是真实姓名，是号。号，也叫“别字”“别号”，是古人成年以后，在长辈所取的名字之外自己再取的一种称号。古代对名、字在称呼上十分讲究。交往中，名一般用作谦称、卑称，或上对下、长对少的称呼；平辈之间相互称字；下对上，卑对尊写信或呼唤时可以称字，但绝对不能称名，尤其是君主或自己父母长辈的名，更是连提都不能提，否则就是“大不敬”或叫“大逆不道”。四皓在皇帝面前自称外号，确实有些不伦不类，而四人名号本身也有疑点待解。

1. 角里之“角”　与《史记·留侯世家》所载“角里”不同，《汉书·王贡两龚鲍传》作“角里先生”[②]，汉代孔安国《秘记》注作“禄里”，宋司马光《资治通鉴·汉纪》又作“角里先生”[③]。经查，“角”字古亦作“甪”，甪字音禄，是角字的变体和异读，对比《汉书》写作“角里”，直呼音义一致，《资治通鉴》引《史记》原文作“角里”，符合引文尚古的要求，“角里”与“禄里”皆非错讹，一般宜作“角里先生”，引《史记》原文应尊“角里”的写法。

唐李季翁《资暇集》中认为，汉四皓其一，号角里先生，角音禄，今多以觉音呼，误也；至于读角为觉，而角里之音禄里，辄改角作甪，则益谬也。[④] 明确指出很多人因对这一特定名词不了解，而出现的书写与读音之误。现今一些出版物在转载《史记》有关篇章时，硬将“角里

---

① （汉）司马迁. 史记[M]. 北京：中华书局，1959：2044—2046.

② （汉）班固. 汉书[M]. 北京：中华书局，1962：3056.

③ （宋）司马光. 资治通鉴[M]. 北京：中华书局，1956.

④ （唐）李匡文. 唐宋史料笔记·资暇集[M]. 北京：中华书局，1985.

先生”改为“角里先生”并不可取。

2. **东园公之“东园”** 《史记》所载“东园公”,《汉书》记为“园公”,南宋罗泌《四皓辨》一文写道:“四皓之名,言者不一,如圈公在《史记》以来,《汉书》《法言》诸所记载俱作圈公;《洽闻记》作郭园公;赞与《仙传拾遗》又以为东园公。”“圈公者,园公也,其本圈姓。”①

颜师古《匡谬正俗》驳议道:“圈称,《陈留风俗传・自序》云‘圈公之后。圈公为秦博士,避地南山,汉祖聘之不就,惠太子即位,以圈公为司徒。自圈公至称,传世十一。’按班《书》述四皓,但有园公,非圈公也。公当秦之时,避地而入商洛深山,则不为博士明矣。又汉初不置司徒,安得以圈公为之乎?且呼惠帝为‘惠太子’,无意义。”②颜氏以为其说“实为鄙野”,并联系“近代草莱末学之人,多喜自撰家谱,处置昭穆,妄称爵位”的文化现象批评之。

赵明诚《宋本金石录・跋尾九・汉》引录颜说,又云:“余尝疑称著书自述其世系,不应妄诞如此。及得四皓刻石,见其所书,亦为‘圈公’,乃知所述果非臆说,盖当时所传如此尔。至谓圈公为秦博士,及惠帝时拜司徒者,疑无所据。”③据汉代文字遗存“四皓神位刻石”亦为“圈公”,可知圈称并非全为臆说。宋人黄伯思《东观余篇・跋四皓碑后》记云:“近岁有商于一耕夫,得汉石刻数种,有云:圈公神坐、绮里季神坐、角里先生神坐,皆汉人隶书,神坐古矣!”④《三辅旧事》又云:“惠帝为四皓作碑于隐所,则知神祚机,俱当时所刻者,或云圈公姓韦。”⑤若上说皆属实,文献记载和文物佐证,似可认定圈公之说。但

---

① 罗泌,吉州庐陵(今江西吉安)人,著有《路史》47卷,《四皓辨》一文见载于《直隶商州志》。

② (唐)颜师古. 匡谬正俗:卷八[M]. 北京:中华书局,1985:215—216.

③ (宋)赵明诚. 宋本金石录:卷十九[M]. 北京:中华书局,1991:451.

④ (宋)黄伯思. 东观余论[M]. 北京:中华书局,1988.

⑤ (汉)赵岐等撰、(清)张澍辑、孙星衍、庄逵吉校定. 三辅黄图・三辅旧事・三辅故事・两京新记[M]. 北京:中华书局,1985.

古代“园”和“圈”可“同音通假”，甚至“韦”也可通假为“园”。东汉应劭所编纂《风俗通》云：“圈，援也，从门、袁声；今市语韦氏为园家。”[①]故“四皓圈公本亦园者。”东园公之名号亦无错讹。

3. “绮里季夏黄公”断句之争　绮里季与夏黄公二人的号称，没有字形之疑，却出现过如何断句的争论。宋人毕文简《四明文献志》以为“绮里季夏”为一人，“黄公”为一人，故陶渊明、杜甫等有“黄绮”之语；后人误将夏字属黄公句读。宋人潜溪则否定此说，并引经据典，认为当以“夏黄公”为一人。

毕说仅以黄绮之语臆测，而诗文中常简略以称，此恐不足据。宋说与《史记》一致，按《仙传拾遗》所云，绮里季、夏黄公等与张良为云霞之友，夏黄公在《崔氏谱》《老子中经》中皆谓之“夏里黄公”，不云“绮里季夏”，当为正确称谓。

三、四皓姓名释疑

清乾隆九年（1744 年）商州知州王如玖编纂《直隶商州总志》记云：

> 东园公，姓唐，名秉，字宣明；绮里季，姓吴，名实，字子景；夏黄公，姓崔，名广，字少通；角里先生，姓周，名术，字元道。号称四皓。[②]

此文献源引自《鸿书》，此书是何人于何时据何所作皆不得其详，故有人引用其他史料，使得四皓姓名众说纷纭。

---

① （汉）应邵编. 王利器校注. 风俗通义校注[M]. 北京：中华书局，2010.

② （清）王如玖编. 直隶商州总志[M]. 清乾隆九年本.

《中国人名大辞典》释“四皓”云：

东园公，汉，姓唐，字宣明，居园中，因以为号，隐商山为四皓之一。夏黄公，汉，鄞人，避秦匿商山中，四皓之一。（按《史记·留侯世家》注引《陈留志》云，夏黄公，姓崔，名广，字少通，隐居夏里，故号夏黄公。）角里先生，汉，轵人，或曰吴（今江苏无锡县）人，姓周名术，字元道，避秦居商山中，四皓之一。角里一作禄里。绮里季，汉，居绮里，季其字也，或云姓朱，名晖，避秦居商山中，为四皓之一。①

此词条所述四人中，唯独绮里季一人的姓名字号记述与《直隶商州总志》不同，但对其姓名只说“或云姓朱名晖”，并未绝对肯定。绮里季姓吴名实字子景，还是姓朱名晖字季？

《辞海》释“四皓”云：

秦末东园公、角里先生（角一作角）、绮里季、夏黄公隐于商山（今陕西商县东南），年皆八十余，时称“商山四皓”。《史记·留侯世家》、《索隐》引《陈留志》说：园公，姓庾，字宣明，居园中，因以为号。夏黄公，姓崔，名广，字少通，齐人，隐居夏里修道，故号曰夏黄公。角里先生河内轵人，太伯之后，姓周名术，字符道，京师号曰霸上先生。②

此词条未提及绮里季的姓名，认为东园公姓庾不姓唐。东园公姓庾，还是姓唐？

---

① 臧励和等编. 中国人名大辞典[M]. 北京：商务印书馆，1998：580，747，277，1369.
② （汉）司马迁. 史记[M]. 北京：中华书局，1959：2045.

1. **东园公应姓唐** 《资治通鉴》注释中引《史记索隐》曰："按《陈留志》云：园公，姓唐，字宣明，居园中，因以为号。"言东园公之姓与《史记》仅一字之别，即"庾"作"唐"。后人引《史记》则说东园公姓庾，引《通鉴》则说其姓唐，引者有据，读者迷茫。《史记索隐》为唐国子监博士司马贞所作，《资治通鉴》为元史学家胡三省所注，二人索解四皓姓名皆源引《陈留志》，却有不一样的结果。

陈留，春秋时郑国留邑，后为陈国吞并，故为陈留。秦设置陈留县，汉为陈留郡，隋改置汴州，唐复陈留郡，明清属河南开封府，1957年并入开封县。《中国古今地名大辞典》开封县新编《开封县志》记述："魏晋时期，境内已有《陈留耆旧传》《陈留风俗传》等志书，隋、唐、宋、元等朝有关陈留郡及汴都的志书多至12种。境内署名县志的志书编纂始于明朝洪武年间，为河南省方志之首。明万历、清顺治、乾隆、光绪年间修志达到高峰。""明洪武年间有《陈留志》，系陈留知县蒋时行于洪武十三年(1380年)上任后修，分7卷，书久佚无存。清顺治十六年(1659年)《陈留县志》，由知县张复润修，县儒学教谕黄正色纂，共分12卷。"[①]该志第三卷《人物·贤隐》载曰：

> 汉，园公，姓唐名秉字宣明，尝住园中，故号黄公，商山四皓之一。

司马贞和胡三省所见《陈留志》当为唐代以前或元代以前，但"久佚无存"，清代《陈留县志》所载东园公姓唐一说并不能证明元代乃至唐代以前的记载情况。但地方志是有继承性的全面系统记述一个地方历史与现状的百科全书，时代累积成书，一般而言具有较高的可信

① 参见开封县志编纂委员会新编《开封县志》第八章《史志编纂》第二节《陈留县修志情况》。

度及参考价值。

另，众史志皆载东园公“尝居东园，因以为号”。以地名查，东园在襄邑，即今睢县。襄邑置县于嬴秦，因宋襄公葬于此而得名，汉属兖州陈留郡，金代升为睢州，所治仍在襄邑，1913 年改为睢县至今。新编《睢县志》第十编《人物》中所载第一人即“东园公，姓唐，名秉，襄邑人，曾住襄邑东园，故称东园公。避秦末战乱，隐居商山，与甪里先生、绮里季、夏黄公合称商山四皓”，以肯定的语言记述了东园公的姓名籍贯。稽其史料依据，乃承袭光绪十八年《睢州志·人物志·名臣》所载：“汉，东园公，姓唐，名秉，字宣明，陈留襄邑人。尝居襄之东园，因称东园公。避秦乱，隐商山，与甪里先生、绮里季、夏黄公称四皓云。”[①]睢州历史上长期属陈留所辖，其治所一直在襄邑，东园公又是陈留襄邑人，“志不越境而书”，地方志记本地人，当为可信。

而这则史料亦不排除直接或间接承袭于胡三省或司马贞所见《陈留志》。明人王越《四皓围棋歌》中云：“夏黄公是崔少通，东园公是唐宣明；《崔氏谱》及《陈留志》，二书各载其姓名。”[②]济源县档案馆藏清乾隆二十六年萧应植撰《济源县志·人物志·隐逸》有载：“汉，甪里先生姓周名术字元道，轵人，泰伯之后。东园公姓唐名宣明，居园中，因以为号。夏黄公姓崔名广字少通，隐居夏里修道，故曰夏黄公。与绮里季同避秦，居商山，世称四皓，作紫芝歌。”[③]此段文字虽将东园公的字混为其名，却为东园公姓唐提供了又一佐证。

2. *绮里季姓吴名实*　司马贞著《史记索引》与胡三省注《汉纪》均未写绮里季的姓名和字。于是有人猜测绮里季，复姓绮里，单名季。《中国人名大辞典》中“或云姓朱名晖”一说忽略了绮里季的号，

---

① 佚名. 睢州志[M]. 郑州：中州古籍出版社，1990.

② 王越，河南人，明景泰进士，官至兵部尚书，著有《王襄敏集》。详见《康熙续修商志》。

③ 见济源县档案馆藏清乾隆二十六年萧应植撰《济源县志》。

与另三人号称不统一。古人习惯字号用两个字或两字以上，“复姓绮里，单字季”不合习惯。“或云”一说又没有出处，自然让人生疑。《古今人物别名索引》中认为绮里季就是朱晖，也无出处。作为“别名”，又是避祸隐名，也说得过去。只是如此一来，绮里季真名几何呢?

新史料《吴氏宗谱》第五十五世表格内有“吴实，生于周赧王四十六年癸巳”及“弟芮”两人。又在《仕宦题名》中点明了“汉，吴实，字子景，号绮里季，商山四皓之一。”①与《直隶商州总志》所引《鸿书》记载一致。据《中国历史纪年表》，周赧王四十六年当为壬辰，癸巳则为四十七年(公元前268年)，虽稍有矛盾，但据此可以推算四皓避秦安汉时的年龄。秦始皇三十四年焚书，三十五年坑儒，在公元前213年—前212年间，据《史记》载四皓在汉王十一年前已被太子请进长安，第二年刘邦败黥布宫中设宴见到四皓，值公元前195年，绮里季当在73岁左右，虽不足八十，但“须眉皆白”较为可靠，此则史料可印证《史记》与《吴氏宗谱》的记载是可信的。

第二节　商山四皓辅翼太子事迹论

一、商山四皓辅翼太子之本事辨

商山四皓助力“不易太子”之史事散见于《史记》《汉书》《高士传》等典籍中。汉代司马迁《史记·留侯世家》最早详述之：

> 上欲废太子，立戚夫人子赵王如意。大臣多谏争，未能得坚

---

① 《吴氏宗谱》发现于1998年仲夏商州中学东侧小书屋，该谱12册，约20万字，有序言、凡例、宗派、迁徙源流、家规家训、仕宦题名、人物传和世系表，结构比较完整。世系表上自黄帝，下至清光绪二十八年，共一百二十五世。

决者也。吕后恐，不知所为。人或谓吕后曰：“留侯善画计策，上信用之。”吕后乃使建成侯吕泽劫留侯，曰：“君常为上谋臣，今上欲易太子，君安得高枕而卧乎？”留侯曰：“始上数在困急之中，幸用臣策。今天下安定，以爱欲易太子，骨肉之间，虽臣等百余人何益。”吕泽强要曰：“为我画计。”留侯曰：“此难以口舌争也。顾上有不能致者，天下有四人。四人者年老矣，皆以为上慢侮人，故逃匿山中，义不为汉臣。然上高此四人。今公诚能无爱金玉璧帛，令太子为书，卑辞安车，因使辩士固请，宜来。来，以为客，时时从入朝，令上见之，则必异而问之。问之，上知此四人贤，则一助也。”于是吕后令吕泽使人奉太子书，卑辞厚礼，迎此四人。①四人至，客建成侯所。

汉十一年，黥布反，上病，欲使太子将，往击之。四人相谓曰：“凡来者，将以存太子。太子将兵，事危矣。”乃说建成侯曰：“太子将兵，有功则位不益太子；无功还，则从此受祸矣。且太子所与俱诸将，皆尝与上定天下枭将也，今使太子将之，此无异使羊将狼也，皆不肯为尽力，其无功必矣。臣闻‘母爱者子抱’，今戚夫人日夜侍御，赵王如意常抱居前，上曰‘终不使不肖子居爱子之上’，明乎其代太子位必矣。君何不急请吕后承间为上泣言：‘黥布，天下猛将也，善用兵，今诸将皆陛下故等夷，乃令太子将此属，无异使羊将狼，莫肯为用，且使布闻之，则鼓行而西耳。上虽病，强载辎车，卧而护之，诸将不敢不尽力，上虽苦，为妻子自强。’”于是吕泽立夜见吕后，吕后承间为上泣涕而言，如四人

① 一说张良亲自“诣南山”迎四皓。见《太平御览》，引《高士传》曰：“高车山上有四皓碑及祠，皆汉惠帝所立也。汉高后使张良诣南山迎四皓之处，因名高车山也。”（宋）李昉. 太平御览：卷四三[M]. 北京：中华书局影印本，1960：206.《太平寰宇记·山南道九·商州》亦取此说。王文楚等点校. 太平寰宇记：卷一百四十一[M]. 北京：中华书局标点本，2007：2736.

意。上曰："吾惟竖子固不足遣，而公自行耳。"于是上自将兵而东，群臣居守，皆送至灞上。留侯病，自强起，至曲邮，见上曰："臣宜从，病甚。楚人剽疾，愿上无与楚人争锋。"因说上曰："令太子为将军，监关中兵。"上曰："子房虽病，强卧而傅太子。"是时叔孙通为太傅，留侯行少傅事。

汉十二年，上从击破布军归，疾益甚，愈欲易太子。留侯谏，不听，因疾不视事。叔孙太傅称说引古今，以死争太子。上详许之，犹欲易之。及燕，置酒，太子侍。四人从太子，年皆八十有余，须眉皓白，衣冠甚伟。上怪之，问曰："彼何为者？"四人前对，各言名姓，曰东园公，角里先生，绮里季，夏黄公。上乃大惊，曰："吾求公数岁，公辟逃我，今公何自从吾儿游乎？"四人皆曰："陛下轻士善骂，臣等义不受辱，故恐而亡匿。窃闻太子为人仁孝，恭敬爱士，天下莫不延颈欲为太子死者，故臣等来耳。"上曰："烦公幸卒调护太子。"

四人为寿已毕，趋去。上目送之，召戚夫人指示四人者曰："我欲易之，彼四人辅之，羽翼已成，难动矣。吕后真而主矣。"戚夫人泣，上曰："为我楚舞，吾为若楚歌。"歌曰："鸿鹄高飞，一举千里。羽翮已就，横绝四海。横绝四海，当可奈何！虽有矰缴，尚安所施！"歌数阕，戚夫人嘘唏流涕，上起去，罢酒。竟不易太子者，留侯本招此四人之力也。①

依《史记》所载，四皓在辅翼太子一事上起到了旁人所不能及的重要作用：一则四皓为太子献不"将兵"之策，免除了刘邦借故寻端废黜太子的隐患；二则"求公数岁，公辟逃我（刘邦）"的四皓却甘愿辅佐太子，让刘邦看到太子并非无能；再则四皓与刘邦对话只言力钧，

① （汉）司马迁. 史记：卷五十五[M]. 北京：中华书局，1959：2044.

以天下人心震慑使其答应不易太子。三件事层层深入，正解刘邦心底犹疑，使得太子之位免口舌之争反而十足稳固不撼。《史记·吕太后本纪》亦曰："如意立为赵王后，几代太子者数矣，赖大臣争之，及留侯策，太子得毋废。"①刘向《新序·善谋下》引录此故事，句末作"竟不易太子者，留侯召四人之谋也。"②司马贞《索隐》中进一步解释"留侯策"曰："令太子卑词安车，以迎四皓也。"③

班固继父亲班彪(《史记后传》60篇)业，《汉书》中全面肯定了《史记》关于四皓辅佐太子刘盈事迹的记载，并高度评价四皓之高风亮节：

> 昔武王伐纣，迁九鼎于洛邑，伯夷、叔齐薄之，饿于首阳，不食其禄，周犹称盛德焉。然孔子贤此二人，以为"不降其志，不辱其身"也。而孟子亦云："闻伯夷之风者，贪夫廉，懦夫有立志；""奋乎百世之上，百世之下莫不兴起，非贤人而能若是乎！"汉兴有园公、绮里季、夏黄公、角里先生，此四人者，当秦之世，避而入商洛深山，以待天下之定也。自高祖闻而召之，不至。其后吕后用留侯计，使皇太子卑辞束帛致礼，安车迎而致之。四人既至，从太子见，高祖客而敬焉，太子得以为重，遂用自安。……其后谷口有郑子真，蜀有严君平，皆修身自保，非其服弗服，非其食弗食……自园公、绮里季、夏黄公、角里先生、郑子真、严君平皆未尝仕，然其风声足以激贪厉俗，近古之逸民也。若王吉、贡禹、两龚之属，皆以礼让进退云。④

---

① (汉)司马迁. 史记：卷九[M]. 北京：中华书局，1959：395.
② 刘向. 新序·说苑[M]. 上海：上海古籍出版社，1990：63.
③ (唐)司马贞. 史记索隐[M]. 北京：中华书局标点本，1959：396.
④ (汉)班固. 汉书：卷七十二[M]. 北京. 中华书局，1962：3055.

班固父子在肯定司马迁所述四皓辅翼太子本事的基础之上，认为四皓之高风亮节，与伯夷、叔齐、郑子真、严君平齐名，言其虽未在官，然其高风足以震贪易俗，维护皇家统治和社会稳定，为逸民之典范。四皓“应命太子，汉嗣以宁”①，“安刘”之功不可埋没，功成后复隐商山，赢得生前身后名，可以代表多数史学家对商山四皓的评说。

与此观点截然对立，宋代司马光则认为四皓力保太子之事绝无可能。《通鉴考异》有云：

> 按高祖刚猛伉厉，非畏搢绅讥议者也。但以大臣皆不肯从，恐身后赵王不能独立，故不为耳。若决意欲废太子立如意，不顾义理。以留侯之久故亲信犹云非口舌所能争，岂山林四叟片言遽能柅其事哉。借使四叟实能柅其事，不过污高祖数寸之刃耳。何止悲歌云羽翮已成缯缴安施乎！若四叟实能制高祖使不敢废太子，是留侯为子立党以制其父也，留侯岂为此哉。此特辩士欲夸大四叟之事，故云然。亦犹苏秦约六国纵，秦兵不敢窥函谷关十五年；鲁仲连折新垣衍，秦将闻之却军五十里耳。凡此之类，皆非事实，司马迁好奇多爱而采之，今皆不取。②

乍闻此说觉其有理有据，甚以为然，然细读深思却颇觉揣度附会之意味。“恐身后赵王不能独立，故不为”，否定四皓与刘邦对话的分量及其作用的同时，也连带将司马迁“竟不易太子者，留侯本招此四人之力也”的判定也全盘推翻了，实为失之偏颇武断。史记、汉书严谨，即便确有浓厚的戏剧意味，其核心事件、人物关系等是明了的，所传达出的意思或可能美化四皓其人其事，这也同作者写作初衷及史

① （汉）司马迁. 史记：留侯世家[M]. 北京：中华书局，1959：396.

② （宋）司马光. 资治通鉴·汉纪四：卷十二[M]. 中华书局影印本.

实相关；且《史记》为当朝人写当朝史，秉笔直书，不避君王者，为后世所无；而史事本身所起的作用也使其不可能太过离奇，后人推测历史，难免掺杂个人情感，带入当时朝局等因素，从而成为当时的“当代史”①。

二、四皓“拒邦助盈”之原因及结果

1. 四皓拒绝刘邦反助刘盈之情形与原因

在暴秦灭亡、刘项相争、汉朝定天下之后，“高帝拨乱诛暴，庶事草创”，正是天下定而出的好时机，且“日不暇给”的刘邦“犹修祀六国，求聘四皓”②，四皓却“征之不至，乃深自匿终南山”③。四皓缘何如此拒绝刘邦求聘？

《史记·留侯世家》解释曰：“四人者年老矣，皆以为上慢侮人，故逃匿山中，义不为汉臣。”“陛下轻士善骂，臣等义不受辱，故恐而亡匿。”④两次连续记载，都言明刘邦善骂，四皓“恐”而不出。刘邦为人多少有些粗鲁，人所共知，但他早年起事初期乐意接受谋士骊食其“不宜踞见长者”⑤之谏言，率兵入关时也曾乡选三老，并要求“县令丞尉以事相教，复勿徭戍。以十月赐酒肉”⑥等均可见刘邦一直敬老用老。四皓既知刘邦善“慢侮人”，定也知其“敬老用老”，且刘邦广泛接纳隐者，公开求聘他们，位高人尊，当无被骂之虑。此一条原因看似确凿，却显然非真实缘由，至少不是问题核心。

---

① 葛兆光．中国思想史［M］．上海：复旦大学出版社，2001．
② （汉）班固．汉书［M］．北京：中华书局，1962：677．
③ （汉）班固．汉书［M］．北京：中华书局，1962：184．
④ （汉）司马迁．史记：卷五十五［M］．北京：中华书局，1959：2045，2047．
⑤ （汉）班固．汉书［M］．北京：中华书局，1962：18．
⑥ （汉）班固．汉书［M］．北京：中华书局，1962：33—34．

《留侯世家》给出的另一条原因是“义不为汉臣”，就更有问题了。若不为汉臣，即表明自己心系前朝，不为汉用。但实际上四皓之后接受了太子刘盈的要求出山辅佐，岂不是违背初心。既然出山辅佐太子保其地位稳固，定知刘邦不喜太子偏爱戚夫人之子如意，如此岂不是公开和刘邦做对？义不为汉臣拒绝刘邦征聘，又接受刘邦欲废之太子礼聘，此二条皆会触怒“善骂”的高祖刘邦，但刘邦也并没有过分之举，只是作罢，着实已经否定了“恐”被慢侮之“借口”了。至于说到年事已高之语，更是托辞而已。

反观四皓接受太子刘盈邀请出山的情形。在刘邦决意废黜太子刘盈，立戚夫人之子如意，大臣诤谏未果的情形下，吕后惶恐不知所为之时获悉“留侯善画计策，上信用之”，遂动用母家关系，使建成侯吕泽劫留侯张良，张良也反对易太子之事，然以“今天下安定，以爱欲易太子，骨肉之间，虽臣等百余人何益”的骨肉亲情家务事为由婉拒之。待及吕后一方主意已定，才说出真实想法，使出杀手锏“张良计”，要求太子亲下聘书，卑辞、安车、重金礼聘，还要派能辩之士，态度坚决地邀请、迎接四皓出山辅佐刘盈。主动、诚恳、卑辞、固请，是太子一方请四皓的具体行动，对比其父刘邦征聘四皓之情景，可见刘邦的傲慢与太子的卑切形成鲜明反差，然此仅为表面原因。如果真的只是因此而改易“不为汉臣”之言，岂非故作清高之姿的沽名钓誉之徒。

值得注意的是，求聘四皓的主意是在刘邦征聘四皓不成、因偏爱赵王如意欲废太子刘盈之后，由“上信用之”的留侯张良献策而来，汉初隐匿于山野的高人肯定不止四皓，张良为何如此肯定四皓能帮助太子，还要如此声势浩大地去请去迎？四皓果真有如此神力可助太子之位不易？

首先，刘邦欲废太子之事发生在高祖十年（公元前 197），历经秦末大乱，楚汉相争，初立的汉政权尚未稳固，且社会凋敝，百业待兴，黥布叛乱，内忧外患，国家稳定是当下汉廷最重要的事情。而西周嫡长子制确立“立嫡不立庶”，惯例、继承问题也成一方诸侯或王朝大事，能否妥善处理之，直接触及社稷安危。早年西周末年的褒姒之乱，晋国的郦姬之乱，秦二世谋害兄长夺位引发的纷争，都是惨痛教训，“大臣多诤谏”，周昌：“陛下欲废太子，臣期期不奉诏。”[①]太子刘盈符合古之“立长”原则，受朝廷、道统甚至天下的“庇护”。刘邦因偏私欲废太子另立，此其一失，失天下人心，此乃太子废易事件中太子刘盈最终保住地位的客观原因，也是根本原因，四皓出山助力太子是顺应“天下公义”之举。

其次，吕后素来“为人刚毅”[②]，且其母家兄弟多在朝为官，把持要位，这让刘邦不可不惮。若刘邦在太子事情上一意孤行，太子被废，吕氏家族断不会善罢甘休，很可能引发宫廷纷争，社会变乱，后果将不堪设想。而刘盈虽天生懦弱，才华平庸，但其本性忠厚，为人亦无甚劣迹，至少会是个贤良的皇帝。刘邦以为“如意类我”，与如意相较，刘盈显有逊色，但恰巧四皓对刘邦的性格有所顾虑和抵触，如意显然与四皓心中理想的君王形象不一致，且刘邦先太子征聘四皓不至，便因为其“轻士善骂”，而四皓“义不受辱”，此其一短，短无太子之力。四皓知道当年始皇长子扶苏被赐死，幼子胡亥为二世亡秦的教训，又了然刘邦废长立幼必使新的政权动荡，万民遭殃的全部利害，并懂得帝王心理，通达谋略。助力太子也暗合了四皓“待天下安”后，择良主以出之心，扶助太子一事天时、地利皆有，是最佳时机。

再者，《汉书·王贡两龚鲍传》叙伯夷、叔齐“不降其志，不辱其身”，不食周禄，饿死首阳，紧接着叙“四皓”之事，在《留侯世家》所载之外，增加四人名号。然后又表彰谷口郑子真、蜀严君平“皆修身自

---

① (汉)班固.汉书[M].北京：中华书局，1962：2095.

② (汉)司马迁.史记：卷九[M].北京：中华书局，1959：396.

保，非其服弗服，非其食弗食”的节操，认为此六人“皆未尝仕，然其风声足以激贪厉俗，近古之逸民也”。被划入隐士群体的“四皓”，与道教不无关系。张良利用与早期道家系统（黄石老人等）的非常关系积极斡旋，从一开始的为吕氏所“劫”或“强要”设计而出招“四皓”策。到汉十一年，黥布反，四皓出策使“吕后承间为上泣涕而言”，于是“上自将兵而东”，这段空隙中，“以太子为将军，监关中兵”，建立起了太子的政治权威和军事保障体系，张良被刘邦委以重任，“行少傅事”，正式进入了太子的势力系统。次年，“上从击破布军归，疾益甚，愈欲易太子”，张良、叔孙通等以死争亦未果。此时“四皓”依张良事先的策划随太子现身，“上乃大惊”，楚歌一曲，“竟不易太子”。司马迁在记载此事时，就已经对事情的真相有深入的了解，《史记·留侯世家》云：“留侯本招此四人之力。”①《张丞相列传》云：“上以留侯策即止。”②《叔孙通传》云：“留侯所招客从太子入见。”③可见，此事中的关键人物当属张良，起关键作用的乃是“张良计”，由此，引发了后世对于四皓形象的不断重塑，及对于四皓评价的分歧、质疑与批判。④

加之太子“卑辞安车”，低姿态大场面聘迎四皓，展现其对四皓的重视，“用心”换取“真心”，太子的“仁弱”形象与刘邦大相径庭，打消了四皓心中的顾虑，直接促成了四皓选择太子，此举为太子事增添成功最大砝码，也暗合了士人务虚、贵柔的普遍心态，亦可证四皓之分量举足轻重。刘邦若因一己之偏私，置国家社稷大业于不顾，失去天下民心，黥布叛乱不止，历史大势将如江河东流，一去不返。而太子刘盈既顺应“天下公义”，又有商山四皓关键时刻“鼎力相助”，且以吕

---

① （汉）司马迁. 史记：卷五十五[M]. 北京：中华书局，1959：2047.

② （汉）司马迁. 史记：卷九十六[M]. 北京：中华书局，1959：2677.

③ （汉）司马迁. 史记：卷九十九[M]. 北京：中华书局，1959：2725.

④ 牛继清. 张良卒年及相关史事考论[J]. 淮北煤炭师范学院学报（哲学社会科学版），2005，(3).

后和大臣们为两翼，汇聚多方力量支持，自然功成。而四皓“应命太子，汉嗣以宁”，“安刘”之功不可埋没。

2. 四皓辅佐太子之结果与评价

一方面四皓辅翼太子事成，储位得保，天下未乱，四皓起到了关键性作用。高祖恐太子柔弱，特为此最后之防维；明知废立足以召祸，故迟回审慎，终不为爱妾所移，其所谓羽翼已成，势难再动；戚姬屡请易储，再四涕泣，高祖无言可答，乃借四皓以折其心，此即高祖之智术也；四皓以秦时遗老身份趋步汉廷，保全太子使不废立，无论后人将四皓如何定位，这一点都是毋庸置疑的。四皓忠主、知时的高贤形象，休养山林的隐逸脚步，皓发仙踪的仙寿之姿，都成为历代文人士子歌咏的对象，四皓的高贤、隐逸、仙寿等内在文化因子，深植于中国文人士子心中，融化进川流不息的血液，逐渐成中国传统文化的一个符号，不断被解读与重构，在不同的时代展现出各异的风采。

另一方面，汉惠帝在位初期也有所作为，然赵王如意被鸩、戚夫人遭“人彘”，极大地刺激了他的精神，“因病，岁余不能起。使人请太后曰：‘此非人所为。臣为太后子，终不能治天下。’孝惠以此日饮为淫乐，不听政”，西汉中央政权核心实际上转至吕后，即“惠帝垂拱，高后女主称制”。吕后“为人刚毅，佐高祖定天下，所诛大臣多吕后力。”[①]通过“易太子”事件，建立起了有较大影响力的势力系统，并早在刘邦死后，就想通过惠帝掌握朝政，却又惧怕功臣集团，而曾经动了“尽族是”的念头（《高祖本纪》），加之惠帝之死，使得功臣们又面临与惠帝为太子时大致相同的处境，他们对吕后称制、诸吕封王、掌握军权等极为不满，但面对地位巩固、权力集中的吕后不得不颇多顾忌，甚至终吕后之世，也无人敢发难。

史上改立太子事件不鲜，“立嫡以长不以贤，立子以贵不以长。

---

① （汉）司马迁. 史记：卷九[M]. 北京：中华书局，1959：397，412，396.

桓何以贵？母贵也。母贵则子何以贵？子以母贵，母以子贵。”[①]《吕太后本纪》有云：“吕后年长，长留守，希见上，益疏。”“（戚夫人）常从上之关东，日夜啼泣，欲立其子代太子。”[②]刘邦因宠爱戚夫人，偏爱其子如意，想要更易太子，此即“子以母贵”。而刘邦身后吕后“人彘”戚夫人，惠帝知而大哭，“因病，岁余不能起。”可见吕后精明、狠辣，其子刘盈却仁弱、怯懦。刘邦也曾言“如意类我”，“以为（刘盈）不类我，常欲废太子”，说明刘邦欲易太子并非仅出于个人喜恶，而是经过深思熟虑才决定的，因此提出废太子立如意之初，虽有御史大夫周昌谏争激烈；在与四皓对话前，太傅叔孙通面谏“引说古今，以死争太子”，刘邦要么以玩笑退之，要么以“吾直戏耳”“吾听公言”带过。

然，经历这几番折腾，刘邦已知废立太子非一己之好或家务事，而是涉及政权巩固、国家统一与天下太平的大事，此时四皓的突然出现和当庭直言，无疑如同一剂猛药，令他醍醐灌顶。他定然明白这分明是吕后、张良等人利用功臣元老、山林高士来阻止他与戚夫人的一场戏，而戚夫人绝不是吕后的对手，若自己因宠废储，他日朝廷必生动乱，甚至自己一手打拼来的一统江山都可能分崩离析。江山与美人相权衡，刘邦自然了然于胸，于是顺水送人情，令四皓“调护太子”，牺牲了戚夫人，悲歌一曲更铺垫了日后吕后“人彘”戚夫人的悲惨一幕。

从感情与道德的角度观察，刘邦与戚夫人、如意的感情，刘邦身后吕后专权、歹毒，戚夫人遭残害，赵王不能自保，及四皓出山助力太子引发政局之变等，使后人对吕后乃至四皓多有诟词。假定历史重演，换作戚夫人之子赵王如意登上帝位，即便戚夫人柔弱，吕后一方的势力最终各自命运又是如何，远离政治中心的四皓又会是何种

---

① 刘尚慈. 春秋公羊传译注[M]. 北京：中华书局，2010：1.

② （汉）司马迁. 史记：卷九[M]. 北京：中华书局，1959：395.

归宿？

四皓所处的时代，知识分子与封建政权之间的“依存”关系还比较松散，新建政权“举逸民、明养老”，推崇贤德、高节之士，四皓出山辅翼太子之所为，也是为维护封建社会稳定，是正义之师。“学而优则仕”，文士韬光养晦、枕戈待机，或文以载道、立言干禄之类，甚至“兴灭国、继绝世、举逸民”，古已有之。易代换主，政局变动之时，人主因一己之喜恶偏私，制造危局，或打压或提携，主后为维护统治及自身利益，揽幕优学，豢养加宠，为己所用，以彰昌德。对所谓“四皓”“附逆”，“犹秉周礼”也毋须拍案飞沫、詈骂不绝。

三、商山四皓形象原始

《史记》载四老人（“四皓”之名尚未出现）如何在张良计谋下辅佐太子刘盈不被废黜的故事，记载为夏黄公、绮里季、东园公、甪里先生四人银须皓首，秦乱逃匿山林，汉高祖刘邦时礼聘不出，“皆以为上慢侮人，故逃匿山中，义不为汉臣”，因其“轻士善骂”、“义不受辱”[①]，又因正统正道毅然出山来辅佐太子刘盈，功成身退后重归林泉，重点在“张良计”，四皓只是配角。

班彪《王命论》有“高四皓之名，割肌肤之爱”言，虽只是在谈论刘邦“大略”时提及，这一观点被其子班固写进《汉书》。《汉书·叙传》载云：高祖“高四皓之名，割肌肤之爱”，四皓“处商洛深山，高祖求之不得，自养其志，无所营屈。”《汉书·张良传》基本上延续了《史记·留侯世家》所记载的四皓形象，另《汉书·叙传》中交代《王贡两龚鲍传》的写作原因时提到“四皓之遁秦，古之逸民”[②]，认为四皓归隐是为

---

① （汉）司马迁. 史记：卷五十五[M]. 北京：中华书局，1959：2044.
② （汉）班固. 汉书：卷一〇〇[M]. 北京：中华书局，1962：4211.

“遁秦”，并将四皓列入“逸民”。《王贡两龚鲍传》又云：“此四人者，当秦之世，避而入商洛深山，以待天下之定也。”[①]更是将四皓隐居的地点和用意坐实。

杜玉俭《唐代文学中的商山四皓题材》一文对此有不同的阐释：“司马迁通过张良之口和四皓自己之口交代的隐居原因都是说避汉，是为了保持士人人格的尊严，不受不敬士人的刘邦的侮辱，班固却认为四皓秦时已隐居，目的是等待天下平定。”并由此推断司马迁和班固写作目的的差异：“司马迁敢于揭露当朝开国皇帝性格中的缺陷，而班固创作《汉书》的意图就是要歌颂大汉功德，他在《张良传》中虽照抄司马迁说法，但在别处又把可能对刘邦形象造成负面影响的材料加以改换。”[②]笔者以为值得肯定。

而梁鸿“仰慕前世高士，而为四皓以来二十四人作颂”[③]，把四皓作为高士代表。荀悦亦言“思唐虞于上世，瞻仲尼于中古而知夫小道者之足羞也；想伯夷于首阳，省四皓于商山而知夫秽志者之足耻也”[④]，不仅将四皓与伯夷并列，还与尧舜孔子并称。孔融《孔北海集·告高密县立郑公乡教》记载有：“南山四皓有园公夏黄公，潜光隐耀，世嘉其高，皆悉称公。”扬雄《法言》卷十：“或问贤，曰：‘为人所不能。’请人，曰：‘颜渊、黔娄、四皓、韦玄。’”[⑤]赵岐《三辅决录》卷一更云：“仰慕前世高士，而为四皓以来二十四人作颂。”最早将四皓与许由、巢父、伯夷、叔齐有异能的高士相比的史料是袁宏《后汉纪》，光武帝刘秀从圣王容纳异世的角度认为：“自古尧有许由巢父，周有伯夷

---

① (汉)班固. 汉书：卷七二[M]. 北京：中华书局，1962：3056.

② 杜玉俭. 唐代文学中的商山四皓题材[J]. 唐代文学研究，2006.

③ (南朝宋)范晔. 后汉书：卷八三[M]. 北京：中华书局，1965：2766.

④ (东汉)荀悦. 申鉴：卷五[M]. 上海：上海古籍出版社影印明文始堂本，1990：34.

⑤ (汉)扬雄. 扬子法言[M]诸子集成：第七册. 上海：上海书店出版社影印世界书局版，1986：32.

叔齐，自朕高祖有南山四皓。自古圣王皆有异世，非独今也。”①与圣者列，贤者不言自明，此评价极高。

王充《论衡·非韩篇》有记载：“高皇帝议欲废太子，吕后患之，即召张子房而画策。子房教以敬迎四皓而厚礼之，高祖见之，心消意沮，太子遂安。使韩子为吕后议，进不过强谏，退不过劲力，以此自安，取诛之道也。岂徒易哉？夫太子敬厚四皓，以消高帝之议，犹魏文式段干木之间，却强秦之兵也。”②意为批判韩非，推崇张良懂得刚柔并济，四皓是辅助角色，却可见对四皓作为高隐之士的肯定。

徐干“扬张良抑四皓”之态度明确，《中论·智行》有云：“汉高祖数赖张子房权谋以建帝业，四皓虽美行，而何益夫倒悬？此固不可同日而论矣。”③他肯定四皓“美行”，却也发问“倒悬”之苦令自己处境极端困难有何益处。徐干从道德与事功的关系角度颂扬张良，认为在“张良计”中，四皓确为一颗扭转乾坤的“棋子”，意在震慑高祖刘邦，抬高太子刘盈，此语突显张良的高德与功业，四皓作为配角自然“不可同日而论”。此盖最早言四皓“劣”者。洞察未来，则尧舜犹难，遑论汉高，非特使有人彘之祸也哉。批判的言论也从侧面反映出人们对四皓的关注度与反思度，反映出人们对历史及现世政治生活与士人政治命运的关注，也反映出四皓文化对后世的深远影响。

“功成身退”是知识分子历来所向往之完美仕途，但实现这一愿景，不仅要凭借杰出的才学能力，更要保持对政治的敏感度，能择良主而“忠”，能进退“知时”，不为体制所困，才是四皓精神留存数千年的魅力所在。商山四皓作为汉代“当代史”或“近现代史”中的人物，

---

① (东晋)袁宏著、张烈点校. 两汉纪·后汉纪：卷五[M]. 北京：中华书局，2002：84.

② (汉)王充. 论衡//[M]诸子集成：第七册. 上海：上海书店出版社影印世界书局版，1986：96.

③ (汉)徐干. 中论：卷上[M]. 上海：上海古籍出版社影印江安傅氏双鉴楼藏明刊本，1990：22.

虽不是以主角的身份出现在历史舞台上，但其高贤、隐逸、仙寿三重形象的复合，对后人精神世界的影响深远。对四皓形象的不断累加与塑造，均是在这一基础上创造、时代累积、不断复合重构的过程。

第三节　商山四皓归隐及其隐地考

一、商山四皓数次归隐及其原因

《论语》有云："危邦不入，乱邦不居。天下有道则见，无道则隐。"[①]颜师古注云："此盖隐居之人，匿迹远害。"四皓所"远"之"害"所指，三国诗人曹植《商山四皓赞》有详细解说，所谓"嗟尔四皓，避秦隐形"，即躲避秦末战乱，以全身自保。晋代皇甫谧《高士传》卷上"四皓"条有："秦始皇时，见秦政虐，乃退入蓝田山。"虽所隐之地有别，但避秦乱而隐无差。《宋书·谢灵运传》注云："四皓避秦乱，入商洛深山。"此类记载都言明四皓是为避秦乱而隐于商洛深山，且多透露出四皓是为形势所迫才不得不归隐的。

据此多数学者将四皓归隐归因为秦"暴政"，笔者以为值得商榷。综观历史记载，四皓共有三次归隐或隐逸不出，原因也各自不同。

1. *避秦末的政局混乱、秦楚战乱而初隐*　博士制度为秦朝时政治制度的创举之一，《汉书·百官公卿表》载："博士，秦官。掌通古今，秩比六百石，员多至数十人。"《续汉志》载："博士，掌教弟子，国有疑事，掌承问对。"秦始皇统一之后，为维护统治，纳六国礼仪，突出表现在承袭战国时博士制度，并设置博士官为智囊，并扩大至七十人，许其参议朝政，如废立、议宗庙、议郊礼、议典礼、议功赏、议民政、议

---

① 杨伯峻译注. 论语[M]. 北京：中华书局，1980：82.

法制、议罪罚、议大臣等(《西汉会要》)。足见秦朝统治阶层对博士之重视,博士地位之重要。正是有这样的时代背景,均非关中人士的商山四皓,才得以从不同的地方会聚至京都,求仕于秦朝。

而随着秦始皇权利欲望逐渐膨胀,至"事无大小皆决于上","丞相诸大臣皆受成事,倚办于上",而"博士特备员勿用"(《史记·秦始皇本传》)。加之"遭世闇昧,道灭德消,坑黜儒术,《诗》《书》是焚"(《太平御览》卷五百七十三)引崔琦《四皓颂》,焚书坑儒所针对的对象是儒生,对博士官影响不大,然四人"避而入商洛深山",确属实。颜师古注亦将之归因为"匿迹远害"[①]。皇甫谧《高士传》"四皓"条云:"秦始皇时,见秦政虐,乃退入蓝田山。"此期窦太后之父窦少翁"遭秦乱,隐身渔钓"[②]袁良之祖也"当秦之乱,隐居河洛"[③]。在古代士子"学而优则仕"意识下,他们应当不是为了归隐而归隐的,后来四皓出山安刘的故事即是最好的证明。四皓为躲避乱世,被迫退隐山林以全身,为的是"待天下定"。"唐虞时远,吾将何归。"《太平御览》卷一六八引皇甫谧《帝王世纪》载四皓作歌,表明渴望遇见明主,出山干政之情志。

2. 避汉初刘邦"轻士善骂","义不受辱"不出　汉初"高帝拨乱诛暴,庶事草创",刘邦虽"日不暇给","然犹修祀六国,求聘四皓"[④],正是天下定而出的好时机,四皓却"征之不至,乃深自匿终南山"。《史记·留侯世家》载曰:"四人者年老矣,皆以为上慢侮人,故逃匿山中,义不为汉臣。""陛下轻士善骂,臣等义不受辱,故恐而亡匿。"两次连续记载,都言明刘邦善骂,四皓为"义""恐"而不出。当然这些都只是"借口",与年事已高之语一起,显为托辞而已。四皓之后应太子刘

---

① (汉)班固. 汉书:卷七十二[M]. 北京:中华书局,1962:3056.
② (汉)司马迁. 史记:卷四十九[M]. 北京:中华书局,1959:1973.
③ (宋)洪适. 隶释:隶续[M]. 北京:中华书局,1985:70.
④ (汉)班固. 汉书:卷十八[M]. 北京:中华书局,1962:677.

盈之聘，出山辅佐，即是最好的证据。

刘邦虽广泛接纳隐者，并大肆聘迎四皓及其他贤者，但四皓避乱远祸，以待天下安定。四皓非避世之士，而是避人之士，此时虽天下已定，然良禽择佳木而栖，四皓并不认为刘邦是明主，故而托词不出。仕途艰险，则深隐山林，适意"肆志"。而刘邦欲易太子，国基动摇，危难之际四皓又毅然出山，可见其并非是狭隘的民族主义者，其对于国家稳定的忠诚，更甚过所谓"张良计"的智谋，所谓"心系图谋天下"，"忠主"，"知时"，即四皓也。

3. 避刘邦身后吕后专权、年高而复隐　虽有学者认为四皓的隐是"徒隐"，是其智谋的一个方面。然，巩固太子之位，四皓功不可没，太子刘盈感恩戴德，为报答四皓，封侯命爵。四皓却谢绝封赏，选择急流勇退，复返商洛山中归隐，布衣鹤发，与山水紫芝相伴，直至寿终。汉惠帝闻讯令三千御林军每人自长安携土十斤去商山为四皓墓培土，又在商州城南高车山为四皓建庙建祠，以表彰四皓避秦安汉之功。

也有说四皓未复隐山林者。明代陈禹谟《骈志》卷十六引《前梁录》，记载张重华问索绥："四皓既安太子，住乎？还山乎？"绥答未悉。重华曰："卿不知乎！四皓死于长安，有四皓冢，为不还山也。"朱熹《朱子语类·历代》二云："……但不知高后时此四人在甚处？蔡丈云：'康节谓事定后四人便自去了。'曰：'也不见得，恐其老死亦不可知。'"

二、商山四皓归隐地考

1. 四皓隐地历代异说

《史记》详细记载了四皓隐居的史实，对四皓隐地却并无记述，仅言"逃匿山中"。《汉书》云四皓"避而入商洛深山"，为可见最早关于四皓隐地的记载。四皓隐居商洛山中是肯定的，但“商洛深山”是一个不确定的地理位置，可泛指当时商邑和洛邑的所有山林，这包括今天商州、洛南、丹凤、商南和山阳五县地的范围，也可确指商洛山中的某座山。但“商”与“洛”连用作地名的最早记载在隋朝，隋文帝杨坚于开皇四年（584）于汉代商县间加“洛”字，“以境有商山洛水故名”①，县治在今丹凤县商镇。可见汉时所云四皓所隐商山，当为泛指的商洛山区。汉扬雄《扬子云集》则记载曰“四皓采荣于南山”②。

晋代，皇甫谧《高士传》卷中记载四皓“秦始皇时，见秦政虐，乃退入蓝田山而作歌……，乃共入商洛隐地肺山以待天下定。及秦败，汉高闻而征之不至，深自匿终南山，不能屈己。”③共出现蓝田山、地肺山、终南山三山，均为具体的山名。庾信《庾子山集注》卷三记载曰：“四皓隐于上洛熊耳山”卷十二记载曰：“高士传曰四皓隐于地肺山，括地志曰终南山一名地肺山，秦记云终南又名地肺，又真诰曰金陵之地。”④可知，地肺山即指终南山，却又出现一熊耳山。

南北朝时，郦道元《水经注》卷二十记载曰：“楚水出上洛县西南楚山，昔四皓隐于楚山，即此山也。其水两源合舍（宋本无舍字）于四皓庙东，又东迳高车岭南（《太平御览·高士传》：高车山上有四皓碑及祠，皆汉惠帝所立也，汉高后使张良诣南山迎四皓之处，因名高车山）。翼带众流，北转入丹岭（宋本作丹水岭）上有四皓庙。”⑤《通典》卷一百七十五州郡五记载曰“有商山，亦名地肺山，亦名楚山，四皓所隐。”⑥如此，则楚山即指地肺山、终南山，且有高车岭之四皓庙、碑、祠

---

① 参见《旧唐书》地理志及《康熙续修商志》。
② （汉）扬雄著、汪士贤校. 扬子云集：卷四[M]. 北京：线装书局，2013.
③ （晋）皇甫谧. 高士传：卷中[M]. 列女传、高士传合刊本. 沈阳：辽宁教育出版社，1998.
④ （晋）庾信著、（清）倪璠注、许逸民校点. 庾子山集注[M]. 北京：中华书局，1980.
⑤ （北魏）郦道元著、陈桥驿译注、王东补注. 水经注[M]. 北京：中华书局，2012.
⑥ （唐）杜佑撰、王文锦等点校. 通典[M]. 北京：中华书局，1988：4579.

为证。

唐代，颜师古注四皓隐地为“商洛县山”，限定在今丹凤与商南二县内。《扩地志》与《水经正义》也认定楚山即商山，但位置在今丹凤县商洛镇南。徐坚《初学记》卷五地部上“终南山”记载有：“辛氏三秦记云，其山从长安向西，可二百里，中有石室灵芝，常有一道士，不食五谷，自言太一之精，斋洁乃得见之，而所居地名曰地胏，可避洪水。相传云上有水神，人乘船行追之不及，犹见有故漆船者。秦时四皓亦隐于此山。”终南山即地肺山，但“终南太一山在长安西南五十里”。①五代，韦縠《才调集补注》卷一记载有：“（郡国志）商山在商州，即四皓隐处。”“秦士”也有记载：“（三秦记）秦时四皓隐于终南山。”②

宋人明确认为四皓隐于商山。《太平寰宇记》卷二十五关西道一云：“南山即四皓所隐。”卷一百四十一山南西道九云：“《帝王纪》南山曰商山，又名地胏山，亦称楚山。”③朱熹《通鉴纲目》卷三记载曰：“地胏在长安城南八十里，四皓以汉高慢士，遂隐此。”卷四十二下记载有：“《括地志》云，终南，一名中南，一名太乙，一名橘山，一名周南，一名地胏。四皓以汉高慢士，共入商洛山，汉高征之不来，遂隐此山。”卷五十一记载有：“商山，商州商雒县山也，在京兆东南，四皓隐商洛山中，汉高征之不出。”④明辨地肺山与终南山的关系，且将终南山的别称一一列举，且将之公称为商洛山。

潘自牧《记纂渊海》记载：“商谷山在商州，是四皓仙人隐处。”⑤张君房《云笈七签》登七又云“商谷山”“在商州，是四皓仙人隐处”⑥，王

① （唐）徐坚等. 初学记：卷五[M]. 北京：中华书局，1981：105.
② （五代）韦縠. 才调集补注：卷三[M]. 清乾隆五十八年宋思仁刻本.
③ （宋）乐史. 太平寰宇记[M]. 北京：中华书局，2007：528，2735.
④ （宋）朱熹. 御批通鉴纲目[M]. 吉林：吉林出版社，2005.
⑤ （宋）潘自牧. 记纂渊海：卷第一百八十七[M]. 北京：中华书局，1988.
⑥ （宋）张君房. 云笈七签：卷之二十七[M]. 北京：中华书局，2003.

应麟《通鉴地理通释》卷九云："商阪，《战国策》作常阪，即商山也，在商州商洛县南一里，亦曰楚山。"[①]商谷山、商阪，亦为商山之别称。

此外，宋时开始出现四皓隐于洞庭西山说。范成大《（绍定）吴郡志》记载有："前汉角里先生，吴人……汉高帝时与东园公、绮里季、夏黄公俱出，定太子，号四皓……又云今太湖中洞庭山西南中有禄里村。"[②]此材料当出于宋时新出的地方志，或将四皓中单独某一人的家乡列出，为四皓隐居生活之处提供了一个新的方向。

元代，《唐音》卷二于"旷哉远此忧，冥冥南山皓"句后注释曰："南山皓，南山指商颜，而言商颜在商州上洛县（长安之南）。南山皓即四皓也，四皓，上洛县人，东园公、绮里季、夏黄公、角里先生，四人避秦乱隐于商山，老而不仕，故以四皓目之也。"[③]可知南山又称商颜。长安在上洛县南，非今西安市长安区，则可解释唐时"终南（地肺）在长安西南"一说造成的困惑。

明代，何景明《雍大记》卷二云："商州上洛县有商山四皓所隐，其地险阻，州东一百里有武关。"卷九云："商山一名楚山，又名商洛山，在商州东南九十里，汉四皓隐遁于此。"[④]李贤《明一统志》亦云："商洛山在商州东南九十里，亦名楚山，即秦时四皓隐处。"[⑤]彭大翼《山堂肆考》沿用李贤语并云："蓝田山在西安府蓝田县东南，山出玉英故名，四皓避秦逃入此山。"[⑥]明时蓝田县东南即商县境内，蓝田山所在位置与商洛山是同一位置。

黄润玉《（成化）宁波府简要志》认为四皓之黄公隐于宁波大隐

---

① （宋）王应麟著、傅林祥点校. 通鉴地理通释：卷九[M]. 北京：中华书局，2013.

② （宋）范成大.（绍定）吴郡志：卷二十[M]. 择是居丛书景宋刻本.

③ （元）杨士弘选、（明）张震辑注、（明）顾璘评点、陶文鹏. 唐音评注[M]. 石家庄：河北大学出版社，2010.

④ （明）何景明纂修、吴敏霞主编. 雍大记[M]. 西安：三秦出版社，2010.

⑤ （明）李贤. 明一统志：卷三十二[M]. 上海：上海古籍出版社，1987.

⑥ （明）彭大翼. 山堂肆考：卷十六[M]. 上海：上海古籍出版社，1992.

山。“大隐山”条记载有“汉四皓黄公隐此地，名黄墓”，“黄墓山形如覆丹，四皓黄公葬此因名。”①李贤《明一统志》记载有：“四顶山在府城东南七十里，俯瞰巢湖，上有四峰特起，亦名四鼎山。”②四顶山相传为魏伯阳炼丹之所，丹成，以白犬试之，即仙去。宋代张彦修有“寄语商山闲四皓，好来各占一峰居”之赞，此为四皓隐处又添一种想象。

清代，顾炎武《肇域志》解释商山“形如商字”③而得名。来集之《倘湖樵书》“天然之字”亦载：“陕西商州有商山，以山形如商字一名，商洛山即秦时四皓隐处。”④四皓所隐处商山，又名高车山、商谷、商阪及“智亭山”，又有商山逍遥馆、花水峰、秦望山莲花峰等多处隐地。

顾祖禹《读史方舆纪要》载云“高车山，州南二里，相传汉高后使张良高车驷马以迎四皓处”，“一名智亭山，以四皓隐此智能避世而名。”⑤毕沅《关中胜迹图志》载云：“商坂即商山，在商洛县南一里。帝王世纪南山曰商山，又名地肺山，亦名楚山。云笈七籤一名商谷山，四皓仙人隐处。名山记一名商洛山，后人名四皓隐处为智亭山。”而“西安府志山西南有花水峰，亦四皓隐处。”⑥宫梦仁《读书纪数略》“七十二福地”云“商谷，西安商州四皓隐处”，又云“商山六逍遥馆”“即四皓隐处，开元时高太素避居山中建”⑦。胡吉豫《四六纂组》“西安府雍州之域井鬼分野”亦云：“商山隐四皓，逍遥同别业之营，閶阖启千门，长乐俪建章之盛。”⑧秦嘉谟《月令粹编》载“商山即四皓隐处，开元时

---

① （明）黄润玉.（成化）宁波府简要志：卷一[M].清钞本.

② （明）李贤.明一统志：卷十四[M].上海：上海古籍出版社，1987.

③ （清）顾炎武.肇域志：卷三十六[M].上海：上海古籍出版社，2012.

④ （清）来集之.倘湖樵书：卷五[M].清康熙倘湖小筑刻本.

⑤ （清）顾祖禹.读史方舆纪要：卷五十四[M].北京：中华书局，2005.

⑥ （清）毕沅.关中胜迹图志：卷二十五[M].西安：三秦出版社，2004.

⑦ （清）宫梦仁.读书纪数略：卷十二[M].上海：上海古籍出版社，1994.

⑧ （清）胡吉豫.四六纂组：卷七[M].清康熙刻本.

唐太素避居山中，建六逍遥馆”[①]。许鸣磐《方舆考证》记载有：“秦望山在州西南九十里，即良余山，山海经良余山乳水出于其阳，西安府志山西南有莲花峰，亦四皓隐处。”并认为“商山、楚山本系二山，皆有四皓之迹，故亦可统名耳。”[②]对商山与楚山的认识与前人不同，但亦认为四皓曾隐居其间。

此外，张澍《养素堂文集·三辅旧事序》记载有：“海陶征士诔注引四皓秦时为博士，避于上洛熊耳山。”[③]严可均《铁桥漫稿》记载有：“麻硐（涧名）潭湙（近商州城十里，山形石色奇绝，汉初四皓隐处），拔地崛巘，入天蔚蓝，则有当年绮皓不屑华簪，耻汉之骂，避秦之虣，入龙楼而婉娩，终鸿翼之高参，餐紫芝兮髓绿，落松子于手谈……”[④]屈大均《翁山文外·橘香庵记》载曰：“太湖中有山七十二所，其最胜曰西洞庭。相传汉四皓隐其中。”[⑤]王士俊《(雍正)河南通志》记载有：“商山寺在济源县商山，今花石村东，以石皆五色故名，即四皓隐处。”[⑥]四皓所隐之处，又多了上洛熊耳山、麻涧，西洞庭，济源县商山寺。民国沿用严可均《铁桥漫稿》所载麻涧一说[⑦]。

当代有关四皓的史迹在商洛及国内广为分布和传诵。陕西省内：丹凤、商州建有“四皓祠庙”；洛南有“四皓乡”；商南有“甪里洞”“甪山”“甪里坊”；西安有“四皓庙”“四皓村”；澄城、蓝田、华县有“商山庙”。其他省份：河南省济滦、江苏苏州洞庭西山亦有“四皓祠”“东园公祠”“甪庵”“绮里坞”“黄公井”等。文物古迹不是定格的，随

---

① (清)秦嘉谟. 月令粹编：卷十三[M]. 台北：广文书局，1970

② (清)许鸣磐. 方舆考证：卷三十七[M]. 北京：国家图书馆出版社、北京图书馆出版社，2014.

③ (清)张澍. 养素堂文集：卷三[M]. 清道光刻本.

④ (清)严可均. 铁桥漫稿：卷七[M]. 香港：世界书局，1984.

⑤ (清)屈大均. 屈大均全集：卷三[M]. 北京：人民文学出版社，1996.

⑥ (清)王士俊. (雍正)河南通志：卷五十[M]. 清文渊阁四库全书本.

⑦ 杨钟羲撰集、刘承干参校. 雪桥诗话：卷八[M]. 北京：北京古籍出版社，1989.

着其影响力、后人解读等，可能引发对四皓隐地等话题的迁移，造成其多义性与不确定性。

2. 四皓隐地归纳与分析

后世对四皓归隐地的说法颇不确定，与其颇具神秘色彩的史事对应，其隐居地也颇受争议。史传中多据前朝记载，或在其基础上有所调整与发挥；诗文等史料中的记述更为丰富和灵活；四皓在民间被逐渐神仙化的过程，也更增添了有关其隐居处的不确定性，也从一定程度上反映出四皓在民间的传播影响力之大。

郝臣杰、陈道久二先生曾依四皓活动情况推测其行踪，认为四皓秦乱时过蓝田，至洛南，隐终南；东行隐商山，回南方，居洞庭；聘迎至长安，复隐商山，虽理出了四皓隐居的地理图景，但附会、求全之痕明显。笔者统筹分析前文所述史料信息，梳理汉代以来与四皓有关隐居信息，大致描绘出其隐居之地及其变动情况。

汉时泛称四皓隐居商山，魏晋南北朝具体到地肺山、终南山、楚山、高车山、熊耳山等，至唐五代的南山、中南山、太乙山、橘山、周南、商谷、商阪等，虽名称繁复，但都有文献证实所指为同一商山，且基本上都认为在商洛县境内，所谓在长安、蓝田等说法，是由历史变迁引起的行政区域划分而造成的，亦在元、明文献中被解释清楚。

宋以降，人们一方面沿袭前代四皓隐居商山之说，另一方面逐渐为四皓隐地添加了如洞庭禄里村、宁波大隐山、秦望山莲花峰、济源商山寺，又附会了诸如四顶山、逍遥馆、水花峰、麻涧，商山亦出现了商颜、智亭山等新的称法。神话、道家、四皓里籍等因素的夹杂与附会，使四皓之隐地溢出商洛境外，在多地开花，更因纷繁难辨真伪。

造成这种异说与困难的原因是多样的。一是由于四皓多次归隐造成隐地不一，初隐商洛山中，其间游历洞庭等也有可能，但缺乏可靠文献支撑，仅可作为臆说。二是由于历代文献的“层累”，加诸地方文献及民间传说等的“附会”，四皓隐地呈现多处“斗艳”之态。再者，四皓墓、庙、碑、村等的存在，为后人对四皓回归商山提供了一种最为直接的暗示，各地的四皓古迹遗存，也为四皓多地的多处隐居地提供了不少辅证。而文物古迹的影响力在后人解读中，也会对四皓隐地造成其多义性与不确定性。但历代主流观点皆肯定四皓隐地主要在商山，这一基本认知是研究四皓隐地及相关论题不可动摇的基本点。

三、商山四皓归隐之影响与评价

四皓数次归隐，使其成为中国隐逸与隐士文化的典型例证。四皓两次入世，两次出世；既是隐士，又是博士；既有一般隐士消极的一面，又有古代名士积极的一面。四皓逃秦为“去危以图其安”，辞汉为“曲避以求其全”，据此有学者认为四皓算不上隐士，或者说他们是一伙“徒隐者”。皇甫谧《高士传》评四皓“皆修道洁己，非义不动”。唐以后习称高士为隐士。《旧唐书·隐逸传序》首提“隐士”，自此四皓也被列入隐士行列。明代胡定《祭四皓文》以隐士坐标衡量，认为四皓“进不失仪，退不言功”。

《后汉书·逸民列传》归纳隐士分六类：隐逸以求其志者、曲避以求其全者、静己以镇其躁者、去危以图其安者、垢俗以动其概者、疵物以激其清者。高敏《我国古代的隐士及其对社会的作用》一文将隐士划分为抗议型或不合作型隐士、淡泊型隐士、老庄型隐士、清高型隐士、虚伪型隐士等类型。[①] 不同的类型划分与分析，其共同的内核都在于看重人格之独立性和高尚性。范晔将逸民、隐士思想之滥觞追溯至《周易》，《遯卦》曰：遯，亨，小利贞。正义曰：“遯亨”者，遯者，隐退逃避之名。阴长之卦，小人方用，君子日消。君子当此之时，若不隐遯避世，即受其害。须遯而后得通，故曰“遯亨”。“小利贞”者，

① 高敏.我国古代的隐士及其对社会的作用[J].社会科学战线，1994，(1).

阴道初始浸长，正道亦未全灭，故曰“小利贞”。《象》曰“遯亨”，遯而亨也……遯之时义大矣哉！① 《遯卦》爻辞曰：九四：好遯，君子吉，小人否。《象》曰：君子“好遯”，“小人否”也。九五：嘉遯，贞吉。《象》曰：“嘉遯，贞吉”，以正志也。上九：肥遯，无不利。《象》曰：“肥遯，无不利”，无所疑也。② 《蛊卦》上九爻辞为“不事王侯，高尚其事”。《象》曰：“不事王侯”，志可则也。③ 可见看重、坚守志向，重于道的追求。

隐逸、逸民现象之所以受到关注，其内核在于人才与智慧资源。四皓在政治思想上，非顽固地逆历史潮流而妄自尊大，而是顺应历史潮流而与时俱进。《复子房书》有云：“方今三章之命邈，殷商之泽旷；礼隆乐和，四海克谐。六律及于丝竹，和声应于金石；飞鸟翔于紫阁，百兽出于九门。”他们关心国家大事，对秦亡汉兴的历史更替没有不满情绪，还能如此歌颂汉高祖的政治，正是隐士的高风亮节，十分难能可贵。而“富贵之畏人，不如贫贱之肆志”正是四皓文化性格中最为可贵之处，尤其他们在汉初拒绝高祖刘邦征聘，于贫困隐居生活中保持个性、独立之精神，后因太子“为人仁孝，恭敬爱士”而出山辅佐，则表明其不为利禄诱惑，不为强权屈服，所行所表都是在坚守不变的志向，捍卫独立、自由之权利，这种品质与文化性格，正是知识分子应该保有和践行的。

功成名就的四皓，不仅生前便远离了“你方唱罢我登场”的庙堂纷扰，也赢得了无数后代士子穷其一生所追求的“生前身后名”。而四皓尚谦让，行中庸，薄名利，鄙财富，能进能退，能官能民，退不言功，功不受赏的精神也为后世历代传诵。最中肯的评价当属宋人王

---

① 周易正义. 十三经注疏整理本[M]. 北京：北京大学出版社，2000：171.
② 周易正义. 十三经注疏整理本[M]. 北京：北京大学出版社，2000：173.
③ 周易正义. 十三经注疏整理本[M]. 北京：北京大学出版社，2000：111.

禹偁在《四皓庙碑》中写的："先生避秦，知亡也；安刘，知存也；应孝惠王之聘，知进也；拒高祖之命，知退也。四者备矣，而正在其中。……先生危则助之，安则去之，其来也，至公于万民；其往也，无私于一身。前所谓进退存亡而不失其正者，千古四贤而已！"

四皓文化本质中的尚谦让、行中庸、薄名利、鄙财富，能进能退、能官能民，正是中国传统文化的本质所在。极力赞美称颂，或彻底否定贬斥四皓，广而评价古今隐士的态度，都有失公正。四皓无法再生，但四皓文化现象仍将长期存在和发展，对于这种思想的影响，确是值得注意。秦汉"商山四皓"，魏晋"竹林七贤"，唐有"竹溪六逸"，五代有"华山三高士"，宋有"南山三友"，明有"苕溪五隐"，隐士在青松明月、山野林泉的野逸生活，淡泊清静的高洁人格，以及不羁于流俗的独立性格，四皓既有儒之隐，亦有道之隐，无论隐退还是在宫廷中都获得成功，这在历代士大夫文人心目中产生了强烈的共鸣。

无论四皓在秦乱时隐逸山林以求安，免遭杀身之祸；还是身伴储君出入朝堂，名显于世，都成为士人可遵依的价值典范。对于后世文人来说，四皓的去危求安，暗合了他们既想实现远大抱负又要明哲保身的心理需要，四皓在他们心目中，成了高隐和道德文化的象征；"功成身退"是知识分子历来所向往之完美仕途，择良主而"忠"，能进退"知时"，是四皓精神留存数千年的魅力所在，成了文人学士人生理想的楷模。

第二章

商山四皓形象的演变

商山四皓在易代之际于夹缝中生存，其个人的人格尊严如何寻求完整，其言行举止对社会发展起到怎样的作用，其隐居与出仕体现出哪些中国士人身上的优缺点，这些都使得商山四皓逐渐从“张良计”中解构出来，被赋予独立的人格精神，四皓形象及其文化内核也不断完善、发展。四皓作为汉代“当代史”或“近现代史”中的人物，其高贤、隐逸、仙寿三重形象的复合，对后人精神世界的影响深远。四皓形象的不断累加与塑造，均是在这一基础上创造、时代累积、不断复合重构的过程。本章将后世文献中有关四皓文化形象者分类概括总结，集中阐述四皓高贤与智谋形象的塑造及反思，四皓隐逸、仙寿形象的深入人心等方面，力图清晰地勾勒历史沿革中四皓形象的发展演变情况，藉此更为全面、系统地展现四皓文化的内涵。

第一节 四皓高贤、智谋形象的塑造

一、四皓独立人格形象形成

三国至两晋南北朝时，论者的着眼点已逐渐从前朝太子废易中的“张良计”转向商山四皓本身。蜀国秦宓以四皓自比[①]，陶丘一等人用“龙凤隐耀，应时而臻，明哲潜遁，俟时而动。是以鸾鷟鸣岐，周道隆兴，四皓为佐，汉帝用康”[②]为例，举荐管宁，其中将四皓比作“龙凤”“明哲”，强调其辅佐汉朝江山稳固之功。曹植更有《商山四皓赞》全面赞扬四皓，诗云：“嗟尔四皓，避秦隐形。刘项之争，养志弗营。不应朝聘，保节全贞。应命太子，汉嗣以宁。”其采用四言句式，仅三十二字，却全面叙述了四皓出处的四个阶段，并认为其四个阶段的做法全对，且取得了四种好的结果：离开始皇可“避秦隐形”，不介入刘项之争可“养志弗营”，高祖礼聘不出可“保节全贞”，出而扶佐太子可使“汉嗣以宁”。全诗无一字可删，所表之意也十分明确。这一评定，对后世评价四皓有先导作用。

西晋愍怀太子废时，阎缵曾上书云：“汉高皇帝数置酒于庭，欲废太子，后四皓为师，子房为傅，竟复成就。”[③]已将四皓的作用和位置与张良并列。束皙《玄居释》云：“盖无为可以解天下之纷，澹泊可以救国家之急，当位者事有所穷，陈策者言有不入，翟璜不能回西邻之寇，平勃不能正如意之立，干木卧而秦师退，四皓起而戚姬泣。”[④]明确指向“无

---

① (西晋)陈寿. 三国志：卷一一[M]. 北京：中华书局，1982：974.

② (西晋)陈寿. 三国志：卷一一[M]. 北京：中华书局，1982：359.

③ (唐)房玄龄. 晋书：卷四八[M]. 北京：中华书局，1974：1351.

④ (唐)房玄龄. 晋书：卷五一[M]. 北京：中华书局，1974：1430.

为”的政治作用，或期待建功立业，或以前贤为照，以激发进世热情。

晋葛洪《抱朴子外篇》记载有：“汉高帝虽细行多阙，不涉典艺，然其弘旷恢廓，善恕多容，不系近累，盖豁如也。虽饥渴四皓，而不逼也。及太子卑辞致之，以为羽翼，便敬德矫情，惜其大者，发黄鹄之悲歌，杜婉妾之觊觎，其珍贤贵隐，如此之至也。宜其以布衣而君四海，其度量盖有过人者矣。”又云：“四皓不走于八荒之表也。”①一方面表现汉高祖求贤若渴又礼贤下士，另一方面也表现出四皓之高贤与智谋形象。此类记载还有魏收《魏书》列传第六十记载云：“嘉范蠡之脱羁，钦四皓之高尚兮。”②萧统《七命八首》载“南山四皓，潜光隐耀，世嘉其高也，嘉遁龙盘，玩世高蹈，”③范晔《后汉书》采孔融《孔北海集》之言，并云“足下欲自比于巢许四皓”④，崔鸿《十六国春秋》记载有：“四皓匪降，上下同美，斯乃古今之一揆，百代之同风。”⑤释僧祐《弘明集》同崔说，并记载有：“若四皓龙颜，而帝列地，而君英声茂实，不可称数。”⑥

魏晋南北朝是文学自觉的时代，也是文人思想及话语自由呼吸的时代，四皓作为士人的理想，在王朝灭亡之际作用凸显。对四皓评价的分歧，代表着人们对四皓的更深刻理解，以及对四皓精神的理性探索，也对后世四皓形象的演变产生了重大影响。

二、四皓“知时”“忠主”形象被肯定

有唐一代，思想开放、多元，兼容并包，对外对内，经贸、交通、科

① 杨明照撰·抱朴子外篇校笺(上)[M]. 北京：中华书局，1991：76、102.

② (北齐)魏收. 魏书：卷七十二[M]. 北京：中华书局，1974.

③ (南北朝)萧统. 文选：卷三十五[M]. 胡刻本.

④ (南朝宋)范晔. 后汉书：卷八十二[M]. 北京：中华书局，1960.

⑤ (北魏)崔鸿. 十六国春秋：卷六十二[M]. 明万历刻本.

⑥ (南朝梁)释僧祐. 弘明集：卷第十一、卷第二[M]. 四部丛刊景明本.

举、职官，也更多更复杂。商山道路条件复杂，但有唐一代，商於道交通地理位置十分重要，而商山四皓故事的中心即在上洛县。商於道在唐代的交通地位及唐代四皓庙的重修，直接促成唐人对四皓的关注。

商於道，唐时或称商州道、商山道，西起长安，中经蓝田、商州，东至淅（今河南省南阳市淅川县）、郦（郦邑，今河南省南阳市内乡县）之间的于村镇或七於铺。秦、汉时称"武关道"，一直是兵家必争之道，秦、楚之战，秦、汉之战，王莽与赤眉、绿林起义军之战，悉皆发生在此间。严耕望《唐代交通图考》[①]全面概括了商於道作为交通要道所起的重要作用，不仅在国家统一、用兵较少、经济繁荣、文化兼收并蓄的初盛唐时期，商旅驮骡往返于长安、东川、岭南、交广的多经商於道，商於道成为连接长安与吴越、江淮、荆湘、黔中、交广诸郡州县的重要干道，沟通了东南各地与长安的经济文化交流，还在唐中期以后成为全国最繁荣发达的地区，作为全国第二条经济文化命脉，极大地促进了都城长安与东南各地之政治、经济、军事、文化等全方位交流。在经济文化大动脉的重要角色之外，商於道还是有唐一代士子赶考拜谒，官员职务调迁、贬谪江南，甚至遨游江湖、适意遣兴，或皇家彰显风华、教化百姓的商山名利路，憧憧往来，甲于它州，足见当年空前绝后之繁华景象。

唐代重修的四皓庙、墓，恰处于这条重要的交通干道上。据《水经注》《魏书》等记载，商洛早就有四皓庙了，四皓身后汉惠帝刘盈曾令三千御林军各从长安带十斤土至四皓墓培土，又亲为之立碑于隐处，勒石"文官下轿，武将下马"，以示尊崇。但因为时间久远，木结构

---

① 严耕望. 唐代交通图考：第三卷[M]. 上海：上海古籍出版社，2007：637.

的建筑不易保存，至唐，前代所修四皓墓、祠、庙等早已无存。[①] 柳识《新修四皓庙记》记载曰："往者明祠颓坏，靡有孑遗。"[②]推唐代新修四皓庙时间：李白天宝三年(744)见逐长安，取道商洛去洛阳漫游，过四皓墓时进园凭吊，作《过四皓墓》，言专访四皓遗迹，然"荒凉千古迹，芜没四坟连"[③]。又李华曾作《四皓铭》，言四皓"遁蜕秦祸，出扶汉危，道不可屈，南山采芝"[④]之始末，其晚年(大历九年 774 去世)作《四皓赞》云："山下水滨，四坟垒垒。悚慕元风，徘徊古祠。"[⑤]表明四皓墓已经新修。时有李栖筠(719—776)《四先生碑》文[⑥]，惜不传。幸权德舆《唐御史大夫赠司徒赞皇文献公李栖筠文集序》有载："至若嘉园绮弛张出处于秦汉之间。著《四先生》碑，美萧、文、终、邴丞相之伦，或退或让。"[⑦]

唐代以前人对汉人的记载多取深信态度，较少有人怀疑四皓故事的真伪。对魏晋南北朝对四皓事迹的补充，颜师古有着清醒的认识，在《汉书·王贡两龚鲍传》"汉兴，有园公、琦里季、夏黄公、甪里先生"句下写到："四皓称号，本起于此，更无姓名可称知。此盖隐居之人，匿迹远害，不自标显，秘其氏族，故史传无得而详。至于后代皇甫谧、圈称之徒，及诸地理书说，竞为四人施安姓字，自相错互，语又不经，班氏不载于书，诸家皆臆说，今并弃略，一无取焉。"[⑧]颜氏虽认为

① 郝臣杰、陈道久主编. 商山四皓研究[M]. 作家出版，2006 年：112—116、133. 书云晋人潘岳《关中记》和北魏郦道元《水经注》等载，终南山四皓庙、商州金鸡原四皓庙、高车岭四皓庙、安陵四皓祠早在东晋前已有，惜无存。华县商山庙、澄城县商山神庙，洞庭西山亦有商山四皓遗迹，泰国曼谷也有商山四皓庙。

② (清)董诰等编. 全唐文：卷三七七[M]. 北京：中华书局，1983：3827.

③ 安旗主编. 李白全集编年注释[M]. 成都：巴蜀书社，1990：668.

④ (清)董诰等编. 全唐文：卷三一八[M]. 北京：中华书局，1983：3224.

⑤ (清)董诰等编. 全唐文：卷三一七[M]. 北京：中华书局，1983：3217.

⑥ 李栖筠文在《全唐文》卷三七〇，仅存两篇，无《四先生碑》。

⑦ (清)董诰等编. 全唐文：卷四九三[M]. 北京：中华书局，1983：5034.

⑧ (汉)班固. 汉书：卷七十二[M]. 北京：中华书局，1962：3056.

关于四皓的姓、名、字等不可信，但对四皓的真实存在，历史所载其事迹都持肯定态度。

唐人在遵照汉人的记述之外，吸收魏晋南北朝人的改造，使四皓形象有所补充。《乐府诗集》《采芝操》，崔鸿的《四皓歌》，四皓图画的流传，《旧唐书》《新唐书》等中的假托四皓之作，墓庙、诗文史等，都体现出人们对四皓形象补充完善的关注。唐人又常从四皓助力太子刘盈不易的功劳、功成之后不居高位返隐山林等着眼，评价绝多持肯定态度，四皓形象也因之进一步发展完善，被赋予更多精神内涵。

苏颋《夷齐四皓优劣论》，是现存最早专论四皓的唐代散文。伯夷叔齐与四皓相列比，始于汉代。唐人强调四皓"知时""忠主"，借古抒怀言志，苏文强调四皓"忠主道"，"嬴之德衰，则岩穴全生，刘之德盛，则衣冠就列。"[①]认为夏黄公徒"知时也。"但就四皓本身仕途而言这是完美的。李栖筠有《四先生碑》，原文已不传，可从权德舆《唐御史大夫赠司徒赞皇文献公李栖筠文集序》言："嘉园绮弛张出处于秦汉之间"窥见一斑，亦足见对四皓张弛自如的仕途完美之赞叹欣羡之情。柳识称赞四皓"兼济独善，相与背驰，唯四先生两有之矣。"唐人以四皓自比或怀四皓心态，表明四皓精神的内核影响深远。

三、四皓道德事功评判格局的变化

宋人质疑四皓之声虽不绝，然功成不居，超然于世，仍是四皓传播的主导之价值取向，大多数的怀疑也起到厘清四皓本事及形象的真实性作用。《宋史》列传第一百四十七载曰："昔汉高慢士，四皓去之，而西鄙少廉耻之人，光武礼贤，严光友之，而东都多节义之士。"[②]

---

① (清)董诰等编. 全唐文：卷二五六[M]. 北京：中华书局，1983：2593.

② (元)脱脱. 宋史：卷三百八十八[M]. 北京：中华书局，1996.

《宋史全文》记载有："当人主求贤下士之时，而卓然有高士清风峻慨，岂不动人主歆慕之心，一四皓不仕可以植西京节义之风，一严光不出可以植东都节义之风，孰谓隐士无益于世哉。"①

对四皓本事的真实性持肯定态度者如徐铉云："及太子之危，留侯不能正于是，褎然而起以救其失，若夫出处之分，高尚之名，皆不以屑意，功成不有，超然而去。"②陈鹄《耆旧续闻》卷一云："扬子云尝称其美行，子云于高帝世为近，必其事之不可诬者。"其对司马光的质疑，也有回应："刘元城曰：'此殆有深意。老先生作《通鉴》，欲示后世劝戒之意。'"③何乔新《椒丘文集》认为司马光删四皓事的动机为"四皓为惠帝立党制，其父以明父子之义"④，强调政治伦理准则的主导评价地位。

所谓"时代越后，知道的古史越前；文籍愈无征，知道的古史愈多"，顾颉刚"层累地造成中国古史"之观点，⑤在关于商山四皓的史料记载中颇为典型。宋人王益之《西汉年纪》云："四皓来不得其时，今附于英布未反之前。"⑥据劝阻太子出征英布之事时间推测四皓出山入朝的时间，不晚于高祖十一年底。高承《物事纪原》云："汉高祖欲易太子，吕后用留侯计迎四皓以定太子，故宾客之名始起于此。""晋愍怀建宫惠帝，使卫庭、司马略等五人更往来备宾友，虽非官而谓之东宫宾客。唐显庆元年正月，以于志宁等为太子宾客，遂以名官定置

---

① 佚名. 宋史全文：卷六.《钦定四库全书》影印本.

② (宋)徐铉. 四部丛刊初编缩本：徐公文集：卷第二十四[M]. 上海：上海商务印书馆，1912.

③ (宋)陈鹄. 涧泉日记西塘集耆旧续闻[M]. 上海：上海古籍出版社，1993：4—5.

④ 陈梦雷编纂、蒋廷锡校订. 古今图书集成：理学汇编经籍典第四百十六卷史学部总论[M]. 北京：中华书局影印本.

⑤ 顾颉刚. 古史辨：与钱玄同先生论古史书[M]. 上海：上海古籍出版社，1982：59.

⑥ (宋)王益之撰、王根林点校. 西汉年纪[M]. 郑州：中州古籍出版社，1993.

四人，盖取法于四皓。”[①]言四皓“群辅”太子为东宫制度之源。孙明复云：“夫传嗣立嫡周道也，为国之大者，莫大于传嗣，传嗣之大，莫大于立嫡，不可不正也。……四先生将因是以行其道，故从子房而出吐一言，以正太子之位，此非周道绝而四先生复传之者乎？然四先生之出，岂止为汉而出哉，为万世而出也。”“万世之下，使庶不敢乱其嫡者，四先生也。”[②]高度评价四皓精神的正义性，及其在维护嫡长子继承制传统的贡献。《古今图书集成》云：“四皓有羽翼太子之功，其没也，惠帝为之制文立碑，此乃上世人主赐葬人臣，恤典之始。”[③]认为汉惠帝刘盈为四皓勒石立碑，是后世人主赐葬人臣之典仪的开端。

而此期评判四皓事功之褒贬、道德之高下的格局有较大变化。称赞四皓者，如王禹偁《四皓庙碑》云：“《易》称：‘知进退存亡而不失其正者，其唯圣人乎！’先生避秦，知亡也；安刘，知存也；应孝惠之聘，知进也；拒高祖之命，知退也。四者备矣，而正在其中，先生非圣而孰为圣乎？”[④]另一篇《拟留侯与四皓书》也借张良之口对四皓进行了褒赞。[⑤] 救时是为万民，矫世是为厉俗之高论，不仅是宋人赞颂四皓之精髓，亦为四皓文化宝藏中的瑰丽明珠。

王安石《诉衷情·和俞秀老鹤词》《桃源行》《张良》，苏轼《洞庭春色赋》，贺铸《将进酒·小梅花》，黎廷瑞《秦楼月·梅花》，王质《八声甘州·读谢安石传》等所持“自古英雄豪杰，无不待时来”之“高士”观点亦为后人称赞，从中可窥见四皓对中国政治道德理想和精神操守

---

① (宋)高承撰、李果订. 事物纪原：卷五[M]. 商务印书馆，1937.

② 圣宋文选全集(宋刻本)：卷八[M]北京：北京图书馆出版社、国家图书馆出版社，2006.

③ 陈梦雷编纂、蒋廷锡校订. 古今图书集成：理学汇编文学典第一百七十卷碑碣部杂录[M]. 北京：中华书局影印本.

④ 曾枣庄、刘琳主编. 全宋文：卷一五九[M]. 上海：上海辞书出版社；合肥：安徽教育出版社，2006：123.

⑤ 曾枣庄、刘琳主编. 全宋文：卷一五一[M]. 上海：上海辞书出版社；合肥：安徽教育出版社，2006：413.

的影响。

二程氏则认为，“事君须体纳约自牖之意，人君有过，以理开喻之，既不肯听，虽当救止，于此终不能回，却须求人君开纳处进说。牖乃开明处。如汉祖欲废太子，叔孙通言嫡庶根本，彼皆知之，既不肯听矣，纵使能言，无以易此。惟张良知四皓素为汉祖所敬，招之使事太子，汉祖知人心归太子，乃无废立意。”[①]强调张良的高妙事君之道。“盖高祖自匹夫有天下，皆豪杰之力，故惮之。留侯以四皓辅太子，高祖知天下豪杰归心于惠帝，故更不易也。”[②]张良抓住刘邦“惮豪杰之力”、太子系人心所向，而迫使其改变态度。

朱熹在此基础上发挥，认为“四皓者，高祖素知其贤而重之，此其不蔽之明心也。故因其所明而及其事，则悟之如反手，且四老人之力孰与张良群公卿及天下之士，其言之切孰与周昌叔孙通，然而不从彼而从此者，由攻其蔽与就其明之异耳”，更明白地将“攻蔽”与“就明”之关系通过用人之谋略展现出来。[③] 王充曾言：“使韩子为吕后议，进不过强谏，退不过劲力，以此自安，取诛之道也，岂徒易哉？”[④]这个著名的假设，与张良用四皓对比之效果，已然经当时的史事证明。四皓之才略施展的凭证虽无记载，但其声名之大可以使高帝赏识、折服，并因之改变本来坚定的心意，此四皓史事最富传奇色彩之所在[⑤]。

四、四皓高贤、智谋形象的深化

元代史传侧重描绘四皓之节义、高祖之求贤及张良之计谋。全

---

① (宋)程颢、程颐撰，潘富恩导读．二程遗书[M]．上海：上海古籍出版社，2000：64.

② (宋)程颢、程颐撰，潘富恩导读．二程遗书[M]．上海：上海古籍出版社，2000：273.

③ (宋)朱熹．御批通鉴纲目：卷三上[M]．长春：吉林出版集团，2005.

④ (汉)王充．论衡[M]//黄晖．论衡校释．北京：中华书局，2006：438.

⑤ 此节参见魏敏《略述宋代文献中的商山四皓》，载《宁夏大学学报》（人文社会科学版），2015 年第 1 期。

面评价四皓羽翼太子之功者为杨翮的《佩玉斋类稿·四皓论》：

> 故此四人者，不劳声色，不费说辞，而卒能回高祖于偏爱之时，存太子于将废之顷，使其非有高世之重望章章乎，其前而欲其立，如是之大功亦已难矣。当高祖病甚而愈欲易太子也，以张良叔孙通之危言至论亦且屡谏而不从，死争而不听，而四人于此乃能从容片言，使高祖之爱终不能夺太子之位，终不能移其功，不既多矣乎？吾于是盖有以知其有高世之望也。及太子之位既定，则皆翱翔引去，而不可留。来不知其所从，去不知其往，观其所行是岂贪无耻，而苟以徼赏之所为者，是其高世之望，何可量耶？非特以其有高世之望而已，彼其智虑深远，有他人之所不能及者焉？方黥布反而高祖使太子将兵，此正太子危急之秋也，四人者乃说吕后，使乘间为上泣，而太子遂得不往，不然太子之势去矣，则太子之不易，谓之非四人之功其可哉？故所贵乎逸民者，非贵乎徒隐也，不降其志，不辱其身，四人之立功，又有以出乎？柳下惠少连之上者，是岂特以其望乎？当汉之兴，叔孙通欲定仪注，鲁有二生者，召而不至，吾甚惜之，使二生于此，能如四皓之徒，幡然而起，以成一代之礼乐，而追隆古之制度，则其功当不在于四人之下者，惜乎二生之志不及乎此，而四皓之名，独得为不徒隐者也。①

杨翮认为四皓是“立天下之大功者”，详述四皓在废易太子事件中的作用与功绩，并将其与鲁两生相比较，认为他们“独得为不徒隐者”，可谓评价甚高。另《新元史》云“如汉聘四皓者以聘恭懿”，“如汉

① (元)杨翮. 佩玉斋类稿：卷九[M]//四库全书珍本初集. 北京：商务印书馆，民国(1911—1949).

征四皓故事起燧为太子宾客”[①]。历代选贤任能都看重所选人才的品德与名望，从汉时到近代，无出其右，杨恭懿、姚燧获得重用即是如此。汪克宽《春秋胡传附录纂疏》记载有：“汉高欲易太子，张良招四皓与游，卒定惠帝。程子予之，以为得纳约自牖之义，彼四皓非以高帝之命，而至惠帝亦非有父命，而招四人也，朱子详载其事于纲目。”[②]许衡《鲁斋遗书》“稽古千文”记载有：“高帝忘功，诛醢械系，溺爱戚姬，欲立如意，良招四皓，幼惠遂定。”[③]郑玉《春秋阙疑》记载有：“汉用张良计，召四皓奉太子，入见高祖，指以语戚夫人曰：此四人者，羽翼成矣，太子不可易矣。”[④]姚燧《三贤堂记》也评价云：“孰与四皓之同不臣秦，同避汉之高帝，而同应惠之招，成功而同归死，而为墓相迩同庙商于，情洽而道符，功夷而德齐也。”[⑤]认为四皓为张良所招，意为助力太子刘盈得保其位，这些褒扬之辞将四皓在“张良计”一事中的辅助形象描述得十分清晰。

明代多描绘四皓多节义，肯定四皓羽翼太子之功。《(万历)绍兴府志》“疆域志”云：“三女贤哉，二娥处子之孝，凛然可多节义，则黄公居四皓之列。”[⑥]赞四皓多节义。李贽《初潭集》师友六肯定四皓羽翼太子之功：“李卓吾曰，淮阳一老不及商山四皓，四皓羽冀太子，功德无比矣。”[⑦]严衍《资治通鉴补》卷八十三晋纪三亦赞曰：“汉高数置酒于庭，欲废太子，后四皓为师，子房为傅，竟复成就，前事不忘，后事为戒。”卷一百七十陈纪四记载曰：“张良身傅太子，犹因四皓，方定汉

① (清)柯劭忞. 新元史：卷一百七十一、卷一百五十七[M]. 长春：吉林人民出版社，2001.
② (元)汪克宽. 春秋胡传附录纂疏：卷四[M]. 北京：商务印书馆，2013.
③ (元)许衡撰. 鲁斋遗书：卷十[M]. 哈佛燕京图书馆影印本.
④ (元)郑玉. 春秋阙疑：卷十三[M]. 上海：上海古籍出版社，1987.
⑤ (元)姚燧. 牧庵集：卷七[M]. 北京：中华书局，1985.
⑥ (明)萧良干修，张元忭、孙廣纂. 万历《绍兴府志》点校本：卷一[M]. 宁波：宁波出版社，2012.
⑦ (明)李贽. 初潭集：卷十六[M]. 北京：中华书局，2009.

嗣。臣位非辅弼疏外之人，竭力尽忠，劝陛下禅位，使陛下尊为太上，子居宸扆，于已及子俱保休祚。”[①]

清代延续前人赞颂四皓之语，王先谦《后汉书集解》二十八下云：“今继往贤之高节，所以光曜也。绮季四皓之一也，前书曰四皓随太子入侍，鬓眉皓白，衣冠甚伟。”[②]李有棠《金史纪事本末》卷十五亦云：“四皓出而复兴汉室，二叔诛而再造周基，去恶用贤，其鉴如此。”[③]弘昼《高光优劣辨》认为是高祖豁达，张良善任，四皓才得以从“亡命草野”中“拔命”[④]。顾景星《四公子客论》赞“四皓之定太子”而“不闻有持盘之骄”[⑤]。胡承诺《绎志》亦认为“太子不可将兵，正于里克之谏、四皓之谋矣”[⑥]。李焕章《长白先生祠记》亦赞“四皓来汉廷，不减商山之价，郅惮混下吏，终成志士之名”[⑦]。

此外，值得注意的是，明清两代以《四皓》《四皓论》《与四皓书》等为题的文章即有四十余篇，其中也有不少拟《史记》《汉书》之作，《北山何文定公祠堂记》云“商山之芝不知四皓之高，首阳之薇不知夷齐之清，均为牛羊之牧，而刍荛之场也”。补遗又云“四皓调笑，可以安储皇”[⑧]。《宋元学案》则云：“明传嗣之嫡，故作四皓论。”[⑨]认为四皓之功重在保护传嗣以嫡，据此可洞见明清人的思想与社会风俗。

民国时期的文献中有关四皓的记述与评判，继承了数千年来的传统，从四皓故事的政治与道德功能角度出发，涵盖四皓文化的高

---

① (明)严衍. 资治通鉴补[M]. 上海：上海古籍出版社，2007.
② (清)王先谦. 后汉书集解[M]. 上海：上海古籍出版社，2006.
③ (清)李有棠. 金史纪事本末[M]. 北京：中华书局，1980.
④ (清)弘昼. 稽古斋全集：卷五[M]. 清乾隆十一年内府刻本.
⑤ (清)顾景星. 白茅堂集：卷二十九[M]. 清康熙刻本.
⑥ (清)胡承诺. 绎志：卷十八[M]. 北京：中华书局，1985.
⑦ (清)李焕章. 织水斋集[M]. 清乾隆间钞本.
⑧ (清)黄宗羲编. 明文海：卷三百七十记四十四[M]. 上海：上海古籍出版社，1994.
⑨ (清)黄宗羲. 宋元学案：卷十二[M]. 北京：中华书局，2010.

贤、隐逸、仙寿等诸层面。张采田《玉溪生年谱会笺》中《四皓庙》诗云四皓“羽翼殊勋”，为辅导庄恪太子者叹。笺曰：“通体皆从四皓着想，四皓逢汉高，而建羽翼之勋，而庄恪为杨贤妃诬谮，竟无紫芝翁，其人何运会之不相值哉，迂缪其词，味在言外，所以为诗人之笔也。”“徐湛园云，此诗为李卫公发，卫公举石雄、破乌介、平泽潞，君臣相得，始终不替而卒，不能早定国储，使武宗一子不得立，有愧紫芝翁多矣。故假萧相以讥之，笺曰：非讥卫公，盖惜其能为萧何而不能为留侯也。”[①]徐世昌《晚晴簃诗汇》等亦发“四皓才少一，六逸适得半。自咏田家诗，寄怀高士传”[②]之叹，或评“二疏四皓应相似，金粟前身月有光”。[③]

顾炎武《寄问傅处士土堂山中》云：“太行之西一遗老，楚国两龚秦四皓。春来洞口见桃花，傥许相随拾芝草。”正是四皓的人格精神为人所重，其须眉皓白、衣冠甚伟、闲步山林、高隐仙踪的形象才反复被吟诵，成为人们尊敬、歌咏贤德老人的典范。

第二节　四皓高贤、智谋形象的反思

一、质疑四皓真伪与道德高下

徐干《中论·智行》“四皓虽美行，而何益夫倒悬”肯定四皓“美行”，并发问四皓“倒悬”之苦令自己处境极端困难有何益处之后，晋人桓玄最早在对四皓几乎一致称赞中反思，《晋书》有载：

桓玄在南郡，论四皓来仪汉庭，孝惠以立。而惠帝柔弱，吕后凶

---

① （民国）张采田．玉溪生年谱会笺[M]．上海：上海古籍出版社，1983．

② （清）徐世昌．晚晴簃诗汇：卷八十二[M]．北京：中华书局，1990．

③ （清）震钧．天咫偶闻：卷七[M]．北京大学图书馆影印本．

忌，此数公者，触彼埃尘，欲以救弊。二家之中，各有其党，夺彼与此，其仇必兴。不知匹夫之志，四公何以逃其患？素履终吉，隐以保生者，其若是乎？以其文赠仲堪。

桓玄的文章今已不传，从殷仲堪答文中可知，桓玄不赞同殷极高赞誉四皓，认为四皓出山保惠帝与"保生"原则不符，惠帝之立差点亡汉，而"诸吕强盛，几危刘氏。如意若立，必无此患。"①

唐代在众多赞颂四皓的文献中，有了更多批评四皓的声音，多从感情与道德角度观察四皓出山助力太子引发的政局之变，或认为四皓只是张良计中的一枚棋子，并无智谋或贤德可言；或认为"翻嫌四皓曾多事，出为储皇定是非"（张志和《渔父》）。元稹《四皓庙》、蔡京《责商山四皓》、温庭筠《四皓》等便觉得"秦末家家思逐鹿，商山四皓独忘机"，杜牧《题商山四皓庙一绝》更尖锐批判"南军不袒左边袖，四老安刘是灭刘"。还有人开始怀疑四皓的真假，云"不应真有紫芝翁"，认为真四皓并未曾出山辅佐过太子，此幕历史话剧中的四位长者是找人扮演的"傀儡"，使本就离奇的四皓故事更富戏剧性；甚至有人彻底否认四皓的功绩及其历史存在，认为《史记》《汉书》所载四皓之史事不可信，或试图推翻信史所载历史故事。但在有唐一代数量可观的有关四皓之文献中，这个比例不及十分之一。

宋人在前人质疑四皓行为的基础上，开始怀疑四皓故事的真实性。《通鉴考异》《朱子语类》等所言"权谋之士"有一定道理，四皓精神也进一步发展，并表现出强烈的时代特点。司马光《资治通鉴》删去了张良用计的情节，但云"太子客东园公、绮里季。"《资治通鉴考异》中有云："按高祖刚猛伉厉，非畏缙绅讥议者也。但以大臣皆不肯从，恐身后赵王不能独立，故不为耳。若决意欲废太子，立如意，不顾义理，以留侯久故亲信，犹云非口舌所能争，岂山林四叟片言，遽能柅

① （唐）房玄龄等．晋书：卷八四[M]．北京：中华书局，1974：2196，2197．

其事哉?”“此特辩士欲夸大四叟之事,故云然……”且言司马迁“好事多爱而采之,今皆不取”[①],怀疑所谓四皓事仅为传说,认为司马迁夸大四皓作用,刘邦最终未易太子是考虑反对声音,为顾全大局,非四皓阻拦所致。

司马迁著《史记》时距汉初尚不过百年左右,四皓本事又于数处互见,当有所据,不可轻易否定。《通鉴》保留四皓事迹,并于《考异》中怀疑、辨析四皓作用,其理智看待历史之态度值得借鉴,也为后代探讨四皓文化价值提供了重要素材。《汉纪四》胡三省注引《考异》。清人梁玉绳在《史记志疑》中征引《考异》之说并列举《读史漫录》《史记疑问》《小仓山房集》,苏轼《和陶贫士诗》等进一步论辩,认为“前贤疑四皓辅太子非实,又或疑四皓为赝,皆非无见。”[②]

宋濂赞成颜师古对四皓姓氏、籍贯的质疑:“予方疑其诞妄不经,及读颜师古汉书注,果谓四人者匿迹远害,氏族无得而详,皆后世皇甫谧圈称之徒及诸地里书说所附会,可见古人读书精审,固有以及之者矣。”[③]朱熹《朱子语类》载有:“但不知高后时此四人在甚处? 蔡丈云:‘康节谓事定后,四人便自去了。’(朱熹)曰:‘也不见得。恐其老死,亦不可知。’”[④]怀疑四皓最终是否复归山林。赵明诚《金石录》则对《四皓神位刻石》所载“圈公(即园公)为秦博士,及惠帝时拜司徒者”表示“疑无所据”[⑤]。王阳明则直接认为刘邦所见四皓是假扮的,四皓“遁世已久,形容状貌,人皆不识之矣”,张良找人“扮演”四皓,“阴与筹度,取他人之眉须皓白者,伟其衣冠,”目的就是为了欺“诬”

---

① (宋)司马光.资治通鉴:卷十二[M].北京:中华书局,1956;资治通鉴考异:卷一[M].上海:上海商务印书馆缩印宋刊本,四部丛刊初编史部.

② (清)梁玉绳.史记志疑:卷二十六[M].北京:中华书局,1981:1169.

③ (宋)宋濂.宋学士文集:卷第三十四.[M]//四库全书:文宪集.明正德本.

④ (宋)朱熹.朱子语类:卷一三五[M].北京:中华书局,1994:3223.

⑤ (宋)赵明诚.金石录:卷一九[M].北京:中华书局,1991:450.

刘邦[1]。这或与宋代兴盛的话本及表演中所讲究的"鬼门道"等有关，此不赘述。

关于事功之褒贬、道德之高下，朱熹抓住智谋因素，认为四皓"恐不是儒者，只是智谋之士"，"只为吕氏以币招之便出来，只定得一个惠帝"[2]。黄震《黄氏日抄》云："四皓晚从太子之招，而风节减于功名。""召四皓以辅太子，所能护惠帝者此谋，而杀戚夫人者亦此谋。以偶语沙上者以为谋反，所能封雍齿安一时者此谋，而启帝疑心叛者九起，致帝卒毙于行者亦此谋。大抵机动于此，功成于彼，成其一必不能保其二，未尝明白一言以义理而折衷之，俾相安无后患焉，殆亦权谋耳，亦未得为尽善也。"[3]则看到维护嫡长子继承制与吕后专权之间的悖论，评价谋略"未得为尽善"[4]。

宋人对汉人的记述多持怀疑态度，往往另辟蹊径，宋学因此重要因素独树一帜；四皓本事最早记载中的诸多疑团，也带来质疑四皓的"先天性"问题；此种格局也与宋代以前对四皓的评价颇多赞颂之声而反思不足等有关。

二、批判抬头至深刻反思四皓

元人批评四皓的声音，多出于张良计，认为四皓并无甚高节与智谋。赵汸《橘隐堂记》云"盖有慕夫古者商山四皓"，然"观其对高祖之辞甚陋，且堕张子房计中而不悟者，虽一时徼安刘之名，其道不足称

① [日]泷川资言考证. 史记会注考证[M]. 上海：文学古籍刊行社出版，商务印书馆，1955：3102. 此为所引王守仁语，然《四库全书》本《王文成全书》，吴光、钱明、董平、姚延福编校《王阳明全集》(上海古籍出版社，1992)皆不载之。

② (宋)朱熹. 朱子语类：卷一三五[M]. 北京：中华书局，1994：3223.

③ (宋)黄震. 黄氏日抄[M]//钦定四库全书・子部一・儒家类，浙江大学图书馆影印本。

④ 此节参见魏敏《略述宋代文献中的商山四皓》，载《宁夏大学学报》(人文社会科学版)，2015 年第 1 期。

也。""今吾幸不为世所知，惟戒家人子孙，异时有橘，实大如四五石瓮盎者，慎勿摘也，吾得深根固蒂，于是足矣，客笑曰，若是则子过此四人者远矣。"认为橘树根深蒂固，果实如"四五石瓮盎"，远高过四皓[①]。谢应芳《招隐论》认为"汉之四皓茹芝商山，其不赴高祖之招，而徙储君之游者，盖为炎刘氏基本，而出其大功，为何如哉"[②]。马端临《文献通考》经籍考二十记载有："见其大抵不采俊伟卓异之事，如屈原怀沙自沉，四皓羽翼储君，严光足加常腹，姚崇十事开说之类，皆削去不录。"[③]梁寅《策要·资治通鉴》记载有："谓四皓之辅太子，为以子制父。"[④]《通鉴纲目》记载有："留侯招四皓以定太子，见削于通鉴，而纲目取之。"[⑤]

明人在肯定四皓功绩时，更深刻反思四皓带来的政局后患。何乔新《椒邱文集》策府十科摘要认为"四皓为惠帝立党制，其父以明父子之义"。"取留侯招四皓，以定太子，岂非春秋嘉首止之意乎？"[⑥]刘达可《璧水群英待问会元》云："留侯为太子招四皓，以成羽翼，而国本赖以不摇，其功非不可尚也。然为太子画策，以胁制其父，则谋涉于谲矣，此通鉴之所以不录是之，谓作史之微意。"[⑦]既肯定四皓羽翼太子，稳固国本之功，也诟病其为张良计，挟制高帝之谋谲，并认为这正是《通鉴》不录其事的原因。又云："四皓之谋，特出于吕后见迫耳。"[⑧]又云："四皓居秦，秦不能用，则盘旋于商山林谷之下，而不为之。夺太子善待士之声一接，则持携而至，卒成羽翼之助，是知无心于进，亦

---

① (元)赵汸. 东山存稿：卷三[M]. 上海：上海古籍出版社，1987.
② (元)谢应芳等. 龟巢稿：卷十四[M]. 上海：上海古籍出版社，1987.
③ (元)马端临. 文献通考：卷一百九十三[M]. 北京：中华书局，2006.
④ (元)梁寅. 策要：卷二[M]台北：艺文印书馆，1972.
⑤ (元)梁寅. 策要：卷二[M]台北：艺文印书馆，1972.
⑥ (明)何乔新. 椒邱文集：卷二[M]. 上海：上海古籍出版社，1991.
⑦ (明)刘达可. 璧水群英待问会元：卷之十[M]. 明丽泽堂活字印本.
⑧ (明)刘达可. 璧水群英待问会元：卷之二十[M]. 明丽泽堂活字印本.

无心于退，大人君子以进退为天下之惨舒者，每如此岂寻常小丈夫之能为哉？”[①]四皓并无心进退，算不得大人君子，又认为司马迁“倚重于四皓，羽翼夫太子，有纵横刼制之术”[②]。

清代全面否定四皓者为梁玉绳，其《顾上有不能致者天下有四人》云：“若决意欲废太子立如意，不顾义理，以留侯之久故亲信，犹云非口舌所能争，岂山林四叟片言遽能柅其事哉？借使四叟实能柅其事，不过污高祖数寸之刃耳，何至悲歌云羽翮，已成缯缴，安施乎？若四叟实能制高祖，使不敢废太子，是留侯为子立党以制其父也，留侯岂为此哉？此特辨士欲夸大四叟之事故云然。”[③]《读史漫录》曰：“《通鉴》不载四皓事，极有识见。……盖子房调护太子，自有方略，不假此也。……因请以太子为将监国中兵。”[④]此子房之略，其计深矣。《史记疑问》曰：“四老者既无令名于天下分争之日，又无经济于孝惠为帝之年，逃匿山中，而辨士可请，不为汉臣，而吕后可要急请间泣，唯知柔媚之乞怜延颈欲死勦习游谈之浮说，即有是人品奚足重。”[⑤]彻底否定四皓及其故事，并分析四皓安太子后并未还山，其名、字、号等亦多错讹荒诞。

严厉批判者还有不少，方濬颐《书苏威传后》云：“疑以商山四皓无畏之见重于人主，非其才有以致之耶。”否定四皓之才能，卷十三《读无能子》更云：“为吕望、屈原、四皓、严光增其身分笔墨，故自高人一筹。”[⑥]顾汧《桃源赋》更云：“彼商山之四皓，何不守此紫芝，而皇皇乎联袂出岫，致远逊于桃源之侣也。”[⑦]责备四皓不能固守山林茹芝，

---

① （明）刘达可. 璧水群英待问会元：卷之三十一[M]. 明丽泽堂活字印本.

② （明）刘达可. 璧水群英待问会元：卷之四十六[M]. 明丽泽堂活字印本.

③ （清）梁玉绳. 史记志疑：卷二十六[M]. 北京：中华书局，1981：1169.

④ （明）于慎行. 读史漫录：卷三[M]. 哈佛燕京图书馆影印本.

⑤ （清）邵泰衢. 史记疑问：卷上・吕后记[M]. 钦定四库全书文渊阁影印版.

⑥ （清）方浚颐. 二知轩文存：卷四、卷十三[M]. 上海：上海古籍出版社，2010.

⑦ （清）顾汧. 凤池园文集：卷一[M]. 清康熙刻本.

联袂出山参与皇室争斗，导致他们的声名远逊于桃源之侣。魏安《四皓图》云："芝草苍苍照石泉，深山晦迹似神仙。不知硎谷寒瓜熟，几局棋终入汉年。"憾四皓隐居山泉似神仙，却卷入汉朝"棋局"中。刘开《潜真子传》认为"四皓之不事汉，自度其才不能胜于良平萧曹也，无其德而居其位，谓之尸禄，无其能而任其事，谓之贪功"①，将四皓认定为尸禄贪功的无德无能之辈。

更有周婴《卮林》卷二云："四皓虽自晦氏族，然侍太子宴时，前各对言其姓名，必有真敷奏。若如史记言自东园公、绮里季、夏黄公、甪里先生，不但非名非姓，且草野而倨侮甚矣，著书者不能拾遗补阙，成一代之典，而顾谓旁通者，为不知而作异哉，且非迁固所书，即为异说，便在刊除似矣。"②

民国时期也不乏怀疑四皓的声音。杨钟羲《雪桥诗话》中虽也有赞四皓"二疏与四皓，尊为帝者师"者，但质疑四皓真假、四皓功绩、四皓品格之语更多，如李必恒《吴门徐昭法先生画芝》其二云："四皓当年彊是非，商山芝愧首山薇。只应乞与徐夫子，闭户丹青为疗饥。"萨大年《四皓墓》云："云白崖青好避秦，鬓眉翻作汉功臣。何因多事商山老，不及桃源洞里人。"袁绶《咏史》其二云："四皓安刘非助吕，戚姬空自泪纵横。若教如意为天子，未必能如孝惠明。"陈偕灿《舟中望五老峰》云："五老云中称遁叟，商山四皓难为友。"

元明清以降批判四皓言论的抬头，最主要的意义在于从侧面反映出人们对四皓的关注度与反思度，反映出四皓文化对后世的深远影响，也反映出人们对历史及现世政治生活与士人政治命运的关注。四皓即便名垂千古，却也没有被世世代代完全敬颂，何况吾辈。且四皓是否真为高士、安刘灭刘是否、不应真有紫芝翁等，这些反对与反

---

① (清)刘开. 刘孟涂集：卷十[M]. 归叶山房精印，1915.

② (明)周婴. 卮林：卷二[M]. 钦定四库全书. 浙江大学图书馆影印本.

思的声音，从侧面反映出文人士子真切关心国家命运前途的赤诚之心，也较理性客观判断四皓之精神，不见得是针对四皓本人之事，而是对于某些以高士之名行苟且之举，甚至祸国殃民的人的批判，属于矫世励俗，匡正时弊，而此正为道德事功评判下四皓高贤形象的核心内涵。

第三节　四皓隐逸、仙寿形象的分析

一、人格精神与四皓隐逸形象

在封建帝制时代，知识分子一方面要极力向政治权利中心靠近，以期实现仕途理想，实现人生价值，但这个过程往往不可能一帆风顺，尤其是怀揣报国大志，却常常会因"良药苦口"不为上所接纳，因官场水深不小心则明枪暗箭齐发，"朝在天子堂，暮贬田舍郎"，甚至付出昂贵的生命代价。大多数人无缘隐身于苍翠，只得心隐，或是为了伺机重来，或是身在高位脱离不了尘世，而他们的一生则注定在显隐、进退、荣辱、贵贱的矛盾与痛苦之间挣扎。另有一些人告别官场，归隐田园山川，任情纵性，寻找仙人足迹。

皇甫谧《高士传》强调乱世隐居，适意之思刻画得生动鲜明，且言"四皓者，皆河内轵人也，或在汲"，秦政虐时"退入蓝田山"，作歌感生不逢时，因仕途艰险、富贵"畏人"而选择"贫贱之肆志"，入"商洛，隐地肺山"，后再"深自匿终南山"，清晰地指出四皓的家乡，数次隐地等①。此中关于对乱世的感受、隐居的精神关怀，深刻地影响到陶渊明，其《四八目》讲述四皓事迹，《桃花源诗》以"嬴氏乱天纪，贤者避其

① （晋）皇甫谧．高士传：卷中[M]．列女传、高士传合刊本．沈阳：辽宁教育出版社，1998：21—22.

世。黄绮之商山，伊人亦云逝”[1]开头，《感士不遇赋》序云“自真风告逝，大伪斯兴，闾阎懈廉退之节，市朝驱易进之心。怀正志道之士，或潜玉于当年；洁己清操之人，或没世以徒勤。故夷、皓有‘安归’之叹，三闾发‘已矣’之哀”[2]，《赠羊长史》中更有“路若经商山，为我少踌躇。多谢琦与角，精爽今何如？紫芝谁复采，深谷久应芜。驷马无贳患，贫贱有交娱”[3]的感叹，乱世隐者的四皓形象被陶渊明全面接受，成为他坚持隐居的精神力量。

谢灵运《山居赋》有“皓栖商而颐志”言，并自注云：“四皓避秦乱，入商洛深山，汉祖召不能出。”大体取《汉书》的说法，且指四皓“栖”隐于商山，是为了修身“颐志”，将建功立业的入世热情与遁世无为的适意肆志的关系明确化，依此论盖可证明四皓不是避人之士，而是避世之士。

这种进世之“本”心与潜隐之实“用”，在四皓精神发展早期是很清晰的，后人的接受与理解渐渐随着角度、立场等逐渐分散，甚至有时过度强调某一端，或夸大某一作为的作用或后果，也可见当时社会生活的一些具体情形。且叙述者个人“小历史”的回忆，往往是对“大历史”的挑战，一方面批判当下社会生活环境与质量的低落，另一方面表达时代或王朝更替后自觉被排挤的身份，以及由此产生的两种心态，一是发奋图强以改变现状换得所求之进世精神，一是转而将心力放置在大历史之外，即向内心或自然去追求的遁世情怀，这两种心态越是在高位又心怀至伟理想的人，越容易因批判社会某些低落的生活环境或质量而跌入深谷，而两种心态在最穷困时斗争得最为激烈，其表现力也最到位。

---

① 龚斌. 陶渊明集校笺：卷六[M]. 上海：上海古籍出版社，1996：403.
② 龚斌. 陶渊明集校笺：卷五[M]. 上海：上海古籍出版社，1996：365.
③ 龚斌. 陶渊明集校笺：卷二[M]. 上海：上海古籍出版社，1996：143.

唐代盛行隐居观念及隐逸之风，在频繁的党争、专权，身居高位却频频贬谪、反复等因素的催化下，一部分人经宦海数度沉浮后，看开世俗名利富贵，放下内心的执着与羁绊，纵身高山深谷，远离政治斗争中心，以洁身自保，东山再起，甚至抛弃名利，遗世独立，以期安宁幸福的世外桃源生活。

《采芝操》描述四皓隐逸生活，颇具神秘色彩"严居穴处，以为幄茵；晔晔紫芝，可以疗饥"。后人遥想四皓功成不居、保身得全，"紫芝高咏罢，青史旧名传"，对比眼前艰难处境，越发羡慕前贤之圆满，慨叹生不逢时。王贞白"商山名利路，夜亦有人行。四皓卧云处，千秋叠藓生。""我待酬恩了，来听水石声。"（《全唐诗》七〇一）既然崎岖难行的商於道因名利趋势，竟煊赫热闹非凡，四皓隐处早已苔藓叠生，为何还要放弃辛苦求得的恩宠，去寻访四皓听山间水石之声？齐己《过商山》回答："前程有名利，此路莫艰难。"（《全唐诗》八四〇）

宋代《太平寰宇记》江南东道十三记载有："《建安记》云，子期山乃溪畔小石峰也，四面岩峦峭拔，昔秦汉之间，有仙人华子期曾师商山四皓，后居此山，山名因之。"[①]《太平广记·黄石》有记载："子房隐于商山，从四皓学道。其家葬、其衣冠于黄石焉，古者常见墓上黄气高数十丈，后赤眉所发，不发其尸，黄石亦失，其气自绝。出《录异记》。"[②]曾慥《类说·彭祖名铿》亦记载有："青精先生彭祖，名铿。凤纲、商山四皓、淮南八公，并以肥遁山林游仙为乐，升虚为戚，非不能登天也，弗为之耳。"[③]

元代晓山老人《太乙统宗宝鉴》"明郡国主进贤良之术期"记载有："举逸民之君有如汉惠卑辞厚礼以迎四皓。"[④]将四皓纳入逸民之

---

① （宋）乐史．太平寰宇记：卷一百一[M]．北京：中华书局，2007.

② （宋）李昉．太平广记：卷三百九十八[M]．北京：中华书局，2008.

③ （宋）曾慥．类说：卷三十三[M]．上海：上海古籍出版社，1992.

④ （元）晓山老人．太乙统宗宝鉴：卷五[M]．明钞本.

列。明代李贽《藏书》外臣传云：四皓“不仕秦亦不仕汉。”[①]廖道南《楚纪》懋庸内纪后篇《吴廷举》云：“四皓之俦，九老之杰，处变不渝，守贞弥烈，浩然南归，云鸿辽绝。”赞四皓高寿隐逸[②]。查应光《靳史》记载有：“宋王陶乐道，哲庙居东宫时师傅也，哲庙登极时王退闲，上力欲召用，陶表谢云，羽翼已成，四皓不闻于再起，田园麄足，两疏那见于复来，遂不出。”[③]吕邦燿《续宋宰辅编年录》则记载曰：“四皓虽不仕汉，茹商山之芝，亦当知高帝之患。”[④]

清人梁章钜《三国志旁证》亦赞：“汉祖高四皓之名，屈命于商洛之野，史籍叹述，以为美谈。”[⑤]徐乾学《资治通鉴后编》宋纪二十九《真宗膺符稽古神功让德文明武定章圣元孝皇帝》云：“然当人主求贤下士之时，而卓然有高士清风义概，岂不动人主歆慕之心？一四皓不仕，可以植西京节义之风，一严光不出，可以植东都节义之风，孰谓隐士无益于世哉。”[⑥]胡承诺《绎志》云：“四皓定储，而返驾千里。”[⑦]戴震《安乐会词元伶思贤》有云：“踵商山四皓之后尘，继竹林七贤之先志。”[⑧]而储方庆《黄金台行》有云：“求贤要比开科数，六逸停车四皓愁。”[⑨]足见在封建社会末期志士仁人的生存环境之恶劣。

历代周易占卜文献中有关四皓的内容也得到继承，集中体现四皓文化中的高贤、隐逸等精神内涵。民国张其淦《邵村学易》继承自魏晋南北朝以降有关四皓与占卜吉凶等话题的记述，具体内容涉及

---

① （明）李贽. 藏书：卷五十九[M]. 北京：中华书局，1974.
② （明）廖道南. 楚纪：卷十四[M]. 北京：北京图书馆出版社，1991.
③ （明）查应光. 靳史：卷二十一[M]. 明天启刻本.
④ （明）吕邦燿. 续宋宰辅编年录：卷二十五[M]. 钞本.
⑤ （清）梁章钜. 三国志旁证：卷十一[M]. 北京：中华书局，1985.
⑥ （清）徐乾学. 资治通鉴后编：卷二十九[M]. 钦定四库全书浙江大学图书馆影印本.
⑦ （清）胡承诺. 绎志集：卷十一[M]. 北京：中华书局，1985.
⑧ （清）戴震.（乾隆）汾州府志：卷二十九[M]. 清乾隆三十六年刻本.
⑨ （清）储方庆. 储遁庵文集：卷十二[M]. 清康熙四十年储右文等刻本.

隐逸中的隐之事、隐之时，智谋中的高帝、张良、四皓三个角度，集中体现隐逸与智谋的四皓文化特质：或云志行正，如“初九咸临贞吉。盖士之从人患，不在审而在于果，近臣贤且正乎四皓，从子房近臣不贤且不正乎。”或云利见大人以从贵，如“上六往蹇来硕吉利见大人。商山四皓从留侯之招而见汉高，是此象矣。”或云涣其血远害，如“下坎为血卦，去坎曰远害先涣而出，汉之四皓在涣而去，唐之邺侯是也。”①

四皓身处易代之交，他们的数度隐居与择时出山，于汉廷危困的关键点上发挥了不可替代的作用，从而在人格尊严的维护与社会政治秩序的安定之间，达成了一种巧妙的平衡。历代士子立志以承继四皓遗风，超然隐逸便凝化为四皓形象中坚不可摧的另一支核心力量，成了无数士人坚持隐居的一种心理支持，也是对士人政治理想、人生价值与道德操守的圆融。

二、四皓从“政坛”到“神坛”

1. 四皓神仙形象的形成

四皓因须眉皓白之形象和隐居食芝之生活，与早期道教文化神仙说的核心要素十分接近，多为后世列入道家。从汉朝朴素的神仙学说中的四皓，到晋代已经被奉为神仙家的四皓，再到南朝时列入道家神仙谱系的四皓，仙寿的形象逐步被刻画出来，到唐代四皓的神仙形象逐渐清晰。进入“神仙谱系”的四皓形象，是人们对四皓仙风道骨形象的极致解读。

秦始皇时曾有大规模的求仙活动，汉时朝野对赤松子、王乔等仙人之崇拜，对灵芝等仙物之颂扬，反复出现在汉代诗歌与绘画题材

---

① 张其淦. 邵村学易[M]. 民国刻寓园丛书本，民国 15 年(1926)排印本.

中。汉人对神仙说的虚妄有清醒认识，主流观点认为其“背仁义之正道，不遵五经之法言”，然其根本在于人们对长生之渴求，对生命延续之希冀，庄子、屈原等笔下之“神人”“羽人”更是自由之化身、精神之慰藉，四皓、张良等有关形象代表了汉代神仙学说的朴素面。

1958年河南邓县出土的东晋至萧梁时彩色画像砖三十四种，其中有题为“商山四皓”的一幅，长发披肩是绘画作品中仙人道士的典型形象。同出的“王子桥与浮丘公”图束发戴冠与长发披肩的对比，正说明历史人物与仙人道士的对比和流变①。晋葛洪《抱朴子》中多次出现四皓事迹，《内篇・至理》有载：“按《孔安国秘记》云，良得黄石公不死之法，不但兵法而已。又云，良本师四皓，角里先生、琦里季之徒，皆仙人也，良悉从受其神方，虽为吕后所强饮食，寻复修行仙道，密自度世，但世人不知，故云其死耳。”②此言四皓是张良的师父，他们都是修道仙人，“度世”为任，有不死之身。《内篇・黄白》有“角里先生从稷丘子所授化黄金法”③言，梁玉绳申斥《孔安国秘记》显为后人托伪之作，言其“尤妄说耳”。④ 但据此可知，晋代已经把四皓奉为神仙家⑤。

南朝时四皓已列入道家神仙谱系。《说郛》卷七引葛洪《枕中书》：“广成丈人，今为钟山真人九天仙王。汉时四皓、仙人安期、彭祖，今并在此辅焉。”北周武帝宇文邕敕《无上秘要》卷八十四在“得太清道人名品”等级神灵中，列出“东园公、绮里季、夏黄公、角里先生，此四人商山四皓”，与彭铿、墨翟、鬼谷先生、徐福、淮南八公等历史人

---

① 柳涵. 邓县画象砖墓的时代和研究[J]. 考古，1959，(5).

② (晋)葛洪撰、王明校释. 抱朴子内篇校释(增订本)[M]. 北京：中华书局，1985：113.

③ (晋)葛洪撰、王明校释. 抱朴子内篇校释(增订本)[M]. 北京：中华书局，1985：290.

④ (清)梁玉绳. 史记志疑[M]. 北京：中华书局，1981：1169.

⑤ 此节参见魏敏《略述宋代文献中的商山四皓》，载《宁夏大学学报》(人文社会科学版)，2015年第1期。

物同列，“右件八十五人，系太清中真仙姓名事迹粗显者，今亦应进登太极者。”卷八十七记载有：“及商山四皓、淮南八公并已服上药，不至一剂，自欲出处默语，肥遁山林，以游化为乐，以升虚为感，非不能登天也，弗为之耳。”

唐时四皓的神仙形象更为清晰。李白《过四皓墓》、陆畅《题商山庙》等访四皓指寻“仙人”，盖因其不因政治起伏，而怡然融于山林之高士之气，甘于采食“紫芝”的清贫生活，却获得长寿之脱世之姿。王松年《仙苑编珠》卷上，记载有“三老炼气、四皓饵漆”曰：“神仙传长陵三老服阴炼气乃得成道，又云商山四皓服九加散饵漆得道。”①五代杜光庭《录异记》卷七《异石》篇记载有：“子房隐于商山，从四皓学道，其家葬其衣冠黄石焉。”②四皓已身列道家师者。

宋时王衮《博济方》将商山四皓奉为神仙，更与彭祖、夏姬相提并论：“彭祖、夏姬、商山四皓炼杏仁为丹，以致仙宫，而王子晋、丁令威等并不去世事，畜妻子，服生杏仁，服之久远，仙来迎候，乘龙驾鹤以致升腾者，只服杏仁矣。”③李昉《太平御览》赞张良功德时言其“修之于身，能练气绝力，轻身羽化。与绮里季、东园公、甪里生、夏黄公，为云霞之交”④，虽有演义之辞，但在仙寿、隐逸等方面却有契合之处。

潘自牧《记纂渊海》卷第一百八十七、张君房《云笈七签》登七云商谷山“是四皓仙人隐处”⑤。程大昌《雍录》记载曰：“炭谷有太一祠，而借四皓以信道家之语也。”⑥将太一祠与四皓联系在一起，利用四皓传播道家学说。《姓氏急就篇》“祖黄宗文支叶盛”记载有：“庞汉四皓

---

① （唐）王松年．仙苑编珠［M］．明正统道藏本．

② （五代）杜光庭撰、王斌、崔凯、朱怀清校．录异记辑校：卷七［M］．济南：巴蜀书社，2013.

③ （宋）王衮撰、王振国、宋咏梅点校．博济方：卷五［M］．上海：上海科学技术出版社，2003.

④ （宋）李昉．太平广记：卷六［M］．北京：中华书局，2000.

⑤ （宋）潘自牧．记纂渊海：卷四［M］．北京：中华书局，1988.

⑥ （宋）程大昌．雍录：卷五［M］．北京：中华书局，2005.

黄公”，“园氏风俗通云：氏于四皓有园公，（陈留志）园庾，襄邑人，号园公，列仙传。”[①]《宝刻类编》有记载：“唐立汉烈仙四皓碑铭。”[②]郑樵《通志》乐略第一所列“神仙二十二曲隐逸”，其中就有“四皓”曲[③]。

而宋代有关四皓神仙形象最典型也最有趣者，当属“橘中四皓”的故事。曾协《书陈池州芝亭记后》有记载：“神仙之书独称芝田，而以芝为茹者商山之四皓也。自汉书考之不言其所终，而世纪其为橘中之游，变化恍惚，盖古之得道者。”[④]苏轼传世书法残片“洞庭春色赋”亦有“橘中之乐，不减商山”（见附录图 20）之语，四皓弈棋与橘中叟的仙事，更强化了四皓的神仙身份。金代王朋寿《类林杂说》之《果实篇》第九十八，则增添场景、故事情节，更生动形象地描绘了这个故事：“唐有人中庭有橘，或取摘之，余叶闲犹有一大橘，主人遂自取之，手至未摘，其橘皮自裂，橘中有四老人，相对弈棋，一老曰：橘中之乐，不减商山。遂俱不见。”[⑤]

2. 四皓从“政坛”到“神坛”转型

四人“年老”，逃匿山中，二十年后一起出山辅佐太子，四皓神祚机等历代皆有论者，唐时李白等人已将四皓为神仙的话语写进诗篇，访四皓指寻“仙人”四皓之仙踪，宋人“橘中四皓”的神仙话语、神仙色彩则更为浓重，元明清则将四皓从“政坛”请下，四皓已然转型“神坛”，被列于仙班。

元代，李道谦《甘水仙源录》卷二《祭文》记载有：“维丁亥岁七月十五日，燕京儒学官孙周等，谨以香茶之奠致祭于长春真人丘仙翁之灵，嗟嗟仙翁，早岁出家，壮而成道，九八仙而五四皓，无书不览，无事

---

① （宋）王应麟. 姓氏急就篇：卷上[M]. 北京：国家图书馆出版社，2006.
② （宋）陈思. 宝刻类编[M]. 北京：中华书局，1985.
③ （宋）郑樵. 通志二十略：卷四十九[M]. 北京：中华书局，1995.
④ （宋）曾协. 云庄集：卷四[M]. 上海：上海古籍出版社，1985.
⑤ （金）王朋寿. 类林杂说：卷十五[M]. 北京：文物出版社，1982.

不知。”[①]八仙与四皓同列仙班,“无书不览,无事不知”,成为修仙得道者的偶像。杨朝英《四皓屏》记载有:“张良……到底学神仙去,待商家四皓还山,再不忍人间险处。”[②]四皓仙游不在山中,等到他们还山时,人间险处方可不再忍受。

赵道一《历世真仙体道通鉴》将四皓与历代体道之真仙列为一处,卷一记载有:“蚩尤又令风后演河图,而为式用之创百八局,名曰遁甲,周公时约为七十二局,汉张子房共向映云:四皓□□□十八局,案神龙负图文,遁其甲,乃名之遁□□一局揭帖是也。”卷二十九《寇谦之》记载有:“河图洛书皆寄言虫兽,未若今日神人对接也,昔汉高帝虽曰英圣,四皓犹不屈之。”卷三十一《钟离权》记载有:“昔轩辕黄帝得金丹秘诀,以玉匣藏于寿春县东紫金山悬钟洞,真人得遇师传之后,复游云水至鲁,居邹城入崆峒,于紫金四皓峰居之,遇仙人,引入洞,获玉匣秘诀,至德内全,遂终妙道。”卷四十《杜光庭》记载有:“会王建霸蜀,召为皇子师,建谓曰昔汉有四皓,不如吾一先生足矣。”卷四十一《张氲》记载有:“刘守章赠四皓鹿角枕。”卷四十七《陈抟》记载有:“尧道昌而优容许由,汉世盛而善存四皓,嘉遁之士何代无之。”[③]四皓或为智者,或为逸民,或为仙山名器,都与神坛密不可分。

至明清,“托梦”等说已然将四皓供上神仙牌位,绘画、碑刻中也着意于刻画和赞颂其银须皓首、怡然山水的情景,寄托心中的向往,古人敬老、崇尚长生的题中之意。

明代黄居中《千顷斋初集》文部有《寿大中丞旭山李先生七十一序》篇记载有:“每并辔连袂出,望之若商山四皓,非尘寰中人。”[④]直指四皓“非尘寰中人”。朱橚《普济方》“服饵门”记载了前世所传“张果

---

① (元)李道谦. 甘水仙源录:卷二[M]. 上海:上海古籍出版社,1989.

② (元)杨朝英. 乐府新编阳春白雪:后集卷一[M]. 北京:北京图书馆出版社,2006.

③ (元)赵道一. 历世真仙体道通鉴[M]. 南京:江苏广陵古籍刻印社,1997

④ (明)黄居中. 千顷斋初集:卷十二[M]. 明刻本.

先生服杏仁法”：四皓与彭祖、夏姬“炼杏仁为丹，以致仙宫”。并云“出王氏传济方”①。高元濬《茶乘》“志林”则有云：“洞庭中西尽处有仙人茶，乃树上之苔藓也。四皓采以为茶。”②四皓所采之茶也为仙人茶。刘源长《茶史》“茶之名产”也有“仙人茶”与四皓采茶的记载③。

清代秦嘉谟《月令粹编》记载有“四皓降现”：“《翰墨全书》五月三十日，相传有人于终南山见四人冠剑都雅，非人间所有，盖是月四皓降现辰也。”④清褚人获《坚瓠集》秘集“天目地肺”记载有：“终南山有地脉，为四皓修炼处。”⑤“修炼”一词指出四皓的神仙身份，且为四皓修仙炼丹提供佐证。潘自牧《记纂渊海》卷八十六、张君房《云笈七签》记商谷山“是四皓仙人隐处”⑥，直称四皓为仙人。民间流传至今的摩女戏，亦是后人不辞辛劳追寻四皓足迹的写照。

若唐以前四皓的形象还以政治与隐逸为最突出表现，宋以降，四皓形象逐渐完成了从“政坛”到“神坛”的转型，长寿、仙人形象成为四皓形象的主流，并以此为中心形成了中国传统文化中崇尚长生、尊老重贤的世风。

三、四皓长寿形象

寿星，即人间寿夭之神，“皓”，本就指年高长寿之人，而长寿本乃

① (明)朱橚. 普济方：卷二百六十三[M]. 北京：人民卫生出版社，1983.

② (明)高元濬. 茶乘：卷二[M]. 明天启刻本.

③ (明)刘源长著、刘谦吉辑、陆求可订. 茶史：卷一[M]. 名古屋：梶田勘助，[出版年不明].

④ (清)秦嘉谟. 月令粹编：卷九[M]. 上海：广文书局，1970.

⑤ (清)褚人获. 坚瓠集：卷四[M]. 上海：上海古籍出版社，2002.

⑥ (宋)潘自牧. 记纂渊海：卷八十六[M]. 北京：中华书局，1988. (宋)张君房. 云笈七签：卷二十七[M]. 北京：华夏出版社，1996：156.

"四皓"名中之意。中国历来有尊老重贤的思想,年高、贤德,高而尊,尊而重,在社会生活中往往产生无声感召力,或在和平盛世时被追怀,或在动荡流离时被向往。四皓"年皆八十有余,须眉皓白,衣冠甚伟"之形象,隐居食芝之生活,正是长寿与长生之文化象征。

汉廷"举逸民、明养老",推崇贤德、高节之士,汉征四皓故事深入人心,在史传中被作为模板,成为征聘贤能的重要方式与原因;四皓因高隐之名和贤德重望,有使动荡趋于秩序化的力量,而被刘邦看重,为太子倚仗,从而避免了剧烈的宫廷政变;四皓出山辅翼太子之所为,也是为维护封建社会稳定,是正义之"师"。历代选贤任能都看重所选人才的品德与名望,从汉时到近代,无出其右,这反过来又成为人们尊敬、歌咏贤德老人的重要原因。

东汉就有祭祀老人星与敬老活动的结合,唐代的尚齿之会、宋代的耆老之会等,使尚老、崇老成为社会风气,并以绘画传之后世。康乾盛世时尊老达高峰,廷殿内设"千叟宴",极尽优宠、尊荣、奉养之事。朝廷大力提倡,民间更蔚然成风。

唐代《商山四皓、会昌九老图》所关注的老人图题材,在绘画题材中被后世屡屡提及,成为人们熟悉的日常人物画专题,甚至成为一种文化范式和绘画母题自然地被保存下来。马远《商山四皓》、戴进《商山四皓并四聘图》、吴伟《商山四皓》、萧晨《商山应聘图》,宁波保国寺中慈城黄山清代"大夫第"砖屏中的二人对弈、二人观战画,与明代张路《商山四皓》图极为相似,北京颐和园长廊壁画中"商山四皓"也显赫列于其中。其他如斗彩商山四皓纹罐、笔筒等不胜枚举,均有母题痕迹[①]。

以四皓为名的人物及事迹也有很多。南北朝萧子显《南齐书》卷

---

① 此节参见魏敏《略述宋代文献中的商山四皓》,载《宁夏大学学报》(人文社会科学版),2015年第1期。

五十四记载徐伯珍"家甚贫窭，兄弟四人，皆白首相对，时人呼为四皓。"徐伯珍，南齐时东阳太末人，字文楚，少年孤贫，然好学，在竹叶、土地上学习，山洪爆发也读书不辍，从叔父璠之学经史十年，宗儒学，兼明道术。太守琅邪王昙生、吴郡张淹并加礼辟，应诏便退，达十二次之多。旱时期雨，其举动有礼，避曲木而行。早年丧妻，不复重娶，以曾参自比。他家南边九里有九崖山，人称妇人崖，徐伯珍移居至此，门前生梓树，一年便长至合抱。忽然一天夜里，红光照耀馆东边石壁，光灭后有一双白雀栖息于窗户上，大家都议论这是徐伯珍的隐居之德感化而来。他和兄弟四人都年高白首，大家都称呼他们为四皓。建武四年卒，年八十四，受业生凡千余人。同郡楼幼瑜亦儒学，著《礼捃遗》三十卷，官至给事中。又同郡楼惠明有道术，居金华山，禽兽毒螫者皆避之。宋明帝闻之敕出，住华林园，除奉朝请，固乞不受，求东归。永明三年，忽乘轻舟向临安县，众不知所以，寻而唐宇之贼破郡，文惠太子呼出，住蒋山，又求归，见许。世祖敕为立馆。①

后世文献皆引录萧说者众。清袁枚《随园随笔》卷二十六古姓名类"两四皓"条目记载有："汉四皓是东园夏黄公等，南朝有四皓徐伯珍兄弟也。"②唐许嵩《建康实录》卷十六载曰："(徐伯珍兄弟四人)俱年八九十卒。"③明黄姬水《贫士传》下卷记载有："前后征辟凡十数皆不就。伯珍幼艰，抱影长啸，艺翰摹精，古坟探奥，九崖逸栖，四人齐耄，自拟曾参，世称商皓。"④明李贤《明一统志》与陆应阳《广舆记》卷十记载徐伯珍是"龙游人"，从学"积十九年"⑤，当误，清代文献俱无从

① (南朝梁)萧子显. 南齐书：卷五十四[M]. 北京：中华书局，1972.
② (清)袁枚. 随园随笔：卷二十六[M]. 南京：江苏广陵古籍刻印社，1991.
③ (唐)许嵩撰、建康实录校记. 建康实录：卷十六[M]. 南京：南京出版社，2010.
④ (明)黄姬水. 贫士传：下卷[M]. 北京：中华书局，1985.
⑤ (明)陆应阳. 广舆记：卷十[M]. 清康熙刻本. (明)李贤. 明一统志：卷四十三[M]. 上海：上海古籍出版社，1987.

之者。

宋庞元英《文昌杂录》卷一记载有:“右屯卫将军孙守彬,家富于财,置酒模于明德坊,常有四老人饮其上,俗有四皓之名。”①宋郭若虚《图画见闻志》卷三记载有:“太祖朝,潜归京师,始货药以自给,每售药必画鬼神或犬马于纸上,籍药与之,由是稍稍知名。时太祖在潜邸,外戚孙氏喜画,(孙氏有酒楼,一日遇四老人饮酒有异,疑其神仙,因谓之四皓楼,亦谓孙氏为孙四皓也),因厚遇益,请为图画。”②明陆深《春风堂随笔》记载有:“孙四皓进之天子,下图画院品第,高文进妒之,定为下品,止赐三十缣,古今忌才,虽曲热亦然,可资浩叹,文进名亦偶同。”③

与孙四皓相关的文献还有,王士元“尝为孙四皓客”④,李成则善“画山水林木,当时称为第一。开宝中,孙四皓者延四方之士,知成妙手,不可遽得,以书招之。成曰,吾儒者粗识去就,性爱山水,弄笔自适耳,岂奔走豪士之门与工技同处哉。遂不应。”⑤

明徐树丕《识小录》卷之一记载有“梁四皓”,云:“梁大通中有四人,鹑衣行丐,年皆七十余。武帝召入,衣以御衣,叩之天文术数,内外典教,递答悉贯。昭明太子因与为友,是亦一四皓也。”⑥

清延丰《重修两浙盐法志》商籍二记载有:“(吴瑗)以公明平恕勖之,兄弟四人,俱九十余岁,晚居湖上,不入城市,人称一门四皓云。”吴琦“与其兄瑗,弟璠、炎,年并登九十,里人为绘商山四皓图以贶之。”⑦

清屈大均《广东新语》“人语”有记载曰:“崇祯间东莞多长寿人,

---

① (宋)庞元英. 文昌杂录:卷一[M]. 北京:中华书局,1985.

② (宋)郭若虚著、俞剑华注释. 图画见闻志:卷三[M]. 南京:江苏美术出版社,2007.

③ (明)陆深. 俨山外集:卷五[M]. 上海:上海古籍出版社,1993.

④ (宋)刘道醇. 宋朝名画评:卷一[M]. 北京:商务印书馆,2013.

⑤ (清)孙岳颁. 佩文斋书画谱:卷五十[M]. 杭州:浙江人民美术出版社,2013.

⑥ (明)徐树丕. 识小录:卷之一[M]. 北京:商务印书馆,1949.

⑦ (清)延丰. 重修两浙盐法志:卷二十五[M]. 上海:上海古籍出版社,1996.

若温塘之龙翁一百有四，寮溪之竹园公一百有三，鹧鸪坑之尹南峰公一百有一，石碣之梁翁、万家租之翟公皆一百，同时同邑，诚天下之所罕者。比岁番禺陂头乡有四潘翁者，一曰秉彝，年九十八，一曰岣嵝，年九十六，一曰庆存，年八十九，一曰庆余，年八十八，皆同母之兄弟也。有司表其闾，曰一门四皓。予谓四翁在异姓则过于商山之四老，在同生则过于南齐之徐伯珍兄弟，盖我八朝先君深仁厚泽之所培养而致者。予尝与岣嵝翁游，听翁谈说隆万年间太平遗事，神往久之，尝以鹤顶杯引满为翁称寿，翁赋诗见答可传也。”①

汉时商山四老称“四皓”，南齐徐伯珍兄弟亦称“四皓”，清代番禺秉彝、岣嵝、庆存、庆余四兄弟，有司亦表为“四皓”，且超过商山四皓之异姓，超过徐伯珍兄弟之年岁，确为高寿之人，不禁赞叹其为“在异姓则过于商山之四老，在同生则过于南齐之徐伯珍兄弟，盖我八朝先君深仁厚泽之所培养而致者”。四皓不仅是长寿人的代名词，而且还有了徐氏兄弟与“一门四皓”等更多群体加入，已经不仅具体地指称商山之四位长寿老人，而且成为历朝历代长寿老人群体之代名词。

对太平盛世、淡泊自由等精神生活的向往，对荣誉的不懈追求，实现政治理想、人生价值和道德操守的圆满结合，使得尊贤崇老成为中国文化中无法拂去的情结。这是东方世界价值观念的一条规律，也是商山四皓这样的精神文化源源不断在社会生活、文学艺术等方面的反映，成为中国士人精神的重要组成部分的重要原因。

---

① (清)屈大均. 广东新语：卷七[M]. 北京：中华书局，1985.

第三章

商山四皓的历代艺术接受

四皓精神的传播与影响是复合、多元的，四皓文化在文学艺术领域里也绽放出夺目的光彩。伴随商山四皓事迹为历代史籍所载录、评判，四皓形象不断被建构、渐趋符号化，围绕“商山四皓”的史事功绩、高德隐逸品性、仙人寿老形象等，产生了诗歌、绘画、书法、碑刻等一系列文学艺术作品及文化现象，在不同历史时期和社会条件下呈现出各具特色的面貌，书写了一部数量可观、异彩纷呈的商山四皓艺术接受史。

第一节　诗歌中的商山四皓

一、“四皓诗”的创作及其宏观特征

诗以缘情，歌以咏志。作为中国古代主流的文学艺术形式，诗歌于最大程度上承载了四皓文化精神的内涵与外延。自四皓唱《采芝歌》、高祖作《鸿鹄歌》始，曹植、陶渊明、李白、白居易、王安石、王禹

偁、赵孟頫等历代众多诗人为之驻足，为之钟情，四皓文化长河绵延不绝，吟咏商山四皓的诗歌作品层出不穷。

历经汉魏晋南北朝四皓文化“初见端倪”；唐时诗歌进入黄金时期，四皓文化充分发展，气象蔚为大观；宋代在鲜明的时代色彩背景、全新的文学样式发展、精神内涵的充分外显之中，诗、词、文、书、画等文艺作品中四皓屡被表现；明清以降话本、戏剧、小说中四皓也依稀可见，传统的诗歌、绘画作品更有集中表现。

首先，据《中国基本古籍库》《全唐诗》《全宋诗》《辽金元诗》等统计，将历代诗人创作的“四皓诗”情况列下表：

表1　历代“四皓诗”数量统计表

朝代	作者数量	作品总数量	作品最多数量的诗人及其作品数	诗歌总数	四皓诗所占比例
三国	1	1	1		
东晋	1	1	1		
北周	1	1	1		
唐	91	240	27(杜甫)	5万余首	
宋	74	144	17(王禹偁)	25万余首	
金元	50	86	10(王恽)		
明	109	151	5(岳正)		
清	144	209	12(屈大均)		
民国	7	11	3(杨钟羲)		

通过上表，可以发现“四皓诗”跟随诗歌的时代发展特征，于唐代进入高峰期，作品数量达到峰值；宋代“四皓诗”延续唐代之风姿，但数量上有所不及；至明清时期，“四皓诗”呈现出作品数量与作者数量成正比增长的态势；清代吟咏四皓的作者人数达到历代最多，作品数量也颇多，呈现出集大成的蔚然气象。

其次，将历代吟咏四皓的诗人、所处之时代及篇目数罗列出来，并按其诗作数量多寡进行排列，可观其概貌。兹列举诗作数目达 4 首及以上者如下：

唐　杜甫　27 首

唐　白居易　21 首

宋　王禹偁　17 首

唐　许浑　14 首

元　陈思　13 首

唐　李白　12 首

清　屈大均　12 首

唐　刘禹锡　11 首

元　王恽　10 首

唐　骆宾王　9 首

唐　钱起　7 首

宋　王安石　7 首

唐　李德裕 6 首

唐　李商隐　6 首

宋　刘克庄　6 首

元　方回　6 首

唐　杜牧　5 首

宋　苏轼　5 首

元　胡祇遹　5 首

明　岳正　5 首

清　罗惇衍　5 首

清　汤贻汾　5 首

唐　李绅　4 首

唐　权德舆　4 首

唐　罗隐　4首

唐　黄滔　4首

唐　徐寅　4首

唐　贯休　4首

宋　邵雍　4首

明　王世贞　4首

清　孙枝蔚　4首

清　张祥河　4首

据此分析,“四皓诗”作品达4首以上的作家有32位,其中1/2为唐代作家,且绝大多数都是耳熟能详之名家、大家,并有多位作者之作皆数量可观,对后世四皓吟咏题材之影响及意义极为重大,足见有唐一代“四皓诗”创作风气之盛,四皓文化对唐代社会影响之广。

而宋元之王禹偁、王安石、陈思、王恽,明清之王世贞、屈大钧等,亦属时代名流,他们的歌咏对四皓文化的深度传播至关重要。

明清时期诗歌的创作及成就不及前代,但在“四皓诗”的表现上,则出现了吟咏者数量与作品数量双高的特征,且单人单咏的比例最高,也从侧面反映出四皓文化影响之广泛程度。

二、历代四皓诗的分类及主题迁移

以上分析是从宏观上整体把握“四皓诗”的创作情况及其特征,接着再分析历代“四皓诗”之题目,及其所涉具体内容,将涉及四皓的诗歌作品,分为“专门吟咏商山四皓”与“征用商山四皓典故”两大类:

“专门吟咏商山四皓”的诗人及其诗作有:

三国(1人,1首)

曹植:商山四皓赞

唐代(19人,27首)

李白：商山四皓、过四皓墓
元稹：四皓庙
白居易：答《四皓庙》、题四皓庙
褚藏言：四皓祠堂即事、四皓驿听琴送王师
吴筠：商山四皓
蔡京：责商山四皓
杜牧：题商山四皓庙
段成式：题商山庙
温庭筠：四皓
窦庠：四皓驿听琴送王师简归湖南使幕
李商隐：四皓庙二首
许浑：题四皓庙、重经四皓庙二首、题四老庙
李频：过四皓庙
刘沧：题四皓庙
胡曾：四皓庙、四皓
罗隐：四皓庙
唐彦谦：四老庙
贯休：四皓图
蒋吉：四老庙

宋代(25人,37首)

陈起：读四皓传
陈思：读四皓传、四皓、四皓图、四皓
戴复古：赵尊道郎中出示唐四老饮图滕贤良有诗亦使
范祖禹：四皓
郭祥正：四皓
李纲：四皓
刘敞：四皓歌

刘克庄：四皓

邵雍：题四皓庙四首

释文珦：四皓

宋伯仁：橘中四皓

王安石：四皓二首

王禹偁：四皓庙二首、游四皓庙、别四皓庙、问四皓、读四皓碑

谢翱：四皓

徐钧：四皓

岳珂：题四皓庙一首

郑思肖：四皓图

郑刚中：四皓已闲犹管事

释道璨：商山四皓赞

舒岳祥：四皓像

罗大经：四老安刘

陈普：四皓

唐锜：四皓祠

王镃：四皓

黄大受：读四皓传

元代(32 人,51 首)

仇远：四皓图

艾性夫：题四皓对弈瀹茶图各一绝(二首)、酬春湖史履庸惠四皓图

戴良：题四皓图

邓雅：四皓对弈图

胡祗遹：题四皓图、题四皓闲适图、题舍馆壁四皓图、题四皓图

黄溍：四皓围棋图

蒋易：题四皓图、四皓

李庭：题商山四皓图二首
李孝光：商山四皓图
刘鹗：四皓
刘敏中：四皓图二首
刘因：四皓二首、四皓图
卢琦：题四皓图
马祖常：题四皓图二首
钱惟善：题马远画商山四皓图
邵亨贞：四皓图歌
沈梦麟：宋刘松年临唐阎立本商山四皓图
释善住：四皓图
舒頔：四皓图
宋无：四皓
滕安上：刘叔端所收何局长澄四皓图
王逢：题四皓图凡二首
王旭：四皓围棋
王恽：四皓图(八首)
吴澄：题四皓图
萧□：同字韵和飞卿兄、四皓图
谢应芳：四皓图
杨宏道：四皓庙
张雨：题四皓图
张翥：题四皓商山图
赵孟頫：四皓
左克明：采芝操　汉四皓

明代(64 人,90 首)

蔡清：题商山四皓图

陈谟：题四皓图

陈献章：偶阅岳季方题商山四皓图次韵

高启：四皓图

龚敩：商山四皓图

顾璘：四皓

胡奎：题四皓图

黄省曾：咏四皓一首

黄佐：咏四皓

江源：四皓围棋图、四皓

黎淳：题四皓弈棋图

李昌祺：题商山四皓图为陈征士致广题

李言恭：四皓图为郭侍御题

梁储：四皓

林俊：题四皓

凌云翰：四皓图

刘昌：题四皓图二首

刘储秀：过四皓村

刘绘：四皓墓

刘嵩：四皓对弈图

刘忠：和宋宪使画壁四题韵八首、右四皓围棋、四皓二首

陆完：汉四皓

罗伦：四皓图为饶雯峰题、题陈佥宪粹之和四皓图二首

马中锡：四皓图

莫如忠：题四皓图为沈大恭

邱濬：商山四皓图

邵经邦：咏史四首之四皓来

佘翔：题四皓图为黄山人全之寿

史鉴：四皓图

孙蕡：四皓图

孙绪：四皓图为赵十松明府题

孙瑀：题四皓弈棋图

唐锦：题四皓弈棋图

陶安：四皓图、四皓弈图

王鏊：题四皓图

王褒：题商山四皓图

王恭：林虚白画商山四皓

王英：商山四皓图

王越：四皓围棋、四皓、四皓弈棋图

王云凤：商山谒四皓祠

魏骥：四皓弈棋图

吴道南：四皓

吴国伦：万方伯招同邢州牧饮大观亭时方伯年七十子三人并六十以上因得窃比四皓云

吴讷：四皓、四皓庙

夏良胜：题四皓

谢肇淛：四皓庙

徐树丕：四皓

徐学诗：四皓围棋图

薛瑄：四皓图

杨基：四皓

杨廉：四皓二首

杨士奇：题四皓子期子猷太白四图其一、题四皓

姚堂：四皓庙
余学夔：四皓围棋
袁表：题商山四皓、题四皓图
岳正：四皓图五首
张凤翼：四皓羽翼歌
张泰：题四皓子陵
正勉：商山四皓图（普彦明）
郑赐：题四皓图二首
郑文康：与叶及菴论商山四皓
周瑛：题四皓图
朱存理：四皓弈图

清代（31 人，37 首）

陈恭尹：题四皓图二首
陈文述：商山四皓
陈梓：题四皓图
褚人获：四皓弈棋图
邓旭：再题四皓祠
顾景星：郭店题四皓图
何绍基：留侯庙其三
胡世安：四皓驿听琴送王师简归湖南使幕
李苞：四皓歌
厉鹗：马远四皓弈棋图诗
林寿图：四皓村
罗惇衍：商山四皓
彭而述：四皓
彭孙贻：四皓
钱谦益：四皓弈棋图

秦时昌：绮里、舟里村

长白纳兰氏：咏四皓

沈寿榕：述古六首其一

孙衣言：子昂商山四皓图

唐孙华：题黄砚芝太史黄山采芝图

陶元藻：咏史三首其三

田雯：咏史、读张良传三首其三

汪琬：咏四皓

王昶：咏商山四贤、四皓

吴景旭：题四皓图

吴绮：四豪

吴荣光：过四皓墓

尤珍：咏古二首

袁枚：咏史

张澍：四皓墓

张祥河：四皓庙二首

据以上整理的信息分析可知，“四皓诗”于不同时代所咏之侧重皆有所不同：

三国时曹植的《商山四皓赞》首谱四皓赞歌，云：“嗟尔四皓，避秦隐形。刘项之争，养志弗营。不应朝聘，保节全贞。应命太子，汉嗣以宁。”以《诗经》句式，仅32字，却全面叙述了四皓出处的四个阶段，并认为其四个阶段的做法全对，且取得了四种好的结果：离开始皇可“避秦隐形”，不介入刘项之争可“养志弗营”，高祖礼聘不出可“保节全贞”，出而辅佐太子可使“汉嗣以宁”。全诗无一字可删，所表之意也十分明确。此诗全面记述四皓之历史功绩，描述其为后世文人士子所敬仰欣羡的完美仕途，为后世之讽诵奠定了最坚实的基础。

唐代有大量的商山怀古诗、题四皓庙诗，所涉27首诗作中，有19

首与四皓墓、庙、祠堂、驿等有关；宋代则更多体现在咏史主题上，集中表现其鲜明的时代感；元代 51 首诗作中，有 43 首为题咏四皓图画之作，题画诗在四皓诗的表现中占据绝对地位；明代延续元代以来形成的传统，90 首诗作中，有 61 首为题画诗，此间还重新出现了吟诵四皓墓、庙、村等的作品；清代较之前代，专门吟咏四皓的作品数量迅速减少，有关四皓图画的作品占总数量的不到 1/3，咏史类作品稍多，题庙诗也有所表现，总体格局与气势都转为萧条。

“四皓诗”在不同历史阶段的主题迁移，也体现出四皓文化在传播过程中，人们所关注的中心在不断转移。主题的迁移，一方面反映出四皓文化核心价值的外延与内涵，随着时代的变革，处于不断发展、变更的过程中；另一方面表现出历代文人对四皓文化内涵的接受及侧重点之差异。四皓事迹及形象不断建构，四皓文化逐渐符号化，被赋予深刻、丰富的象征意味。“四皓诗”或长或短，或抑或扬，从不同侧面、不同角度阐述了作者对四皓避秦安汉史事的看法，展示了四皓文化在具体历史时期的表达侧重。而无论哪个向度上的流播，都体现出“四皓”故事对中国传统文化的深远影响。

而在涉及商山四皓的众多诗歌作品中，除直接吟咏商山四皓的 240 余首之外，更多的作品则将商山四皓的典故，或显或隐、或全部或部分、或正评或反说地融合在诗作之中。这类作品在数量上，占据所有四皓诗歌的约 2/3，在内容与主题上，涉及四皓辅翼太子史事、四皓之贤德与智谋、四皓隐逸闲适之生活、四皓长寿与神仙形象等四皓文化的核心内涵。

这类作品虽然不是专门吟诵四皓的作品，却在更广泛的艺术层面与社会阶层中，将四皓文化深入历代文人士子的精神世界，也将四皓文化激贪厉俗、教化民风的作用，切实落实到具体的世俗生活情境中，体现出四皓文化流播向度上的转变，及四皓文化影响上的不断泛化。

三、唐代题庙诗与白居易唱和团体的“四皓诗”

1. 唐代题庙诗

“商州山水激越了唐代诗人的才智和灵气，商於古道给过唐诗以营养和精魂，”商於道是“一条互相交流、切磋提高，以至于将唐代诗歌推向黄金时代的‘诗歌之路’”，“从初唐、盛唐，到中唐，再到晚唐，商州和商於道实际上是唐代诗人们的一个理想的创作基地。这里历史悠久，人文积淀丰富，可以咏史；这里地结秦楚，诗风可以交融；这里山清水秀，风光旖旎，可以隐逸；这里高高下下，人尽务农，‘丰不全收，歉不全乏’，可以饱食无忧；这里五方杂沓，南腔北调，汇成一炉，可以学习民歌俚调；加之，民风淳厚，世风好古，又可以净化和慰藉仕途疲惫、生计窘迫的诗人们的心灵”。①

有唐一代往来奔徙于商於道上的诗人，不下二百人，商山脚下留下魏征、沈佺期、张说、张九龄、王维、李白、白居易、元稹、李商隐、韩愈、贾岛等五十多位名相诗人的诗作。张九龄“四过商州”，李白曾盘桓于商州七、八个月，白居易“七年三往复”，元稹“七度武关”，贾岛落拓时曾挂单镇安云盖寺，另有像王维等虽不曾到过商山，却也对商州山水无限神往之人。大批文人士子与商山、商於道结下不解情缘，行吟踏歌于此间，并为后世留下了近千首诗歌。

唐人有题壁、题柱之风尚，因此初唐没有题四皓庙的诗文。自新修四皓庙后，唐代诗人凡经过商於道，几乎皆要去参谒拜见商山四皓祠，并留下诗文。未曾到过此地，却对商山、对四皓心怀敬仰向往者亦不在少数。发生在商於古道上的关于“商山四皓”的诗苑佳话，几乎贯穿了有唐一代始末，且影响后世极深。围绕商山名利路、完美仕

---

① 姚怀亮. 商於道:“诗歌之路”[A]. 三秦文化研究会年录论文集[C]. 2004：13.

途的理想，对四皓或推及自身与时代的感悟与看法等，产生的题庙诗文有十多首[①]。前者如，李白《商山四皓》推崇四皓“功成身不居，舒卷在胸臆”，又羡慕其“飞声塞天衢，万古仰遗则”。[②]《过四皓墓》云：“我行至商洛，幽独访神仙。园绮复安在？云萝尚宛然。”将四皓视为“神仙”，感叹“紫芝高咏罢，青史旧名传。今日并如此，哀哉信可怜！”李白甚至把在商山时遇到的一些老人也看作似神仙，有《山人劝酒歌》云：“苍苍云松，落落绮皓。春风尔来为阿谁？蝴蝶忽然满芳草。秀眉霜雪颜桃花，骨青髓绿美好。称是秦时避世人，劝酒相欢不知老。和守麋鹿志，耻随虎龙争。炎欠然佐太子，汉皇乃复惊。顾谓戚夫人，彼翁羽翼成。归来商山下，泛若云无情。举觥酬巢许，洗耳何独清。皓歌望松月，意气还相倾。”（见载于清康熙《续修商志》，所作时间有异议。）同样视四皓为神仙的还有陆畅，《题商山庙》诗中写道：“商洛秦时四老翁，人传羽化此山空。若无仙眼何由见，总在庙堂花洞中。”

除了神仙化外，还有人赞四皓超过“汉三杰”和姜子牙。如唐彦谦《四老庙》、李商隐《四皓庙》、司空图《四翁吟》。白居易极力拔高四皓，认为四皓之道舒卷自如，说不要责难古人。诗中有云：“何必长隐逸，何必长济时。由来圣人道，无朕不可窥。卷之不盈握，舒之亘八陲。”引孔子“天下有道则见，无道则隐”、“邦有道则仕；邦无道，则可卷而怀之”为论点，以李斯、郦食其的被杀等史实为据，认为四皓的出处合乎圣人之道，远远超过巢父、许由和伊尹、吕尚，没有隐而不出，也没有功成未隐，而是取“功成身退”的外儒内道之上上策，这符合封建社会知识分子的理想，也是自古以来士子们孜孜以求的“伊人情

---

① 杜预俭. 唐代文学中的商山四皓题材[A]. 唐代文学研究——中国唐代文学学会第十二届年会暨国际学术研讨会论文集[C]. 广州：中国唐代文学学会、华南师范大学，2004：26；[M]. 唐代文学研究：第十一辑，南宁：广西师范大学出版，2006：163—188.

② 瞿蜕国、朱金城校注. 李太白集校注：卷二二[M]. 上海：上海古籍出版社，1980：1293.

结”。文学作品中的批评针锋相对，更多的是借古抒怀，心中多藏着进世胸怀，又难免有退隐之情绪。李商隐《商於》更明言四皓善于“保身”：“割地张仪诈，谋身绮季长。”[①]

蔡京《责商山四皓》、温庭筠《四皓》、杜牧《题商山四皓庙》等则对四皓的称颂不以为然，觉得“秦末家家思逐鹿，商山四皓独忘机”，甚至“不应真有紫芝翁”，“四老安刘是灭刘”。

2. 白居易唱和“四皓诗”

张九龄《商洛山行怀古》是唐代诗人中最早咏四皓的，他向往四皓“避世辞轩冕，逢时解薜萝”[②]。李华《咏史十一首》之五称颂四皓功劳，并感慨“后代无其人，戾园满秋草”[③]，深切同情戾太子。而四皓诗集中出现并与政治、人生关联，则不得不提及中唐时期前有元稹、李绅等，后有刘禹锡、牛僧孺、裴度等，以白居易为中心的诗歌唱和集团。他们的四皓诗约占整个唐代四皓题材诗歌数量的三分之一，而所涉及几位皆为唐代的重要作家，他们在政治、社会、文学等领域的影响力都不言而喻，四皓文化也籍此获得了充分的舒展与深化。

首先，列举出白居易所作“四皓诗”如下：

1　仙娥峰下作

2　登商山最高顶

3　和答诗十首【并序】之答《四皓庙》

4　读史

5　晚归香山寺因咏所怀

6　胡、吉、郑、刘、卢、张等六贤皆多年寿，予亦次焉。偶于弊居合成尚齿之会，七老相顾，既醉甚欢。静而思之，此会稀有，因成七言

---

① 李商隐著，刘学锴、余恕诚注．李商隐诗歌集解：商于，第二册[M]．北京：中华书局，1988：815—816.

② 张九龄著，刘斯翰校注．曲江集[M]．广州：广东人民出版社，1986：8.

③ 彭定求等．全唐诗：卷一五三[M]．北京：中华书局，1960：1586.

六韵以纪之，传好事者

7　授太子宾客归洛

8　和令公问刘宾客归来诚意无之作

9　咏史

10　题岐山王旧山池壁

11　醉送李二十常侍赴镇浙东

12　自咏

13　池中上闲吟（选一首）

14　奉和晋公侍中蒙除留守行及洛师感悦发中斐然成咏之作

15　题四皓庙

16　答崔十八

17　赠皇甫六张十五李二十三宾客

18　再授宾客分司

19　长乐亭留别

20　冬初酒熟二首之二

21　小阁闲坐

22　病免后喜除宾客

23　陕府王大夫相迎偶赠

24　对镜

25　送陈许高仆射赴镇

26　早春招张宾客

27　题裴晋公女几山刻石诗后并序

28　韦七自太子宾客再除秘书监以长句贺而饯之

30　奉酬侍中夏中雨后游城南庄见示八韵

31　奉和思黯相公以李苏州所寄太湖石奇状绝伦因题二十韵见示兼呈梦得

32、33　履道西门二首

白居易崇尚四皓，常以四皓自比，亦多讽咏之作，且与诸友相互唱和，形成了白居易“四皓诗”唱和集团。最早与白居易唱和者，当属元稹。元稹于元和五年（810）三月被贬江陵，途中作《四皓庙》一诗，并将之与其他一些作品寄给白居易。白居易以“和”与“答”分别回应之，同意题“和”，反对题“答”，《答〈四皓庙〉》即反对元稹诗中关于四皓的评价之作。元稹于《酬翰林白学士代书一百韵》中“讥题皓发祠”，自注：“作《四皓庙》诗，讥其出处不常。”[①]元诗一反唐人赞扬四皓之常态，以满腔愤懑之气，批评四皓回避现实、逃避斗争、坐享其成，并造成吕后乱政，所谓“显晦有遗迹，前后疑不伦”，认为四皓根本无法与巢由、伊尹相提并论，与周勃、陈平也不能相比，其处世之标准前后不一，其所为只为“全一身”，而不能“济世”，属于“舍大以谋细，虬盘而蠖伸”之辈，甚至发挥了桓玄之观点，认为四皓之为在结果上造成政治动荡，可见其实元稹是有感当时之政治形势，因官场受挫，借批古人，鸣己不平，也反映出他敢于斗争、不怕失败的人生观。

白居易则与元稹针锋相对，极力赞扬四皓，两人皆是被贬，皆是路过商山，《答〈四皓庙〉》时隔五年，却得出完全不同的结论，认为四皓行为符合孔子之思想，且高于元稹所云诸位前贤：“勿高巢与由，勿尚吕与伊。巢由往不返，伊吕去不归。岂如四先生，出处两逶迤。何必长隐逸，何必长济时。”四皓舒卷自如，且能为张良、陈平不能之事：“子房吾则能，此非尔所知。”[②]白居易以四皓自比，与元稹认为的“惠帝废立之际，犹赖羽翼以胜邪心”不同，更看重四皓于乱世能够自保，于危时能够扛鼎，郝臣杰、陈道久所作《商山四皓研究》一书认为白居易的诗比较全面地评价了四皓[③]，这可能也是元稹无多讽咏四皓之

① 冀勤点校．元稹集：卷一〇[M]．北京：中华书局，1982：118.

② 顾学颉点校．白居易集：卷二[M]．北京：中华书局，1979：44.

③ 郝臣杰、陈道久．商山四皓研究[M]．北京：作家出版社，2007：203—205.

作，而白居易却以此为契机，开始了终其一生，大篇幅歌咏四皓精神之作，且常与朋友、同僚们相互酬唱之心理原因。

元和十年（815）白居易被贬江州，途径商山亦有四皓诗作。白居易“七年三往复”，此次贬谪，白居易处在对政治生涯的纠结、对个人出处问题的矛盾中，“若有精灵应笑我，不成一事谪江州。”（《题四皓庙》，《白居易集》卷一五）而“感彼私自问，归山何不早？可能尘土中，还随众人老”（《仙娥峰下作》，《白居易集》卷一〇），在自由与仕途中挣扎徘徊，“山林少羁鞅，世路多艰阻。”（《读史》，《白居易集》卷二）长庆二年，白居易赴杭州经商山时，又曾作诗曰：“或名诱其心，或利牵其身。”（《登商山最高顶》，《白居易集》卷八）所谓“商山名利路，夜亦有行人”。在汲汲于科举仕途、奔徙于政治漩涡中的士子文人心目中，出处自由、功成身退、名留青史的四皓，逐渐成为令人欣羡、向往的政治“楷模”。

大和三年（829）白居易授任太子宾客分司东都，于《病免后喜除宾客》诗中，化身“四皓”其一，“起为商皓伴三人”，“从今且莫嫌身病，不病何由索得身”（《白居易集》卷二七）。《长乐亭留别》也自比四皓，“优诏幸分四皓秩”，而庆幸“尘缨世网重重缚，回顾方知出得难”（《白居易集》卷二七），《陕府王大夫相迎偶赠》也云：“分司宾客去无程。”（《白居易集》卷二七）《对镜》认为当退隐作闲翁以安，更以四皓的处世方式衡量己身，“若使自今黄绮在，闻吾此语亦分司。”（《白居易集》卷二十七）

韦行式在《西池送白二十二东归兼寄令狐相公联句》中称其“商皓信辉光”（《全唐诗》卷七九〇）。刘禹锡《刑部白侍郎谢病长告，改宾客分司，以诗赠别》称白居易为“四皓丛中作少年”[①]，崔玄亮也曾将白居易称作“四皓”，可从白居易《答崔十八》看出：“劳将白叟比黄公，

---

① 卞孝萱校订，刘禹锡集：卷三二[M]. 北京：中华书局，1990：437.

今古由来事不同。我有商山君未见，清泉白石在胸中。”（《白居易集》卷二七）白居易并不想如崔君所言做个完全的隐士，而是追求心隐，虽身在庙堂，但心系山林，以期趋避政治斗争的迫害。这一心态于《题岐王旧山池石壁》中得到再一次发挥：“黄绮更归何处去？洛阳城内有商山。”（《白居易集》卷二八）至其《再授宾客分司》：“优稳四皓官，清崇三品列”，（《白居易集》卷二九）四皓官即指太子宾客一职，《赠皇甫六张十五李二十三宾客》是写给同为太子宾客的皇甫墉、张仲方及李绅的，将四人同比四皓，并言“今年四皓尽分司”（《白居易集》卷三一）。而“白衣居士紫芝仙”（《自咏》，《白居易集》卷三一），“商皓老狂唯爱醉”（《送陈许高仆射赴镇》，《白居易集》卷三一），称张镛同为“商山老伴”（《早春招张宾客》、《白居易集》卷三一），“优游黄绮间”（《喜闲》，《白居易集》卷三二），“甪里年虽老，高阳兴未阑”（《奉酬侍中夏中雨后游城南庄见示八韵》，《白居易集》卷三二）。

大和九年（835）甘露之变后，白居易于《题裴晋公女几山刻石诗后并序》中自称“商山有遗老，可以奉周旋”（《白居易集》卷三〇），《韦七自太子宾客再除秘书监以长句贺而饯之》言韦稹之前是“屈就商山伴麋鹿”（《白居易集》卷三二）等，白居易都自比四皓，以其为衡，以度己身，进而将身边的人与事，也带入四皓史事的情境之中。刘禹锡于大和九年从汝州刺史改同州刺史，经洛阳时与白居易、裴度、李绅相会，亦称白、李为“四皓”（《刘二十八自汝赴左冯，涂经洛中相见联句》，《全唐诗》卷七九〇）。

而此间刘禹锡、裴度、李绅等人的和作有，刘禹锡《郡斋书怀寄江南白尹兼简分司崔宾客》将白居易比作“河南吴公”，自己却“还思谢病吟归去，同醉城东桃李花”（《刘禹锡集》卷三二），《秋日书怀寄白宾客》则推测白居易“商山紫芝客，应不向秋悲”（《刘禹锡集》卷三二），裴度诗则体现在白居易的和作上，《奉和晋公侍中蒙除留守行及洛师感悦发中斐然成咏之作》云：“商山老皓虽休去，终是留侯门下人。”

(《白居易集》卷三二)将自己与裴度的关系,类比为四皓与张良的关系。《咏史》云:“可怜黄绮入商洛,闲卧白云歌紫芝。”“去者逍遥来者死,乃知祸福非天为。”(《白居易集》卷三〇),可见白居易对李斯、郦食其等追求荣华的下场与自己推崇四皓避世逍遥的对比思考,李绅《却望无锡芙蓉湖》之五亦言此事,诗云:“惆怅白头为四老,远随尘土去伊川。”(《全唐诗》卷四八二)

开成年间,往来白居易唱和集团的李德裕,也自称四皓,且在诗歌中频频出现四皓形象。开成元年,李德裕有《伊川晚眺》《访韦楚不遇》(《全唐诗》卷四七五)。次年,同为太子宾客的刘禹锡有《分司东都蒙襄阳李司徒相公书问因以奉寄》(《刘禹锡集》卷二二)、《和河南裴尹侍郎宿斋天平寺诣九龙祠祈雨二十韵》(《刘禹锡集》卷二三)。又次年,牛僧孺在东都有《李苏州遗太湖石奇状绝伦因题二十韵奉呈梦得、乐天》云“媿人当绮皓,视秩即公卿”(《全唐诗》卷四六六),开成五年又有《题寄商山石》《忆药苗》(《全唐诗》卷四七五),会昌年间又有《早入中书行公主册礼事毕,登集贤阁成咏》(《全唐诗》卷四七五)等,逐步显现其远离朋党斗争,归山隐居之心。刘禹锡则有(《和仆射牛相公,追感韦裴六相登庸,皆四十余未五十薨殁,岂早荣早枯之义,今年将六十,犹粗强健,因亲故劝酒,率然成篇,并见寄之作》)“犹怜绮季深山里,唯有松风与石田”(《刘禹锡集》卷三六),《酬宣州崔大夫见寄》称自己已“再入龙楼称绮季”(《刘禹锡集》卷三六)。白居易则有《奉和思黯相公以李苏州所寄太湖石奇状绝伦,因题二十韵见示,兼呈梦得》以对,《履道西门二首》表达“夷齐黄绮夸之蕨,比我盘飧恐不如”的自得自乐之心,还有《游丰乐招提佛光三寺》(《白居易集》卷三六)等篇目相和。

会昌五年(845),七老会诗。白居易《胡、吉、郑、刘、卢、张等六贤皆多年寿,予亦次焉。偶于弊居合成尚齿之会,七老相顾,既醉甚欢。静而思之,此会稀有,因成七言六韵以纪之,传好事者》诗,记录了白居易、胡杲、吉皎、郑据、刘真、卢真、张浑组成的七老会，气象蔚然，“天年高过二疏傅，人数多于四皓图。”（《白居易集》卷三七）吉皎《七老会诗》更云：“借问商山贤四皓，不知此后更何如？”（《全唐诗》卷四六三）。

迨乎唐代，往来于商山名利路的诗人们，面对这样一处积淀着深厚历史感的遗迹，在怀古咏史的书写当中，更多的是关注这一历史事件本身，思索四皓行为对于历史进程的影响，展露属于自己的历史思考与功业理想。诗人们羡慕他们的功绩，渴望自己也能建功立业、名垂后世，或者用他们的远身避害、终其天年来安慰自己的不遇和失宠。从元和五年至十年间专门评价四皓的多篇诗文，到大和三年至会昌五年的十多年集体唱和四皓，白居易及其唱和集团的四皓诗创作，也经历了两次高峰，而逐渐步入老年的白居易及其同僚，亦其友朋，将四皓的形象与精神，内化为自觉的生命元素，不但以四皓比自身，以四皓形象装扮，更以四皓心态，行走于庙堂与山水之间，为最后的归宿找到一处静谧、祥和的精神家园。

四、宋代诗与历代词之咏四皓

历经汉魏晋南北朝 700 余年，四皓文化“初见端倪”；唐时伴随科举考试、诗歌进入黄金时期，四皓文化得到了充分发展，乃至规模首屈一指，气象蔚为大观；及宋，在鲜明的时代色彩背景、全新的文学样式发展和精神内涵的充分外显之中，四皓在诗、词等作品中屡被表现，呈现繁荣并举的景象。宋代诗歌在文学样式、格调气质、文化内涵等方面，皆较前代有长足的发展变化，自成独特格局。

笔者已搜罗到的宋代有关商山四皓的文献资料中，诗歌类有作者 70 余人，作品 140 余篇，虽较之唐代作者约 90 多人，诗歌 240 余篇，在规模上有一定的差距，但其中不乏王禹偁、王安石、刘禹锡、文天祥等名家之力作；宋诗延续唐诗的文学大宗地位，又独辟蹊径，展现出别样的审美文化特质，尤其是其突出的时代气息；宋词这一新的主流文学样式中，四皓的表现则更加出彩，且宋时四皓已经入词，呈现出新的风尚。

1. 宋代"四皓诗"的时代感

钱钟书《谈艺录》云"诗分唐宋"，"非仅朝代之别，乃体格性分之殊"，"少年才气发扬，遂为唐体，晚年思虑深沉，乃染宋调。"①清人吴之振《宋诗钞·小畜集钞》序中评王禹偁诗歌"独开有宋风气"，"文忠之诗，雄深过于元之，然元之固其滥觞矣"，"为杜诗于人所不为之时也"，②即充分评价王诗的现实主义倾向。

由于宋人自觉重现实与理趣的趋向，文学自身发展的延续与传承性，面对南北易代尖锐的民族矛盾和阶级矛盾，宋代诗歌表现出强烈的时代感，爱国主义带来政治意识的复归，在有关四皓的诗作中表现频仍。

如王禹偁自编《小畜集》中所作四皓诗就有 17 首，《全宋诗》另载两首，多发"明朝欲别采芝翁，吟遶阶前苦竹丛"③之苦痛；王安石《张良》诗中"从来四皓招不得，为我立弃商山芝"④超脱细节，抓住要害，点评历史人物，抒发个人见解与抱负，其思路、语言都超越前人；苏辙《读史》诗中"垂老召商叟，鸿鹄自高飞"⑤极力称赞四皓；文天祥《言志》诗中"远引不如四皓翁，高蹈不如仲连父"倾诉亡国之苦，"我生不辰逢百罹，求仁得仁尚何语"⑥表现出崇高的民族气节与强烈的爱国

---

① 钱锺书. 谈艺录[M]. 北京：中华书局，1993：1—4.
② 吴之振. 宋诗钞[Z]. 北京：中华书局，1986.
③ （宋）王禹偁. 小畜集：卷九[M]. 上海：上海古籍出版社，1985.
④ （宋）王安石. 临川先生文集：卷四[M]. 上海：上海古籍出版社，1993.
⑤ （宋）苏辙. 栾城集后集：卷一[M]. 北京：中华书局，1989.
⑥ （宋）文天祥. 文山先生全集[M]. 上海：上海书店，1989.

主义精神；家铉翁《六月菊，以夏中破萼，至秋晚枝条虽苍劲而花色灼然鲜明，贯寒暑而不改，菊中之贞士也，余以比之商山四皓，为之赋》诗云："独余商山老人在，高卧林泉节不改。""我评此花似此老，傲暑凌寒无不可。"[①]陈普《四皓》诗云："长乐卮前露雪眉，岩花乱笑出山时。有人拍手瓜田裹，来往青门总不和。"[②]宋亡不仕元，而隐居武夷山讲学，此中爱国之情超出个人的感叹，成为社会与时代的最强音。

2. 论历代词中"四皓"

诗是正襟危坐，探讨国计民生的"正事"，政治的、思想的、时代的色彩跃然纸上，词则较多地关注细微处的情感与感受，如谈天般地随意散漫。"句萌于隋，发育于唐，敷舒于五代，茂盛于北宋，煊烂于南宋，剪伐于金，散漫于元，摇落于明，灌溉于清初，收获于乾、嘉之际。"[③]词用如画般的语言谱就其他文学形式所不能言、不尽言的意境与美感，也更直接而深入地打动人心。四位在千年历史长河中隐约闪现剪影的垂垂老者，却如欲语还休、清风拂面的伊人般，羞涩婉转地静诉衷肠，抚慰国之离殇、生民愁苦的痛楚，振奋救国建功的豪情。

北宋时江南经济迅速发展超越北方，大批北人南迁，文化交融活跃，在都市繁荣与音乐发达的基础上发展起来的长短句达到了高峰，四皓文化也藉此载体焕发崭新的活力。王安石率先发声，其《诉衷情·和俞秀老鹤词》云："高歌一曲，岩谷迤逦，宛似商山。"[④]俞秀老即俞紫芝，少年时即品行甚高，常与王安石交游。王安石被罢相之后填此阕词，向往四皓《采芝操》中所言"莫莫高山，深谷逶迤"之天宫一般美丽之山水，足可见其超脱于政治的心迹。

贺铸《将进酒·小梅花》"六国扰，三秦扫，初谓商山遗四老。驰

① (宋)家铉翁. 则堂集[M]. 沈阳：沈阳出版社，1998.
② (清)曹庭栋等编. 宋百家诗存：卷二十三[M]. 上海：上海古籍出版社，1993.
③ 刘毓盘. 词史[M]. 上海：上海群众图书公司，1931：213.
④ 唐圭璋. 全宋词[M]. 北京：中华书局，1965：206.

单车。致缄书，裂荷焚芰，接武曳长裾”[①]等人表达对四皓被网罗的惋惜，表达“生忘形，死忘名”的耿介洒脱，使得四皓为更多人所熟知。

“靖康之变”进入南宋后，家国离恨、思乡忧愤等主题的表现，在文学作品中成为最强音。王质《八声甘州·读谢安石传》评价谢安石隐居东山，出山后取得淝水之战的胜利，赞“自古英雄豪杰，无不待来时”，“商皓亦尝如此”[②]般的高歌赞扬，表达有志之士对国家之热爱，建功之欣羡。

辛弃疾《踏莎行·和赵兴国知录韵》有记载：“吾道悠悠，忧心悄悄。最无聊处秋光到，西风林外有啼鸦，夕阳山下多衰草。长忆商山，当年四老。”辛词被称赞为“英雄词”，热情洋溢、慷慨悲壮，充满强烈的爱国主义思想与战斗精神，“长忆商山，当年四老”，奈何“尘埃也走咸阳道，为谁书到便幡然，至今此意无人晓”，[③]抒写力图恢复国家统一的爱国热情，倾诉壮志难酬的悲愤。

宋词中既有建功立业的英雄情结，又有悲世伤国的民族气节。至宋亡入元，多隐居之士，四皓入词之气象陡然直转，几无作品言其爱国、智谋的方面，有的则是四皓隐居、高寿之形象以“符号”穿行其间，以表达词作者们的主观情感。这与整个元代四皓文化在文学艺术作品中的表现相一致。赵必象《水调歌·寿梁多竹八十/百岁人能几》有记载：“不是商山四皓，便是香山九老，红颊白须眉九十尚入相，绿竹颂猗猗。”[④]该词书写者，不论商山四皓，还是香山九老，都是鹤发童颜的长者形象，隐居绿竹深山之仙人之姿。黎廷瑞《秦楼月·梅花》词，则赞四皓如梅花般脱俗独幽，“一丘一壑便幽独。便幽独。商

---

① 唐圭璋. 全宋词[M]. 北京：中华书局，1965：509.

② 唐圭璋. 全宋词[M]. 北京：中华书局，1965：1647.

③ （明）卓人月汇选、徐士俊参评. 古今词统：卷九[M]. 长春：辽宁教育出版社，2000.

④ （宋）赵必象. 覆瓿集：卷三[M]. 钦定四库全书（文渊阁影印版）·集部.

山四皓，首阳孤竹。”[①]作为隐居不出的进士，将四皓隐士、高行的一面表达得淋漓尽致[②]。

刘敏中曾仕元世祖、成宗、武宗三朝，一生为官清正，以时事为忧，其词多应酬之作，也有抒发岁月蹉跎之怅惘者。《水调歌头·长芦商子文伯父元鼐国宝，年九十》有记载：“（元鼎国器，年八十二，扁其堂曰三椿，以兄弟三人皆寿而言也。阎承旨序之甚详，子文为般阳路知事来征言，书此词以遗之。）五福一日寿，七十古来稀。鲸川兄弟何事，接武上期颐。添是商颜四皓，减即西周二老，白鹤一行飞。□臂阅墙者，何地望余辉。世皆云，家积善，庆相随。三椿堂上，阴德几许只天知。子弟联芳并秀，戏彩称觞先后，和气蔼春熙。本大枝叶茂，门户看巍巍。”该词即属应酬之作，四皓已然化身为一个上古贤者、老者的形象符号，与西周二老一起，化典入词，借以描绘国器之姿，贺宝主之富贵长寿。

王□《沁园春·樵》亦属此类：“家住孤峰，门临曲涧，木作横桥。与世事相违，心求活计，蓑衣挂体，斧柄悬腰。出入玄关，往来幽径，直上高山采古樵。时攀就，把千枝攒簇，一担平挑。归来快乐逍遥。且放下千斤饮一瓢。这日用家常，随缘随分，今朝明日，自有新条。一曲高歌，三声短笛，遏断行云透碧霄。其中乐，有山猿献果，四皓相招。”无名氏《满江红》亦有记载：“买得青山，便收□、草鞋藜杖。更不过建章宫下，灞陵桥上。天地蜗牛蛮触待，功名蚁穴槐安相。近新来、白发几多长，三千丈。从今脱，红尘网。青石枕，松风响。有商山四皓，□闲来往。火枣便宜秋露滴，交梨正要春温养。算古来、谁似我逍遥，陶元亮。”

---

① 唐圭璋. 全宋词[M]. 北京：中华书局，1965：3390.

② 此节参见魏敏《略述宋代文献中的商山四皓》，载《宁夏大学学报》（人文社会科学版），2015 年第 1 期。

五、题画诗中的四皓主题

以“商山四皓”为题材的画作历来不缺，作为中国传统的人物画题材，“四皓图”“四皓弈棋”等在历朝历代都有名作传世，八世纪起“商山四皓”入画，在著录中开始频繁起来（后文详述），与之最密切相关联的题画主题，也逐渐进入诗歌创作领域。

唐代诗人贯休《四皓图》是文献所得最早的四皓题画诗作。诗云：“何人图四皓，如语话唠唠。双鬓雪相似，是谁年最高？溪苔连豹褥，仙酒污云袍。想得亡秦日，伊余亦合逃。”[①]发问何人画出如此“唠叨”的四皓图，其间依稀可辨四皓高年、避秦仙隐之容貌，却看不出谁年齿更长，想到秦亡之时，他们悉皆逃避山林，不禁慨叹。

宋代亦有《四皓图》诗，“晔晔紫芝崖石隈，避秦有地似蓬莱。可怜白发坐不定，又被汉朝呼出来。”《两宋名贤小集》载于陈思名下[②]，《郑所南诗文集》诗集则录于郑思肖名下[③]。陈思，生卒年不详，所著《书苑菁华》，属于宋代重要的美术书籍，保存了大批宋以前书法理论方面的珍贵资料，[④]郑思肖既是诗人，又是画家，善画墨兰。宋末隐逸之风盛行，郑思肖由宋入元，因忠于故国而归隐，以花叶萧疏、无根与土，寓意国破家亡、土地被掠，结合《四皓图》一诗中“可怜白发左不定，又被汉朝呼出来”，所传达出的自比四皓之状，与浓重的避乱图定色彩，笔者以为属于郑作的可能性更大，但因无更有力证据，故暂不论。

---

① 彭定求等. 全唐诗：卷八二九(增订本)[M]. 北京：中华书局，1999：9426.

② (宋)陈思. 两宋名贤小集：卷三百七十一图诗[M]. 北京：全国图书馆缩微文献复制中心，2011.

③ 郑思肖. 郑所南诗文集[M]. 四部丛刊续编景林佶手钞本.

④ 陈思. 书苑菁华[M]. 北京：北京图书馆出版社，2003.

元代是“四皓诗”中的题画主题的大发展期，近九成诗歌为题咏四皓图画之作，题画诗在四皓诗的表现中占据绝对地位；明代则延续这一传统，有三分之二的诗作为四皓题画诗；清代诗歌气势转弱，有关四皓图画的作品数，也下降到占四皓诗总数量的不到三分之一。数量上的差异，直观地反映出四皓文化在流播过程中，在不同时代所突出的侧重点有所不同，同时也可以反观时代主旋律与社会风习之发展变化。而这总共一百多首题四皓图画的诗作中，有超过一半都集中在“弈棋”与“仙隐”两方面。主题上的差异，更明显地反映出四皓精神内核中，隐居、闲适、仙寿等“符号”，越来越成为四皓文化最重要的价值趋向。

以诗证史，为陈寅恪所倡，从《元白诗笺证稿》《再生缘》到《柳如是别传》中均有体现。其方法有二，一是考证诗本事，揭示诗人的情感历程和生存环境，为理解诗歌提供背景；二是阐释诗句，通过诗歌来折射历史现象、社会特征和诗人品格。诗歌作为中国文化史上最具生命力的文学体裁，是最传统也最重要的表达情感的方式。将四皓题材纳入诗歌这一文学主要载体，伴随时代的强音，接受洗礼，可将四皓文化不断传播发扬，扩大其影响程度。

历代四皓诗歌的不同特征，与时代密切相关，主题的迁移，体现出四皓文化在传播过程中，人们所关注的中心在不断转移。四皓文化核心价值的外延与内涵不断发展、变更，历代文人对四皓文化内涵的接受及侧重点逐渐符号化，被赋予深刻、丰富的象征意味。唐代的题庙诗与白居易唱和“四皓诗”，宋诗中的强烈时代感，词中四皓形象的鲜明转折，以及元明清“四皓诗”题画主题的发展脉络，都给我们了解、掌握、应用四皓文化之精髓以重要启示，而无论哪个向度上的传播，都体现出“四皓”故事对中国传统文化的深远影响。

第二节 话本、戏曲、小说中的商山四皓

宋代前后，手工业、商业的发展，商业经济、都市的繁荣，带来了不断扩大的市民阶层对文化娱乐的需求，在民间说唱艺术的刺激下，产生了新的文学样式——话本。话本是说话人所用的底本，初具小说之规模，又在流传过程中不断积累，逐渐成熟。元代话本相当于戏说历史，其中很重要的一个组成部分就是引用《史记》中的一些历史故事，商山四皓也藉此在话本的故事流转间摇曳身姿。

元代戏曲成就最高者杂剧之尚奇，与小说并无二致，且语言质朴通俗、直叙其事，追求真情实感的舞台准确表达。明清时期，伴随经济的发展，印刷术的发达等，小说打破了正统诗、文在中国文学史上的垄断，取得了与唐诗、宋词、元曲并列的地位。不仅盛极一时，而且以丰硕的艺术成果，表现出广阔的社会生活场景与社会政治理想，铸就了中国古典文学最后的辉煌。从思想内涵及题材表现上，最大限度地包容了中国传统文化之精华，且走下神坛，走进千家万户，深入世俗生活，又将传统文化空前地丰富、发扬，不仅延续了世俗文学依傍史传之色彩、惩劝教化之功用，还将仙风道骨的历史文化符号烙上传奇的烙印，商山四皓的“参与”，即是此间重要的一支力量，值得学界关注、探讨。

一、话本所见商山四皓

元代刊行的五种讲史话本，收录于建安（今福建建瓯）虞氏刻本《全相平话五种》。今存世仅5册，藏于日本国立公文书馆内阁文库，其中的4部故事均直接引用了《史记》所载史实，而提及四皓的《定山三怪》，则借四皓等来表现山间的美丽景色：“山，山。突兀，回环。罗翠黛，列青蓝。洞云缥缈，涧水潺湲。峦碧千山外，岚光一望间。暗

想云峰尚在，宜陪谢屐重攀。季世七贤虽可爱，盛时四皓岂宜闲。”①山峦突兀回环，碧树云水缭绕，七贤四皓漫步山林，一派隐逸闲适的仙外悠游景象，令人无限向往。明代冯梦龙白话短篇小说集《警世通言》收录了这则话本②。

元代话本中引用诗歌的现象也很普遍，或调节节奏，或停顿歇息，或制造悬念，都是为了满足说书人的需要，增强故事的情节性。常见形式有“太史公曰”“诗曰”“诗云”。《史记》中“太史公曰”对后世史书的撰写模式影响深远。刘知几在《史通·论赞》中云：“《春秋左氏传》每有发论，假君子以称之。二《传》云公羊子、谷梁子，《史记》云太史公。既而班固曰赞，荀悦曰论，《东观》曰序，谢承曰诠，陈寿曰评，王隐曰议，何法盛曰述，扬雄曰撰，刘昞曰奏，袁宏、裴子野自显姓名，皇甫谧、葛洪列其所号。史官所撰，通称史臣。其名完殊，其义一揆。必取便于时者，则总归论赞焉。”③话本中的“太史公曰”“诗曰”，多以七言四句为主，《全相平话五种》中几乎每篇都有，位置不固定，但以居篇中为最多，其内容上又分引用前人诗句与话本作家原创两类。“引用”者即有与四皓有关者，如胡曾诗一首：“四皓言饥食碧松，石岩云电隐无踪；不知俱出龙楼后，多在高山第几重。”将叙事与抒情相结合，铺陈、渲染气氛，强化、烘托感情，引起读者共鸣，达到史实的真实性与意境的完美性之统一。

二、曲词所见商山四皓

元代是中国戏曲发展史上的首座高峰，戏曲创作的成就可与唐

① 程毅中.宋元小说家话本集[M].济南：齐鲁书社，2000：229.

② 冯梦龙.警世通言：卷十九[M].北京：中华书局，2009.

③（唐）刘知几撰、（清）浦起龙通释.吕思勉评.史通[M].上海：上海古籍出版社，2008：212.

诗、宋词齐名。戏曲需要依靠唱念做打、布景伴奏等动态的视听效果传播，故而尚“奇”，借以迎合普通市民观众的审美情趣与价值取向，反映民族的记忆、历史、文化等，从而进军主流文化。

杂剧是元代戏曲成就最高者，杂剧之尚奇与小说并无二致，且语言质朴通俗、直叙其事，追求真情实感的舞台准确表达，故而王国维称“元曲为中国最自然之文学”①。散曲则几乎和词同时兴起与衰退，与传统的诗词分庭抗礼，代表了元代诗歌创作的最高成就。元代民族交融较盛，语音词汇较之唐宋已有许多变化；北方少数民族音乐传入中原，也改变了与音乐结合的诗歌创作的格律；城市经济发展下通俗文学的兴起，也使注意一定格律，又吸收了口语的特点，押韵比较自由灵活，更能表达时代情趣的散曲，获得了前所未有的空间。

笔者所得文献中，最早有关商山四皓的杂剧，为元代戴善甫创作的《翫江亭》：“【醉中天】你怎管那驱邪院里三台印，错猜做蓬莱洞里那个真人。哎，你一个一脚的先生，蓦入俺门，我急索把你个吾师来问，你莫不是四皓八仙七真？【云】我猜着了也。”②几个生动意象：三台印——蓬莱洞真人——四皓八仙七真，简单一个动作——“蓦”，便形象生动地刻画出一个仙骨嶙峋的神仙形象，极具舞台艺术“奇”效。而四皓与八仙、七真并列，又有蓬莱仙洞，俨然可见四皓已经成为神仙系统中极富代表性的一员。

明代朱权《冲漠子》第四折有云：“【幺】四十年学道修真，受用了四季风光。炼元阳四杰归根，想商山四皓逃秦。只恐怕四大不坚，因此闭四象玄门。我如今四旬多了，不得此身，赤紧的四肢弱疲倦似别人，但知得四字伤人，便休教四事相亲。打叠起展鸿鹄四方胸襟，吸

① 王国维. 宋元戏曲史[M]. 上海：华东师范大学出版社，1995：325.

② （元）戴善甫. 翫江亭[M]. 民国孤本元明杂剧本.

尽了混鱼龙四海风云。”[①]沈采《千金记》下第四十六出亦认为“昔日四皓，俱归隐商山，二士入桃源，皆为避秦之故。我子房不免弃职隐于山中，修行学道，以避其祸，却不为妙”。此则认为修道应忌讳四皓逃秦却“四大不坚”，因此“闭四象玄门”。四皓作为道教体系的一份子，其身份地位都很明晰，可作为明代认知四皓形象的重要佐证。

无名氏《随何赚风魔蒯通》【金盏儿】云：“我从今见盈虚，识乘除，总不如隐山林，弃钟鼎，倒可也无荣辱。早拜辞了龙楼凤阁，只守着我这蜗庐。我甘心儿追四皓，回首也，叹三闾。”[②]沈泰《盛明杂剧二集·武陵春》云：“四皓诸公，虽同吾避世，惟不隐其名，故几不免，后来有许多是非。”[③]《盛明杂剧初集·霸亭秋》云：“奚童也，古贤人多也有，商山四皓采芝自给，邵平种瓜为生，吴隐之飲盗泉而不改其操。”[④]认为四皓隐居却不隐其名，才导致后来卷入不少的是非之中，亦重四皓避世隐居、采芝而生之节。

毛晋《六十种曲》认为《荆钗记》“以荐贤立论”，是“知国家之首务者”，“宜取以冠首”：“对古明君在重贤，古良臣贡举先。巫咸傅说初皆贱，伊尹曾耕莘上田。皋陶既举不仁远，四皓出而汉祚安。恭承执事询愚见，敢不谆谆露胆肝。”[⑤]不仅肯定四皓之举使“汉祚安”，还将之提升至明君重贤、良臣贡举的国家政务之首，是对四皓文化中“高贤”之核心精神的高度肯定。

清代尤侗的传奇《钧天乐》，更将汉廷四皓助力吕后、张良辅佐太子刘盈的史事班上舞台，给与生动传神的表达：“【生】吕氏你有何说【吕】妾闻母爱者子抱，昔高帝宠幸戚姬，欲立为后，若非留侯计招四

① (明)朱权. 冲漠子[M]. 民国孤本元明杂剧本.
② (明)臧懋循. 元曲选[M]. 杭州：浙江古籍出版社，1998.
③ (明)沈泰. 盛明杂剧二集：卷三[M]. 北京：国家图书馆出版社，2011.
④ (明)沈泰. 盛明杂剧初集：卷十二[M]. 北京：中国书店，2011.
⑤ (元)柯丹邱. 荆钗记[M]. 北京：中华书局，1959.

皓，必立如意为君，戚姬为后，不知置妾母子何地？这是以直报怨，岂妾之罪乎？【生怒介】吕氏你幽少帝、杀二赵王，诛淮阴、醢彭越、幸审食其，王产禄。几危汉祚，恶不胜诛。但人彘之事更非人所为，耳今日何得强辨？”[①]该传奇剧本的创作，取自尤侗与汤传楹的友谊，以及坎坷的科举生活经验，演绎了个人的怀才不遇及相关的诸多命题。

明嘉靖年间郭勋辑《雍熙乐府》是今所知明嘉靖前最大规模的散曲、戏曲选集，共二十卷，收录金、元、明三代杂剧、传奇、诸宫调等套曲 1121 套，南北曲小令 1897 首，按宫调排列，涉及商山四皓题材的作品如下所列：

《端正好》闲伴香山九老朋，闷唤商山四皓翁。[②]

《寨儿令》共三闾歌楚些，同四皓访商颜，笑人间无处不邯郸。[③]

《鹦鹉曲》张良更姓圯桥住，半夜里遇师父，一编书不为封留，字咸阳膏雨，借箸筹灭项兴刘，到底托神仙去，待商山四皓还山，再不恋人间好处。[④]

韩邦奇《苑洛集》收录的《寄生草·晋阳怀归》：“你看那三杰忙，你看那四皓闲，汉家青史，都把名儿显。”[⑤]梅鼎祚《古乐苑》记载“神仙二十二曲隐逸渔父”中有“四皓”曲。[⑥] 钱希言《戏瑕》记载有：“《目送》汉高目送四皓，孝文目送绛侯，而东汉灵帝目送田凤，题柱曰堂堂乎张京兆田郎。”[⑦]

此外，据《丹凤县志》载，摩女为四皓的四个女儿，千里迢迢来商

---

① （清）尤侗. 钧天乐：下本[M]. 古本戏曲丛刊五集，据清康熙刊本影印.

② （明）郭勋辑. 雍熙乐府：卷之二[M]. 上海：上海书店，1985.

③ （明）郭勋辑. 雍熙乐府：卷之十八[M]. 上海：上海书店，1985.

④ （明）郭勋辑. 雍熙乐府：卷之二十[M]. 上海：上海书店，1985.

⑤ （明）韩邦奇. 苑洛集：卷十二[M]. 清文渊阁四库全书补配清文津阁四库全书本. 周存喜. 韩邦奇及《苑洛集》研究[D]. 西北大学，2007(6).

⑥ （明）梅鼎祚. 古乐苑：卷一[M]. 上海：上海古籍出版社，1987.

⑦ （明）钱希言等. 意见·秋园杂佩·戏瑕：卷二[M]. 北京：中华书局，1985.

山寻找父亲，因山路崎岖，走不出盘陀路，累死在山上，因此取“摩顶放踵”，即从头顶到脚跟都磨破了的意思，称之为摩女。人们修庙祭祀纪念他们，摩女庙在商山南坡瓦房村转摩岭，有神殿三间，神龛供奉四摩女像，并于清嘉庆七年（1802）竖碑。摩女像于1958年拆除，摩女庙改为当地学校。[①] 民间至今仍流传有“四摩女戏”，丹凤县春节期间，多扮“摩女舞”，由四个少女手执红灯，其裙下有盘，旋转身体，表演当年四摩女艰难寻父，行走盘陀岭的形象。

三、明清小说所见商山四皓用典

明代后期，白话小说作为成熟的文学样式正式登上文坛，四皓鹤发仙姿之形象也藉由《警世通言》等所收录话本故事，为大众所熟知与接受。如《金明池吴清逢爱爱》讲述大唐中和年间，博陵才子崔护赴考中游南郊，遇一姑娘送水，种下情根，次年复寻，姑娘因思之而亡，见之死中得活之传奇故事，其中有一段人物描述云：“生得须眉皓白，鬓发稀疏。身披白布道袍，手执斑竹拄杖。堪为四皓商山客，做得蹯溪执钓人。”[②]此段话形容姑娘之父容貌，言其年高头白，颇具仙风道骨。“堪为四皓商山客，做得蹯溪执钓人”两句，精辟概括，足显四皓修道高隐的仙人之姿，须眉皓白的老者容貌，已然深入人心。

商山四皓进入小说作品，在笔者所搜罗的十余篇中，短篇小说有上文所述《警世通言》中的两篇，长篇小说中，仅章回体小说在数量上就占到一半，或引用四皓辅佐太子刘盈之史事，或借言其高寿得道之仙姿，前者有：

《西洋记》第四十二回“金碧峰神运钵盂　金钵盂困住火母”中记

---

① 丹凤县志编纂委员会编. 丹凤县志[M]. 西安：陕西人民出版社，1994.

② （明）冯梦龙. 警世通言：第三十卷[M]. 北京：中华书局，2009.

载："迎四皓者高车，及夫瞻挂鹤之悠扬，望盘龙之宛转。"《西洋记》，即《三宝太监西洋记通俗演义》，叙写郑和、王景弘等下西洋通使三十余国之事，其中穿插了许多神魔故事与奇闻异事。此处用迎接四皓之高车等，表现运送金钵盂的场面之盛大。①

《隋史遗文》第一回"图夺嫡晋王树功　塞乱源李渊惹恨"中记载："四皓招来羽翼成，雄心岂肯老公卿。直教豆向釜中泣，宁论燃萁一体生。"该书据晚明说唱文学改编，以秦叔宝贯穿始终，完整描述其生平事迹及成名史，是当时一般民众的心态写照，体现了"重利荣身"的价值观与以"义"为核心的伦理观。开篇即讲述隋朝夺嫡斗争，结尾处总结诗文，直接采用四皓受招羽翼太子刘盈的典故②。《说唐全传》第二回"谋东宫晋王纳贿　反燕山罗艺兴兵"中亦记载："诗曰：四皓招来羽翼成，雄心岂肯老公卿。"③《隋唐演义》第一回"隋主起兵伐陈　晋王树功夺嫡"中亦记载："四皓招来羽翼成，雄心岂肯老公卿。直教豆向釜中泣，宁论豆箕一体生。"④

《西汉演义》与《东汉演义》原名《剑啸阁批评东西汉通俗演义》，所收《西汉演义》为明代钟山居士甄伟所著，主要叙述秦始皇统一天下后项羽、刘邦反秦之暴政，及秦灭亡后楚汉相争的故事。第四十回"保储君四皓与宴　留遗嘱高祖升遐"则专言四皓辅翼太子刘盈之史事。⑤

后者有《西游记》第六十四回"荆棘岭悟能努力　木仙庵三藏谈诗"中写道："三藏称谢道：'四位仙翁俱享高寿，但劲节翁又千岁余矣。高年得道，丰采清奇，得非汉时之四皓乎？'四老道：'承过奖，承

① （明）罗懋登. 三宝太监西洋记通俗演义[M]. 上海：上海古籍出版社，1985：345.

② （清）袁于令著、刘文忠校点. 隋史遗文[M]. 北京：人民文学出版社，2006：7.

③ （清）鸳湖渔叟校订. 说唐全传[M]. 上海：上海古籍出版社，2000.

④ （清）褚人获. 隋唐演义：卷一[M]. 北京：中华书局，2009.

⑤ （明）甄伟. 西汉演义：卷七[M]. 上海：上海古籍出版社，2005.

过奖。吾等非四皓，乃深山之四操也。敢问圣僧妙龄几何？’”此回讲的是，师徒四人路遇松、柏、桧、竹四个千年树妖，唐僧照例被妖怪掳走，但特异之处在于，树妖们听闻长老是得道高僧，遂要求与其论诗文附风雅，而非通常的打打杀杀。树妖们冒着被打死的危险要开诗友会，求学问道之心实诚也，且其诗也确实作得不赖，在整个《西游记》中也不多见。如“白鹤丛中深岁月，绿芜台下自春秋。”他们俱为高寿得道隐居者，所居处亦为“漠漠烟云去所，清清仙境人家”，正因此三藏才会如此诧异，开口问他们是否是汉时商山四皓。①

另有《镜花缘》第八十六回“因旧事游戏仿楚辞　即美景诙谐编月令”云：“掌乘珠掣了天文双声道：‘阴阳荀悦《申鉴》想伯夷于首阳，省四皓于商山。’‘夷于’、商山，俱双声，敬兰音姊姊一杯，可惜《易经》有人用过，若飞‘曰阴与阳’，岂不与‘齐庄中正’并美么？”②《镜花缘》是清代小说家李汝珍花费十年时间著成的代表作，该书征引浩博，论学说艺，数典谈经，学问涉及琴、棋、书、画、医、卜、谜等，蕴含了新颖的思想与新奇的想象，带有浓重的神话和浪漫迷幻色彩，在中国小说史上占据重要的地位。四皓作为一个双声词的意象，与伯夷相对，而此处诙谐幽默地将“想伯夷于首阳”中的“夷于”并列，为饮酒作诗中的笑谈，意趣盎然。

《平山冷燕》第四回“玉尺楼才压群英”中记载赵公考小姐第五题所问十事有一，云：“海上三神何首，商山四皓何老？”后又作七言古风一首回答之有一，曰：“东园绮里夏黄公，甪里先生称四老。”③足见，商山四皓鹤发仙姿为普通百姓所熟知与赞赏。商山四皓列于仙班，已经成为一种象征性的文化符号。

---

① (明)吴承恩. 西游记[M]. 北京：人民文学出版社，2008：500.

② (清)李汝珍. 镜花缘：卷十八[M]. 上海：上海古籍出版社，1991.

③ (清)佚名. 平山冷燕[M]. 北京：人民文学出版社，1983.

除了最常见的章回体小说外，笔记小说也是四皓故事的流传之所。明代谢肇淛《五杂组》卷十二中记载："相手板法，出于萧何。或曰：四皓后，东方朔见而善之。天下事之不经，莫此为甚。"[①]谢肇淛对历史与时局有着独到而超前的认识，然其尊重人性的思想为清廷不容，《五杂组》在清乾隆年间文字狱最盛时，因"夷夏"之论等言辞大胆，触及清统治者的痛处而被列为禁书，全国收缴并"全毁"。最早的刻本被人们偷偷保存并流传至后世，我们才得以领略明人对科学、真理的真知灼见。"相手板法"见于《酉阳杂俎》，属术数类故事。最早见于《太平御览》卷六百九十二服章部九·笏。

另有清代袁栋《书隐丛说》卷十九《一字金针》中记载："李频四皓诗'龙楼曾作客，鹤氅不为臣'，方干改为字作称。"[②]《书隐丛说》作为湮没后又被重新发现的明清笔记的一种，研究明清文献的重要参考资料，"一字金针"记载了一些前人作品中的炼字情况，一字之变动，全诗格局升，可谓字字珠玑。唐代诗人李频《过四皓庙》诗有"龙楼曾作客，鹤氅不为臣。独有千年后，青青庙木春"句。方干见之曰："善则善矣，然有二字未稳定，'作'字太粗而难换，'为'字不甚恰当"，认为其中的"为"字应改为"称"字，李频见状非常心服，于是拜方干为"一字师"，遂成为古人炼字之典故，流传后世。

清人何昌森云："从来小说家言：要皆文人学士心有所触，意有所指，借端发挥以写其磊落光明之概。其事不奇，其人不奇，其遇不奇，不足以传。"[③]而"奇""既可以指小说的内容之奇，也可以指小说的文笔之奇。"[④]商山四皓之典故在话本、戏曲、小说中展现出浓郁的传"奇"色彩，已然符号化的商山四皓长寿仙人形象突出，并与市民文化

---

① （明）谢肇淛撰、傅成校点．五杂组[M]．上海：上海古籍出版社，2012.

② （清）袁栋．书隐丛说[M]．上海：上海古籍出版社，1996：248—249.

③ 丁锡根．中国历代小说序跋集[M]．北京：人民文学出版社，1996：1295.

④ 浦安迪．中国叙事学[M]．北京：北京大学出版社，1996：23.

结合，成为教化民风的重要载体，并由此发展为新的艺术形式，焕发新的生命力。

第三节 绘画、雕塑、碑刻、建筑中的商山四皓

四皓文化流播广泛，影响深远，绘画、雕塑、碑刻、建筑等艺术领域，皆有颇多有关四皓的遗存，或见载于史志文献，或珍藏于博物馆，或定位于田野文物保护单位。作为四皓文化流播及影响的重镇，这些散存珍贵文献的整理与分析，作品的艺术考察及其传播意义等工作，都亟待系统、深入地展开。绘画、雕塑、碑刻、建筑中四皓形象比比皆是，且已经固化成为一种贤者之文化符号。四皓之典故在话本、戏曲、小说中展现出浓郁的传“奇”色彩，四皓长寿、仙人形象突出，并与市民文化结合，成为教化民风的重要载体，还将仙风道骨的历史文化符号烙上传奇的烙印，从思想内涵及题材表现上，最大限度地包容了中国传统文化之精华，焕发新的生命力。

一、绘画中的商山四皓

1. 四皓题材入画概述

“商山四皓”是中国传统的人物画题材，作为将四皓文化具象化的艺术表现方式，“四皓图”“四皓弈棋”等皆为习见之绘画主题。早在两汉时期，有关四皓的绘画图本就已传遍祖国南北大地。

今可见最早有关“商山四皓”的绘画作品为汉代彩箧绘《商山四皓》(题《南山四皓》)①，该画绘于日本人于朝鲜汉墓中发掘的一竹箧筐子，图画上有四位高士，旁有隶书南山四皓的款识，箧盖纵 9 厘米，

---

① 林树中主编. 海外藏中国历代名画：第一卷[M]. 长沙：湖南美术出版社出版，1998.

横39厘米，今藏于朝鲜平壤博物馆（见附录图1）。东晋商山四皓延惠太子图漆平盘，卷木胎，平沿，浅腹，大平底。内底在朱红地上以红、黄、黑、灰、绿等色彩绘商山四皓延惠太子图（见附录图2）。

出土于中国，且并保存于中国的有关四皓绘画作品中，最早者当属1958年河南邓州学庄出土南朝（420—589）的墓砖画《南山四皓》，现收藏于河南省博物馆。“四皓画像砖”，又名“南山四皓画像砖”，因其左侧有“南山四皓”榜题得名，砖面长38厘米，宽19厘米（见附录一图3），表现四皓悠然自得的山林生活情景，可称南朝画像之精华。国际文化出版公司将此画像拓片载入《中国历史辞典》中。

从8世纪起，“商山四皓”题材的绘画作品在著录中开始频繁出现，笔者就见闻所及，将史料所得“商山四皓”题材的画家及其画作，按时代先后顺序整理如下：

唐：房茂长，作《商山四皓》，惜今不存。清彭蕴璨《历代画史汇传·卷三十·画家传三》载：“唐房茂长，清河人，曾绘商山四皓。”卷四十七又云“韦渠牟商山四皓画图赞序云：故人清河房茂长，刺商山，成简静之化，曰隐居之类也，画兹图以贶予缅乎，沉吟想似之不足，故为文以懿之。”①

韦渠牟，作《四皓旧隐图》，今亦不存。**窦群**曾为唐《四皓旧隐图》“正书”。《佩文斋书画谱》载云：“唐四皓旧隐图画文，贞元十六年，韦渠牟撰，窦群正书。”②《宝刻类编》亦云：“四皓旧隐图画文，韦渠牟撰，贞元十六年十月立。”③《通志》等亦云：“四皓画图文，窦庠书。”④**窦庠**

---

① （清）彭蕴璨. 历代画史汇传[M]. 上海：上海扫叶山房，1924.

② （清）孙岳颁. 佩文斋书画谱：卷二十八书家传七[M]. 杭州：浙江人民美术出版社，2013.

③ （宋）程大昌. 宝刻类编：卷四[M]. 北京：中华书局，1985.

④ （宋）郑樵. 通志：卷七十三金石略第一[M]. 北京：中华书局，1995.（宋）朱长文著、何立民校. 墨池编：卷六艺文一百一十一[M]. 杭州：浙江人民美术出版社，2012.

曾“小楷四皓旧隐图文”[①]。

前蜀：支仲元，作《商山四皓图》一、《四皓围棋图》一[②]，今亦无存。宋郭若虚《图画见闻志》云：“凤翔人，工画人物，有《老子诫》《徐甲萧翼赚兰亭》《商山四皓》等图传于世。”[③]明李日华《味水轩日记》载云：“客持示梅道人山水一帧，树石苍蔚淋漓缘坡作小竹含雨意，又一卷题为‘赵千里临支仲元四皓图’绢素，沈晦细视之，老人眉棱观绉种种具态，一仕者执笏迎之，二从者持斧钺，岂留侯耶?”并具体描绘此四皓图的画面：“一老据石弹琴，一老箕踞负杖而听，一老倚杖回首，有不顾之色，一老坐松下读书不辍，一童子椎背亦奇作也。柯敬仲题云：右赵千里临支仲元商山四皓图，杖屦萧散，意度闲逸，千载之下，可想见遗风。又永乐闲学士王景隶书一跋，又行素张辂一长歌，中允景旸一跋，东桥顾璘一跋。”[④]据此可遥想支仲元所绘四皓图景。

宋：高益，曾为孙四皓酒楼上四饮酒老人作画，其作今亦不存。郭若虚《图画见闻志》载云：“太祖朝潜归京师，始货药以自给，每售药必画鬼神或犬马于纸上，籍药与之，由是稍稍知名。时太宗在潜邸，外戚孙氏喜画，(孙氏有酒楼，一日遇四老人饮酒有异，疑其神仙，因谓之四皓楼，亦谓孙氏为孙四晧也。)因厚，遇益请为图画。”[⑤]高益“尝于四皓楼上画卷云芭蕉，京师之人摩肩争玩，至今天下楼阁序庑为之者，自益始也，今四皓楼芭蕉见存。”[⑥]

---

① (明)丰坊. 书诀[M]. 北京：商务印书馆 2013.

② (宋)佚名. 宣和画谱：卷三道释三[M]. 明津逮秘书本. (明)张丑. 清河书画舫：卷一上[M]. 上海：上海古籍出版社，2011. (清)卞永誉. 式古堂书画汇考：卷三十二畫二[M]. 杭州：浙江人民美术出版社，2012. (清)王毓贤. 绘事备考：卷四[M]. 上海：上海古籍出版社，1987.

③ (宋)郭若虚著、俞剑华注释. 图画见闻志：卷二[M]. 南京：江苏美术出版社，2007.

④ (明)李日华. 味水轩日记：卷一[M]. 上海：上海远东出版社，1996.

⑤ (宋)郭若虚著、俞剑华注释. 图画见闻志：卷三[M]. 南京：江苏美术出版社，2007.

⑥ (宋)刘道醇. 宋朝名画评：卷一人物第一[M]. 北京：商务印书馆 2013.

刘松年，作《四皓图》。（今可见题刘松年、陆恢所作《商山四皓图》手卷，见附录图6。）明袁中道《珂雪斋集》“游居柿录”载云：“刘松年《四皓图》有萨天锡看云老人吴全节跋，赵文敏小篆千文，有元人汝南任子荩臣及蔡和并本朝商大师跋，其中四皓图甚佳。”①又记载曰：“刘松年四皓图后有四代相印，人物奇古，当为诸卷第一，有萨天锡书并看云老人吴全节跋，金粟山藏经书大宝阁陀罗尼一帋，系宋人书，原为全藏，今都失去矣。”②

李日华《味水轩日记》记载刘松年《四皓图》“作长松二株，磐石夹路，一人冠剑汉装肃揖，其留侯所遣使耶。一老曳杖行松下，三老相团坐，其一手一素卷舒观之，一赤膊童子槌背，一老横琴膝上，一老箕坐横卧其杖，又二童子隐树闲窃语”。又载柯南宫诸人跋：“子读留侯世家，所谓四人者，常高其气，不为屈辱，因帝欲易太子，吕后用留侯计，卑辞厚礼招致四人，为太子助，此四人亦幡然无难色。司马公谓审有此是子房为子植党以拒父也，愚以留侯被劫画计之日，惟用圯上老人设变制权之术，岂暇顾父子之伦哉。然此四人既不为父用，肯复从其子，有可疑者一也。向以帝之慢侮而匿不就，今从太子见宁必其不轻且骂哉，有可疑者二也。且此四人高蹈远引，宜不役志于物，一旦以金璧书币而来，有可疑者三也。夫其闲可疑者三，予是以知此四人者，必不苟出焉。虽然四人从太子游者，必有谓其果为商崖之老乎，则余不知也。”又载奎章阁学监书博士柯九思题四皓图跋：“秦政苛虐，四皓遂隐入商山，及汉鼎已定，闻高祖素慢儒，聘且再终不至，此其节可嘉也。至高祖欲易太子，吕后用子房计，使人奉太子书以往，交始一出，储遂定。然卒无所建明，使当时虽太子卑词亦不出，吾将以夷齐比称，惜乎其未也。”并评论“子房晓人也，乃引四皓为翼，使

---

① （明）袁中道. 珂雪斋集：外集卷[M]. 上海：上海古籍出版社，2008.

② （明）袁中道. 珂雪斋集：卷十[M]. 上海：上海古籍出版社，2008.

帝涕泣悲歌而止。帝之泣岂为儿？女子而泣也厥。”认为“杜牧之所谓四皓安刘是灭刘者，诚哉。”[①]但李日华又云：“四皓画有铁笛，跋皆不真。”[②]

马远，作《四皓图》，今国内不存。清胡敬《胡氏书画考三种》记载顾铨止《四皓图》“为三编，所收四皓自唐韦渠牟，前蜀支仲元，南宋刘松年、马远诸家，均有图传世”，有“临马远商山四皓一卷，乾隆丙戌御题”[③]。清叶昌炽《缘督庐日记抄》卷五载“己亥仲秋四日，雨窗补记《题马远画商山四皓图》”。[④] 清卞永誉《式古堂书画汇考》历代鉴藏十载“马远四皓弈棋图在宋楮上”。

清孔广陶《岳雪楼书画录》详细记载了“南宋马远四皓弈棋图轴”：“绢本。高五尺二寸四分，阔三尺八寸四分，设色画。写商山中云气空濛，上方左角石壁斜露，古松倒蟠，藤萝杂绕，苍髯劲节，郁郁森森，隐见峰侧有山泉三叠，疏栏两度，篁影半丛，其泉水乍伏乍现，从平台后右折，旋涧石六曲而去。台前磐石耸峙如砺，杂树野竹夹之。台后虚栏一带，高下曲绕。台中三叟，俱道冠。一席皋比，两席鹿草。中设秋枰对弈，旁观者作含睇状。后脱两屣，髻发奚童，持如意杖下立。路下有驼背叟，撮髻曳杖，望台而来。又一童子执紫芝随后。”“马远穀二字，字径五分，行楷书，在下方右角。秦皇坑儒汉谩士，天老商山四君子。商山不出太子危，商山一出赵王死。前车胡弗鉴祖龙，赵高矫立秦祚终。臣口期期不奉诏，帝心眷眷谁折衷。岂知前席问奇计，寄傲烟霞致名世。东宫此日进庞眉，永巷他年叹人彘。即今披卷想高风，犹存羽翼搏扶势。吁嗟乎，安刘虽可为帝师，军中

---

① (明)李日华. 味水轩日记：卷三[M]. 上海：上海远东出版社，1996.

② (明)李日华. 味水轩日记：卷六[M]. 上海：上海远东出版社，1996.

③ (清)胡敬. 胡氏书画考三种[M]. 本溪：本溪师专，1990.

④ (清)叶昌炽. 缘督庐日记抄：卷五[M]. 南京：江苏古籍出版社，2002.

左袒危孰遗。何不终采商山芝，长安乃与人弈棋。”[①]

严嵩，作《商山四皓并四聘（五轴）》及《商山四皓图》。明汪砢玉《珊瑚网名画题跋》卷二十三载：“分宜严氏画品挂轴目，嘉靖四十四年籍没，先是陆完籍没，神品画至千卷。（有）《商山四皓并四聘（五轴）》，《商山四皓》。”“严氏画品手卷目凡单卷不开数，（有）《商山四皓图》。”[②]清卞永誉《式古堂书画汇考》画二亦载之，不同处在于《商山四皓》作《商山四皓捕鱼图》。[③]

仇十州，明陈继儒《妮古录》载“池湾沈氏，伯侯仲贞出示。宋人画册内有仇十州四皓一轴。”[④]清卞永誉《式古堂书画汇考》画二等载“麟湖沈氏所藏，见秘籍初函，仇十洲四皓图。”[⑤]《式古堂书画汇考》历代鉴藏十又载：“池湾沈仲贞多家藏，出示宋人画册内有李唐、赵千里、刘松年、李嵩，皆精绝，余马夏为多。又见……仇十州四皓图……一轴……标其签曰，梅沙弥以画说法。”[⑥]清官修《秘殿珠林》卷二十《道氏图轴之明仇英画南极老人像一轴（上等黄二）》记载：“素笺本着色画款署仇英，下有十洲印一，上方钱源题云：不是四皓之朋，亦非七贤之友。头高身矮足婆娑，道是南极长生之叟。人间五福寿称先，天上双星君最久，写来真像奉堂前，岁岁年年开笑口。”又载：“钱源题画笺高一尺三寸四分，广六寸八分，有奇诗笺高一尺，广同画。”[⑦]

此外，据《宣和画谱》，曾绘制商山四皓题材的画家画作还有：

---

① （清）孔广镛、孔广陶. 岳雪楼书画录：卷二[M]. 全国图书馆文献缩微复制中心，2001.

② （明）汪砢玉. 珊瑚网：卷四十七[M]. 上海：上海古籍出版社，1991.

③ （清）卞永誉. 式古堂书画汇考：卷三十二[M]. 杭州：浙江人民美术出版社，2012.

④ （明）陈继儒著、印晓峰点校. 妮古录：卷四[M]. 上海：华东师范大学出版社，2011.

⑤ （清）卞永誉. 式古堂书画汇考：卷三十二[M]. 杭州：浙江人民美术出版社，2012.（明）汪砢玉. 珊瑚网：卷四十八画[M]. 上海：上海古籍出版社，1991.

⑥ （清）卞永誉. 式古堂书画汇考：卷一百[M]. 杭州：浙江人民美术出版社，2012.

⑦ （清）官修. 秘殿珠林石渠宝笈合编：卷二十[M]. 上海：上海书店，1988.

（唐）孙位《四皓弈棋图》一（卷二道释二）

（五代）石恪《四皓围棋图》一（卷七人物三）

（唐）李思训《山居四皓图》二、《四皓图》一（卷十山水一）

（唐）王维《四皓图》一（卷十山水一）

（宋）李公麟《四皓围棋图》一（卷七人物三）（见附录一图 5）

（宋）孙可元《商山四皓图》二（卷十一山水二）

（宋）祁序《四皓弈棋图》三（卷十四畜兽二）[①]

《式古堂书画汇考》悉采《宣和画谱》所录，并增加记载有：

（唐）常粲《四皓弈棋图》一（卷三十二）

（宋）杨补之《四皓采芝图》一（卷三十二）

（宋）执焕《四皓围棋图》一（卷三十二）

（明）戴文进《商山四皓并四骋五轴》（卷三十二，今故宫博物院藏《商山四皓》与《商山四皓并四聘图》二图。）

（明）吴小仙《商山四皓捕鱼图》（卷三十二）

（南宋末至元初）钱舜举《商山四皓图》（卷三十二）[②]

清代王毓贤《绘事备考》卷三则在此基础上又增加有：

（明）孙遇《四皓弈棋图》一[③]

明代张丑《清河书画舫》卷七另增加有：

（元）（孟）玉潭《商山四皓图》一[④]

此外，今之传者还有：

（南唐）传王齐翰（款）《四皓图卷》（美国纽约大都会藏，见附录图 5）

（南宋）无款《商山四皓 · 会昌九老图合卷》（辽宁博物馆藏）

---

① （宋）王群栗点校. 宣和画谱［M］. 杭州：浙江人民美术出版社，2012.

② （清）卞永誉. 式古堂书画汇考［M］. 杭州：浙江人民美术出版社，2012.

③ （清）王毓贤. 绘事备考：卷三—六［M］. 上海：上海古籍出版社，1987.

④ （明）张丑. 清河书画舫：卷七上［M］. 上海：上海古籍出版社，2011.

（明）吴伟《商山四皓》（故宫博物院藏）

（元）佚名《商山四皓图轴》（故宫博物院藏，见附录一图 7）

（清）萧晨《商山应聘图》（故宫博物院藏）

还有葛嗣浵《庐书画补录续录别录·爱日吟庐书画续录》卷一载宋钱选《洛阳耆英会图卷》："绢本，高九寸九分，长四尺九寸六分，后附序文及诗。纸本高九寸九分，长二丈四寸二分。"[①]宋代潜溪序明陈第《世善堂藏书目录》卷下《右释典》载无署名《四皓图》一卷[②]。清代李光廷《广元遗山年谱》卷下载无署名《四皓图》[③]等。

还有只见其画，不知出处者，有：

（明）张路杂《商山四皓图》（见附录一图 10）

（清）舒浩《商山四皓》立轴（见附录一图 11）

（清）黄慎《商山四皓》（见附录一图 12）

周丕基、寿石工（1885—1950）《商山四皓图并行书（书法扇面双挖）》（见附录一图 13）

柳滨（1887—1945）《商山四皓》立轴设色纸本（见附录一图 14）

沈子丞（1904—1996）《商山四皓》（见附录一图 15）

黄山寿《商山四皓》（见附录一图 16）

折海鸥《商山四皓》（见附录一图 17）

永昌（1983）《四皓古迹》（见附录一图 18）

崔自默（2007）《商山四皓》（见附录一图 21）

《高山四皓》德州德嘉拍卖有限公司 2010 年迎春艺术品拍卖会拍卖品（见附录一图 22）

无名无题者（见附录一图 23）

---

① （清）葛嗣浵. 庐书画补录续录别录：爱日吟庐书画续录卷一[M]. 民国二年葛氏刻本.

② （明）陈第. 世善堂藏书目录：卷下[M]. 北京：中华书局，1985.

③ （清）李光廷. 广元遗山年谱：卷下[M]. 上海：上海古籍出版社，2002.

2. 四皓题材入画举隅

神话故事、历史人物和文学作品乃至宗教题材，一直是中国绘画创作所依据的文本，绘画图本往往反映着深刻的社会价值观念。在中国人物画题材中，“商山四皓”等有关老人图的题材便是值得注意的现象。仅从《宣和画谱》的著录看，流入宣和内府收藏的有关商山四皓题材之作，即达二十余幅，可见其数量之多。李思训、王维、石洛、孙可元、祁序、支仲元、李公麟等人均绘制过这一作品，流传至今的画作多藏于故宫博物院等，由兹可见四皓题材在人物画题材中所占的比例。这一图本在历史上每一个时代都被重新启动，呈现出旺盛的生命力。

德治与隐逸思想和孝道观念是中国绘画史上“老人图”存在、发展的根本原因，“尊老重贤的社会文化心理决定了《商山四皓图》《会昌九老图》等图绘的历史性存在。”①“商山四皓”作为高隐和道德文化的象征，由于政治功业参与其中，成为文人士大夫政治理想的寄托，这些以四皓闲居文事为描绘对象的作品，成了历代文人雅士借以寄托自身精神抱负的象征和隐喻。

四皓入画，以尊老重贤为主线，体现了贤德与隐逸思想及孝道观念，又有弈棋、采芝等主题凸显，画作数量之富，内容之广，都体现出四皓与历代画家心神之契合，显示出四皓文化强大的传播影响力。

而题画诗的参与，也使得四皓图画更加广为人知，在更广泛领域里得到传播。仅清卞永誉《式古堂书画汇考》中便有数处描绘，如《香山图卷》中，“天年高过二疏传，人数多于四皓图。除却三山五天竺，人间此会且应无。”（卷三十九画九）刘松年书：“借得商山贤四皓，不知此后更何如。”潘应辰“夷齐采山薇，四皓歌紫芝。丈夫乐此味，百事诚可为。”（卷四十四画十四）沈周《秋登缥缈峰宿蔡氏天绘楼获观

① 赵启斌. 略论《商山四皓、会昌九老图》的艺术价值[J]. 中国诗话，2004，(10).

石田画卷因题洞庭》中，“商皓风千古(四皓俱隐此)山。”(卷四十九画十九)《洛社耆英会图卷》载：“八公有秽山空著，四皓当衰心且伸。”(卷五十五画二十五)①《七老图》亦载：“七人五百七十岁，拖紫纡朱垂白须。手里无金莫嗟叹，尊中有酒且欢娱。诗吟两句神还王，酒饮三杯气尚粗。嵬峨狂歌教婢拍，婆娑醉舞遣孙扶。天年高过二疏传，人数多于四皓图。除却三山五天竺，人间此会更应无。”②还有《遁甲龙图》载宋薛季宣撰“自序”云“留侯四皓之局一十有八，参两成卦之变也”③等饱含诸多对有关四皓图画的注解与说明。

今可见“商山四皓图”传世者，一是宋元国画《四皓图》，见载于公元 1931 年出版的《中国文艺辞典》，作者不详，署名为“猪川渔者”。画下有翰林学士王恽《题四皓图》诗云：“夜壑藏舟未厌深，皓然松雪映高林。闲云终作从龙雨，惟有留侯识此心。”王恽，生于宋而仕于元，此画应为宋末元初作品，为国内目前所见四皓国画中最早的作品。

二是《商山四皓》图，现藏于韩国画报社，公元 1991 年 4 月 15 日出版的《韩国画报》有载。原图文字说明为“此图为朝鲜时代(始自 1392 年)描绘一山妖(腰)下围棋的民画”；又称“围棋大约四千年前在中国发明并在三国时期传入韩国”。此图应是明代作品，是当时商山四皓文化影响辐射韩国之佐证。画内容实为“四皓弈棋图”，意义恰如明朝兵部尚书王越《四皓围棋歌》中之所写。

而将“商山四皓”与“会昌九老”在一卷上绘制，是宋人才有的做法。据画史著录，李公麟曾经绘制过这一题材，辽宁博物馆藏有宋无款《商山四皓、会昌九老图》合卷，为南宋时期的作品，在有关此题材

---

① (清)端方. 壬寅销夏录[M]. 稿本.

② (宋)孙绍远. 声画集：卷一[M]. 清文渊阁四库全书本(古书流通处影印).

③ (清)张宝琳.(光绪)永嘉县志：卷二十七艺文志四[M]. 清光绪八年刻本. 永嘉县地方志编纂委员会编. 永嘉县志[M]. 北京：方志出版社，2003.

的卷轴画中，当是最早的纸本绘画作品了。此卷描写四皓及九老幽隐恬淡的隐居生活，四皓、九老或观棋，或远望，或拄杖，或会友，完全是当时文士家居生活的写照。笔致工谨精细，尚有李公麟白描的遗意，画风接近年益，清秀典雅。此卷宋、元、明流传过程不详，明末清初曾经黎惟敬、高鉴、钱士弘、星岩、梅清等诸家递藏，见于《石渠宝笈重编》《石渠随笔》等画目著录。历代画目著录和流传后世的"商山四皓图""会昌九老"图绘多为单绘，即《商山四皓图》与《会昌九老》，为自成专题的绘画图本。与辽博所藏图本有所不同，辽宁博物馆所藏为合卷将"商山四皓"与"会昌九老"故事两大题材作为一个共同的题材而加以描绘，忽略了近一千余年的历史间隔。这一创意确实比较罕见，但由之亦可看出，这两个故事早在两宋时期就已经深入人心了，所以也才有将两种题材合并为同一的创绘①。

北京颐和园长廊东起"邀月亭"，西至"石文亭"，全长 728 米，共 273 间。中间有"留佳""寄澜""秋水""清遥"等象征春夏秋冬的四座八角重檐亭子。长廊彩画以中国绘画的独特技巧，把中华民族的审美趣味极为生动的表现出来，特别引人入胜的是在长廊中被称为"包袱画"的两百多幅传统人物故事绘画。长廊梁枋上第二十三幅壁画《商山四皓》（见附录一图 26），系清代颐和园初建时画师所画，彩绘勾勒四皓在高山流水间的悠闲状态，曾连载于白寿林主编的《中国通史》②。

二、雕塑、碑刻中的四皓题材

商山四皓屏、木刻六扇屏，现收藏于日本东京国立博物馆，并摆放

① 赵启斌. 略论《商山四皓、会昌九老图》的艺术价值[J]. 中国诗话，2004，(10).
② 白寿林主编. 中国通史[M]. 郑州：海燕出版社，2001 年.

在该馆大厅。唐代西岳高僧贯休曾有《四皓图》诗云："何人图四皓，如语话唠唠；双鬓雪相似，是谁年最高。溪苔连豹褥，仙酒污云袍。想得忘秦日，伊余亦合逃。"据此有专家认为此画为唐代之物。

四矢直壶，明王汇征《壶谱》载云："商山四皓，此直壶也，宾主各以四矢并发，去中一孔，故云四皓。"①

四皓鹿角枕，明陈耀文《天中记》载云："赠先生杨雄铁砚并四皓鹿角枕。"②清胡敬《胡氏书画考三种》载云："刘守章赠四皓鹿角枕。"③《龚翠崖洪崖先生出游图卷》④《钱选洪崖先生图》⑤《钱舜举画洪崖先生像》⑥等皆有论述，惜今无存。

商山四皓碑，《续修商志》载柳宗元《四皓碑赞》文题中有"碑"，依此可知此文应作于修四皓庙立碑之后。元和十年距新修四皓庙约四十年，柳宗元具备作此文的客观条件。又新修四皓墓、庙位于商山路上，而唐人有题壁、题柱之风尚，择此路经过者多会进去祭拜缅怀，留下诗作。自新修四皓庙后，唐代围绕其产生的题庙诗文有十多首⑦。

据《续修商志》及《陕西通志》载：惠帝亲为"四皓"树碑于隐处，并立碑石后，唐代柳宗元、宋代王禹亦为"四皓"撰碑，明代商州州官为"四皓"各镌一线刻画碑像，然旧日之诸多珍贵碑碣多已荡然无存，现只有两套碑像拓片存于商州博物馆。今墓区仅存明嘉靖二十八年

---

① （明）王汇征. 壶谱[M]. 明嘉靖四十一年刻本.

② （明）陈耀文. 天中记：卷三十八[M]. 扬州：广陵书社，2007.

③ （清）胡敬. 胡氏书画考三种：西清札记卷二[M]. 本溪：本溪师专，1990.

④ （清）陆时化. 吴越所见书画录：卷三[M]. 顺德邓氏风雨楼排印本，1910.（清）阮葵生. 茶余客话：卷二十[M]. 北京：中华书局，1960.

⑤ （清）陆时化. 吴越所见书画录：卷八十五[M]. 顺德邓氏风雨楼排印本，1910.

⑥ （清）吴升. 大观录：南宋诸贤名画：卷十五[M]. 北京：全国图书馆文献缩微复制中心，2001.

⑦ 杜预俭. 唐代文学中的商山四皓题材[J]. 中国唐代文学学会、华南师范大学《唐代文学研究——中国唐代文学学会第十二届年会暨国际学术研讨会论文集，2004：26. 杜预俭. 唐代文学中的商山四皓题材[J]. 唐代文学研究（第十一辑）2006：163—188.

商州知州张士让所立“商山四皓墓碑”一通并筑有碑楼。明潘昂霄《金石例》卷二记载有“王元之四皓庙碑”[①]。清倪涛《六艺之一录》卷一百十一记载有“汉四皓神机字，庙在郑县，旧属华阴”[②]。《太平寰宇记》：“四皓墓，在（商州上洛）县西四里庙后。”《雍胜略》：“四皓墓，在商州西四里金鸡原。”《一统志》中《商州》条云：“四皓墓，在州西五里金鸡原。”又“时人刻石立于金鸡原四皓庙前，碑于元后流失”[③]，可知其所依有实物为证。

当代四皓画像则有商州区博物馆藏四皓石刻像，丹凤县四皓碑林园四皓石刻画像照壁，福建厦门华艺石雕商城雕刻《商山四皓》石雕像，中央美术学院副院长朱乃正与画家姚有多等合作《商山四皓》图（现藏于丹凤县四皓碑林园，见附录一图 40）及江苏著名画家严誉城创作的《商山四皓对弈图》等。

三、建筑中的四皓题材

留存或后世修建的四皓墓、祠、庙、庵等，保存了许多与四皓隐地、葬地、家乡、纪念地等相关的史料信息。

1. 商州四皓祠

在今商州区城关镇林涧村金鸡原，祠后为四皓墓，共占地约 780 平方米。此地最早在晋代就建有四皓庙与祠。今所见之祠建于明代，清代有过修葺，习称“四皓古陵”，被列为“商州八景”之一。《直隶商州总志》有云：“四皓古陵，州西三里许，傍金鸡原，坐鹿迹村。高冢星罗，苍茫磊落。陵前栋宇数楹，中有四短碣，分镌皓图，古貌俨然。

---

① （明）潘昂霄. 金石例：卷二[M]. 清文渊阁四库全书本.
② （清）倪涛. 六艺之一录：卷一百十一[M]. 上海：上海古籍出版社，1991.
③ 郝臣杰、陈道久主编. 商山四皓研究[M]. 北京：作家出版社，2006：134.

名流经此，每多留题焉。”今可见仅残碑数通，立碑一通，上镌“汉四皓墓”四字。

2. 商山四皓庙

四皓身后，汉惠帝刘盈曾令3000御林军每人从长安带十斤土至四皓墓培土，又亲自为之立碑于隐处，勒石“文官下轿，武将下马”，以示尊崇。《古今图书集成》：“四皓有羽翼太子之功，其没也，惠帝为之制文立碑，此乃上世人主赐葬人臣，恤典之始。”①晋人潘岳《关中记》和北魏郦道元《水经注》等载，终南山四皓庙、商州金鸡原四皓庙、高车岭四皓庙、安陵四皓祠早在东晋前已有，惜无存。华县商山庙、澄城县商山神庙，洞庭西山亦有商山四皓遗迹，泰国曼谷也有商山四皓庙。② 南北朝时，郦道元《水经注》记载楚水“两源合舍于四皓庙东，又东迳高车岭南”③。至唐，前朝所修四皓墓、祠、庙等早已无存④，柳识《新修四皓庙记》谓：“往者明祠颓坏，靡有孑遗。”⑤

笔者推断唐代新修四皓庙时间：李白天宝三年（744）见逐长安，取道商洛去洛阳漫游，过四皓墓时进园凭吊，作《过四皓墓》云专访四皓遗迹，然“荒凉千古迹，芜没四坟连”⑥，至李华晚年作《四皓赞》时言：“山下水滨，四坟垒垒。悚慕元风，徘徊古祠。”⑦其又有《四皓铭》言四皓“遁蜕秦祸，出扶汉危，道不可屈，南山采芝”⑧之始末。李华于大历九年（774）去世，唐时新修四皓墓时间当在此之前不久。唐时

---

① 参见《古今图书集成》文学典第一百七十卷，碑碣部杂录。
② 见郝臣杰、陈道久主编，《商山四皓研究》，北京：作家出版，2006年版，112—116、133.
③ （北魏）郦道元著、陈桥驿译注、王东补注. 水经注[M]. 北京：中华书局，2012.
④ 郝臣杰、陈道久主编. 商山四皓研究[M]. 北京：作家出版，2006：112—116、133.
⑤ （清）董诰. 全唐文：卷三七七[M]. 北京：中华书局，1982：3827.
⑥ 安旗主编. 李白全集编年注释：上中下[M]. 济南：巴蜀书社，1990：668.
⑦ （清）董诰. 全唐文：卷三一七[M]. 北京：中华书局，1982：3217.
⑧ （清）董诰. 全唐文：卷三一八[M]. 北京：中华书局，1982：3224.

“四皓驿”为“仅次于两都间之大驿道，而为全国第二驿道”[①]的商山道上的重要驿站。唐四皓庙重修，就在这条大驿道上，李栖筠（719—776）有《四先生碑》文[②]可为之证。

皇公者，李栖筠也，因其喜奖善，乐人攻己短，为天下士归重，不敢有所斥，而有此赞云。其主要活动于唐肃宗、代宗之际，又召拜御史大夫[③]，当为宋王禹偁《四皓庙碑》中所指“唐御史大夫赞皇李公”[④]者。自其之后，犹有810年元稹与白居易关于四皓庙针锋相对之作，《续修商志》注明《四皓碑赞》一文作于815年3月柳宗元元和十年被贬从长安赴柳州经商州时，《商山四皓历代诗文集注》云“唐御史大夫：指柳宗元。曾任监察御史里行，”[⑤]这一说法虽有误，然亦可旁证柳宗元经商山时曾见四皓庙。在今丹凤县商山脚下，习称商山寺。明成化二年（1466）重建，清雍正间、乾隆六十年重修，光绪中再修。文革后，今可见仅前殿、后殿部分残垣断壁及松柏百余株。

3. 四皓墓

《魏书·地形志》云：“（上洛县）有丹水、南秦水、汉高祖祠、四皓祠、高东祠。”[⑥]四皓墓、庙、碑等亦已出现，相关的文献都存于后世文献中。明何景明《雍大记》卷十三记载有：“四皓墓在商州西三里。”李

---

① 严耕望.唐代交通图考：卷三[M].上海：上海古籍出版社，1985：637.

② 见权德舆《唐御史大夫赠司徒赞皇文献公李栖筠文集序》，其间有云：“至若嘉园、绮弛张出处于秦汉之间。著《四先生碑》，美萧、文、终、邴丞相之伦，或退或让。”权德舆《唐御史大夫赠司徒赞皇文献公李栖筠文集序》，见《全唐文》卷四九三，5034页。李栖筠文在《全唐文》卷三七〇，仅存两篇，无《四先生碑》。

③ （清）董诰.全唐文：卷三七〇[M].北京：中华书局，1982：3761.

④ 宋太宗淳化二年（991）翰林学士王禹偁因上奏请论道安告奸不实罪触怒皇帝，被贬商州团练副使。王下车即祭拜四皓，并撰写碑文，勒石于庙前。原碑在战火中流失，元大德九年（1305）商州知州谢椿与张铨等重刻，残碑现存于商州区博物馆。《钦定四库全书·小畜集》有该碑全文，与元碑基本无误。

⑤ 李文实.商山四皓历代诗文集注[M].北京：作家出版社，2005：225.

⑥ （北齐）魏收.魏书·地形志[M]北京：中华书局，1974：2632.

贤《明一统志》卷三十二记载有："四皓墓在商州西四里，四皓汉东园公等四人，墓前有祠，宋王禹偁作记。"①祁光宗《关中陵墓志》亦记载曰："四皓隐商山没，遂葬焉，三冢相连，一冢少远，傍多练子树，去商州西五里有祠。长安志图咸阳有四皓墓，非是。"②且详细说明有三座坟冢相连，与今可见丹凤县四皓碑林园的四皓墓相吻合。另一冢稍远，在今商州区。

清穆彰阿《(嘉庆)大清一统志》记载有："四皓庙在州西金鸡原，有唐柳宗元、宋王禹偁撰碑一，在州东商洛镇。"③沈青崖《(雍正)陕西通志》记载有："(汉四皓墓)在州西三里，有四冢，冢前有庙，庙中有古今碑刻诗文，今商洛旧县西亦有四皓冢。(《马志》)四皓墓，州西五里许，傍金鸡原，坐鹿迹村，高冢星罗，陵前栋宇数楹，中有四短碣分镌，四皓图古貌俨如。(《州志》)地肺山，四皓隐处，亦名楚山冢。(《商南县志》)入商州过金鸡原谒四皓先生庙，崇以丘垅荫以丛木过商山之麓，其累累然者，即在畎亩中，离村篱烟火不十武而近。""苏濬《四皓庙》记，按十六国春秋前凉张重华云，长安亦有四皓墓，但文章缘起云惠帝为之立碑商山，则葬长安之说误也，但今商州四皓墓有二，一在州西三里，一在州东八十里商州镇西，未知孰是。"④顾炎武《肇域志》记载有："金鸡原其(商山)下，为鹿迹村四皓冢。"⑤认为四皓冢在商山下金鸡原。

也有文献认为四皓墓不在商洛，而应在长安。宋时有李昉《太平御览》偏霸部八记载有："四皓死于长安，有四皓冢，为不还山也。"⑥

---

① (明)李贤. 明一统志[M]. 上海：上海古籍出版社，1987.

② (清)祁光宗. 关中陵墓志[M]. 清钞本.

③ (清)穆彰阿. 嘉庆重修一统志：卷二百四十六[M]. 北京：中华书局，1990.

④ (清)沈青崖. (雍正)陕西通志：卷七十一[M]. 清文渊阁四库全书本.

⑤ (清)顾炎武撰、王文楚等点校. 肇域志：卷三十六[M]. 上海：上海古籍出版社，2012.

⑥ (宋)李昉. 太平御览：卷第一百二十四[M]. 北京：中华书局，1960.

《太平寰宇记》关西道一云："四皓庙在县南终南山下，去县五十里"①宋敏求《长安志》卷十二县二亦载之。卷十三县三又云："四皓庙在县东二十五里"，"四皓墓在安陵西。"②元时有骆天骧《类编长安志》卷八认为"四皓祠在惠帝安陵陵西"，安陵"在县东三十五里，元和郡县图志：在县东北二十里。臣瓒曰：在长安北三十五里。三辅黄图曰：去长陵十里"卷九广惠公祠曰："在石鳖谷。口关中记：终南太一左右三百里内为福地，秦末东园公、夏黄公、绮里季、角里先生，隐遁以待天下之定，在此山中也。四皓庙当时谓之捷径，文宗诏建终南山祠，重册为广惠公，命长安县令杜燧南山置祠，柳宗元碑云：据天下之中，在都之南，西至于褒斜，又西至于陇首，以临于戎东，南至商颜，又东至于太华，以距关后。三月十八日土王日致祭。"③知元代有四皓墓与庙。

清代叶昌炽《缘督庐日记抄》卷十二记载"又五里，西河沿经四皓墓，一碑矗立，远望正书题'西都□地'四字为额"，"据云距此四五里亦有四皓墓，大约出乡志附会，皆疑冢也。"④民国徐世昌《晚晴簃诗汇》记载有"商山四皓墓在雒南小镇路侧"⑤，旧时的地理区域划分已然改变，后人沿袭前代记述而附会，产生了更多四皓墓等记载，应加以区别。

4. 洞庭西山四皓祠、东园公祠、角庵

洞庭西山有四皓祠、东园公祠、角庵等四皓遗迹。洞庭西山四皓祠在今苏州市吴中区西山镇。明代钱谷《吴都文粹续集》卷二十一山水《洞庭山赋》云："最古而贤兮，号曰角头。名重商颜兮，配夫四皓。

---

① (宋)乐史. 太平寰宇记：卷二十五[M]. 北京：中华书局，2007.
② (宋)宋敏求、(元)李好文. 长安志·长安志图[M]. 西安：三秦出版社，2013.
③ (元)骆天骧撰、黄永年点校. 类编长安志：卷八[M]. 西安：三秦出版社，2006.
④ (清)叶昌炽. 缘督庐日记抄：卷十二[M]. 上海：上海古籍出版社，2002.
⑤ 徐世昌. 晚晴簃诗汇：卷一百八十二[M]. 北京：中华书局，1990.

出辅汉储兮，羽翼何鸿。”明清《吴县志》记载有：“四皓祠，在洞庭西山，祀汉隐士绮里季、夏黄公、东园公、角里先生。创建无考。”今新修《西山镇志》记载有：“四皓祠在绮里坞。为纪念隐于西山的汉初商山四皓而建，祠废于清末。”又记载曰：“东园公祠，在东村。为纪念曾隐居于此的四皓之一东园公而建于清乾隆丁酉年(1777)。”祠废于文革，仅存砖雕门楼及塞口墙。元冯福京《(大德)昌国州图志》卷七载曰：“黄公祠在东海中下沙，晋天福三年建。”“会稽典录亦称人材，则有黄公洁已暴秦之世，然则四皓之一也。”[①]钱维乔《(乾隆)鄞县志》卷二十三《贺秘监祠堂记至正庚子七月刘仁本撰史铨书在湖亭庙》记载有：“更为隐德堂，以汉四皓黄公共祀之，拟其同郡同德也。”卷二十九更记载有：“黄公避世隐江乡，遗庙何年塑女郎。却笑英雄安汉鼎，须眉换得妇人妆。……会稽典录：鄞大里黄公之隐即四皓之一，所居名黄公林，旧有庙祀，后讹为黄姑林，易以女像。按今庙貌业已改正，额曰汉黄公林庙。”[②]

角庵，一名接待庵，在衙里大埠岭，传为角里先生读书之处。明蔡升《太湖志》记载其为讷翁山创建。又冯桂芬《(同治)苏州府志》卷二十一记载有：“角头巡检司在洞庭西山，宋置于湖州长兴县吕山界。元祐八年，都省江淮两浙转运提刑司奏移今所，明洪武间移于后堡，正统间重建今所，今署燬，僦民居。”“【宋朱俊民角头巡检司记】角头山，据太湖。湖之广三万六千顷，周五百里，径二三百里。唐白乐天诗云，十只画船何处宿，洞庭山脚太湖心。盖太湖山若洞庭者，七十二舟头山。又据其心乃山之胜境，汉四皓角里先生家焉，舟山之名始。”[③]屈大均《橘香菴记》载曰：“(西洞庭)今有绮里、角里及黄公泉存

---

① (元)冯福京.(大德)昌国州图志：卷七[M].北京：商务印书馆，2013.

② (清)钱维乔.(乾隆)鄞县志：卷二十三[M].北京：中华书局，1996.

③ (清)冯桂芬.(同治)苏州府志：卷二十一[M].上海：上海古籍出版社，1991.

焉，其人多夏黄二姓，盖夏黄公之后裔。”[①]穆彰阿《（嘉庆）大清一统志》卷七十八记载有：“角里在吴县西南，史记四皓有角里先生，太伯之后。今太湖中洞庭山西南中有禄里村，是吴郡志有角头，即角里，在洞庭山村。”一百四十四记载有：“吴城镇在永宁州东八十里，又四皓镇在州东五十五里，俱有堡。”卷二百三十记载有：“四皓庙在咸宁县炭谷西北，寰宇记在万年县南终南山下，去县五十里，长安志唐元和八年重建。又魏书地形志石安县有四皓祠，长安志在咸阳县东二十五里。”[②]

5. 西山古村　东村　栖贤巷门（明代）东园公隐居而得名，有栖贤巷

角里——角里先生

琦里——琦里季

慈里——夏黄公

今慈里夏氏一脉相传为夏黄公后人。震建村慈东徐胜坞有黄公泉，传为夏黄公汲水炼药之处。宋时出现黄公庙的记载，张津《（干道）四明图经》鄞县云：“在县东近海昌国县交界即四皓之黄公也。”[③]元张雨有诗云：“黄公炼药处，遗井兹丘上。”“不意樵者歌，犹闻紫芝唱。”明郑真《大隐处士传》记载云：“余姚上林大隐在慈溪县南，为四皓黄公之里。”[④]黄润玉《（成化）宁波府简要志》卷一记载大隐山有黄墓，“山形如覆丹，四皓黄公葬此因名”。屈大均《橘香菴记》载曰：（西洞庭）今有绮里、角里及黄公泉存焉，其人多夏黄二姓，盖夏黄公之后裔。”[⑤]

---

① （清）屈大均. 翁山文钞：卷三[M]. 北京：人民文学出版社，1996.

② （清）穆彰阿. 嘉庆重修一统志[M]. 北京：中华书局，1990.

③ （宋）张津.（干道）四明图经：卷二[M]. 清刻宋元四明六志本.

④ （明）郑真. 荥阳外史集：卷四十六[M]. 上海：上海古籍出版社，1991.

⑤ （清）屈大均. 翁山文钞：卷三[M]. 北京：人民文学出版社，1996.

6. 多地四皓村、四皓乡、四皓庄

四皓村有多处，陕西省长安区太乙宫镇的主体即名曰四皓村，山西省吕梁市方山县马坊镇亦有四皓村。戴震《（乾隆）汾州府志》卷四记载“吴城驿”云：“吴城镇南石窟泉，自水草湾西流注之，又西十五里径上四皓，又五里径下四皓。”卷六又载“永宁州堡二十，曰四皓堡、吴城堡。”“永宁州，把总一员，辖兵四十名，分汛设防九处，东路四十里曰王荣庄汛，兵三名。又二十里曰四皓汛，兵三名……”“永宁州总铺在城东路。十五里曰马家铺，又十五里曰义居铺，又十里曰北寒铺，又十里曰南寒铺，又十里曰四皓铺。”[①]穆彰阿《（嘉庆）大清一统志》卷一百四十四亦记载有：“吴城镇在永宁州东八十里，又四皓镇在州东五十五里，俱有堡。”[②]河南省开封市亦有四皓村。

此外，还有陕西省西安市解放路西四皓庄、陕西洛南四皓乡、陕西省商洛市商州区四皓巷、四皓社区、四皓墓社区等多处遗迹，还有陕西省商洛市丹凤县四皓碑林园及戚姬寺遗址（见附录图 41）等。

文物古迹不是定格的，随着其影响力不断扩展，以及后人的多角度与层面的解读甚至臆测，尤其方志及家乘一类的记载，往往有附会之嫌，这些都可能使有关四皓的遗迹发生迁移并产生多义。藉由完成符号化的商山四皓形象，今人对保留下来的四皓遗迹的保护及修缮，围绕四皓所新修建的各类纪念地，产生的各类文化艺术表现形式等等，都赋予四皓文化新的内涵与强大的生命力。

---

① （清）戴震、山西省地方志办公室.（乾隆）汾州府志：卷四[M]. 北京：中华书局，2014.

② （清）穆彰阿.（嘉庆）大清一统志：卷一百四十[M]. 北京：中华书局，1990.

第四章

商山四皓在古代日本、韩国

“商山四皓”事迹本事及其世代层累形成的多义形象与文化，跨文学、史学、艺术学、社会学等多个学科领域，广泛流传并远播到古代朝鲜、日本、越南等汉字文化圈，产生深远的影响，然相关文史资料绝大多处于散落、亡佚状态，亟待研究者补阙与重视。

本章着墨于梳理日本、韩国古代文献中有关商山四皓的资料，并以此为据尝试对四皓形象、文化内涵、文艺特征等进行较为深入系统的解读：史论中涵盖商山四皓真伪之讨论，四皓辅翼太子之评判及商山四皓新形象之形成；以四皓辅翼太子之本事、隐居远世之高逸、食芝长寿之形象等为题材形成数量客观的诗赋作品；诗赋中的题画诗也表现出四皓文化在艺术领域的影响，题画诗又以弈棋为突出表现主题，折射出日本、韩国古代的社会风气与士阶层的审美趋向。商山四皓在日本、韩国古代文献中的数量、深度及影响，并不亚于其在中国本土的流播；对四皓的关注与评论，也表明汉字文化圈中的国家与民族强烈的文化认同感，对辅证中国文化的历史地位具有强烈的现实意义。

第一节　商山四皓在古代日本

日本文献中的四皓是真实存在的历史人物形象，更在历史、文学、艺术的不断渲染中生发出更广阔与深远的文化内涵。日本645年“大化改新”之后，派遣了很多学生和僧人到中国学习政治、法律、文化及佛学知识。至奈良时代(710—794)，出现阿倍仲麻吕(中文名晁衡)、鉴真和尚等人，大量中国文化传到了日本。894年派出最后一批遣唐使后，武士进入了日本中央政界，不再大量摄取中国文化。镰仓时代(1192—1333)摄取了中国宋朝传入日本的禅宗文化，形成了独特的武家文化。1467年“应仁之乱”爆发，日本经历了百余年的战国时代，至织田家重臣丰臣秀吉于1590年统一日本，城市、建筑及各类民间艺术得到繁荣发展。江户时代(1603—1867)文化繁荣景象，以庶民文化为特色，有关四皓的各类文学艺术作品也集中出现，不仅数量繁多，对四皓文化的诠释与发展也贡献极大。明治维新推动日本进入资本主义社会，实施“脱亚入欧”政策，在政治、经济、文教、外交等方面进行了一系列重大改革，四皓文化也留下了一定的时代烙印。

《デジタル大辞泉》“商山四皓”条云：“中国秦代末期、乱世を避けて陕西省商山に入った东园公・绮里季・夏黄公・二里先生の四人の隐士。”《日本国语大辞典》“四皓”条亦云：“中国、秦末汉初の乱をさけて、商山に隠れた四人の隐士。东园公(とうおんこう)・绮里季(きりき)・夏黄公・甪里先生。”另有“商老”条云：“〔名〕「しこう(四皓)」に同じ。”“绮季”条云：“中国、秦末汉初の乱をさけて、商山に隠れた四人(四皓)の内の一人、绮里季(きりき)をいう。”而中国常见的用“四老”“四人”等指代“商山四皓”者，在相关文献资料中殆几不存。可见日本称呼“商山四皓”相对统一，绝多使用“四皓”

这一“标准语”，偶见“商颜”“商老”“绮季”等。

而与商山四皓相伴生者，是“避秦”（《日本国语大辞典》注：中国、秦末に东园公たち、いわゆる四皓が、戦乱を避けて商山に隠れたという。）、“子房计”“高名”“真假”等话语。这某种程度上可以证明“商山四皓”“东渡”日本后，作为定型、成熟的历史、文学形象被接受，并不断生发出新的文化内涵。

一、日本古代史论中的“商山四皓”

史传中详细记载了四皓之史事本末与人物基本情况，文论则集中讨论了四皓真假、四皓褒贬等问题。据《平安遗闻》所载，天历 4 年(950)8 月 1 日“立是天授，岂仮羽翼于四皓之贤，既贺寝膳之有问。”此为文献中最早可见有关四皓羽翼太子事的记载，且言太子废立为天意所授，并非依赖贤者四皓之羽翼。这一观点基本上确定了日本古代对四皓评判的主调，即肯定四皓之贤，四皓羽翼太子事之真，而四皓在此事中的角色定位为“辅”，且并非决定因素。[①] 此后，《本朝文萃》《十八史略纪事本末》《笺注桑华蒙求》等皆存有关四皓的传论、或涉及四皓并注释相关信息的史料。

1.《本朝文萃》所涉四皓相关史料

《本朝文萃》言及四皓形象、隐居情况者，如巨为时《答六条左大臣辞职表勅》：“昔吕尚父之面波，别渭水而犹叠园，司徒之鬓雪，出商山而既寒。然周文汉惠皆资嘉谟者也，公逾扶老成之矣，莫有少休之思。”此句后注“商山”曰：“《汉书·王贾传》云：汉兴有园公、绮里季、夏黄公、甪里先生，此四人者，当秦之世，避而入商洛深山，以待天下

① 黑板胜美、国史大系编修会编. 新订增补国史大系：朝野群载：卷一[M]. 东京：日本吉川弘文馆，1964.

之定也。《十道山川考》云：商山在商州上洛县南十四里，商洛县南一里亦名地肺山，亦名楚山，四皓所隐。”[①]“绮里季之归商山，鬓垂苍华之雪。”[②]菅赠大相国《未旦求衣赋》：“况复王臣謇謇，国老皤皤，戴星者不期而会，藏耀者其道自和。”句后注“藏耀”曰：“《后汉书·郑玄传》云：南山四皓有园公、夏黄公，潜光隐耀，世嘉其高，皆悉称公。《老子》云：圣人方而不割，廉而不刿，直而不肆，光而不耀。”江以言《视云知隐赋》“汉皓去秦之朝”句后注“汉皓”曰：“《汉书·王贡两龚鲍传》云：汉兴，有东园公、绮里季、夏黄公、角里先生，此四人者，当秦之世，避而入商洛深山，以待天下定也。《注》云师古曰，四皓称号，本起于此。皇甫谧《高士传》云：四皓者，皆河内轵人也，或在汲，一曰东园公，二曰角里先生，三月绮里季，四曰夏黄公，皆修身洁己，非义不动，秦始皇时见秦政虐，乃退入蓝田山而作歌，曰：莫莫高山，深谷逶迤。晔晔紫芝，可以疗饥。唐虞世远，吾将何归。驷马高盖，其忧甚大。富贵之畏人，不如贫贱之肆志，乃共入商洛，隐地肺山，以待天下定。及秦败，汉高闻而征之不至，深自匿终南山，不能自屈己。”纪纳言《风中琴赋》“静室无人疑，荣期之犹在”句后注“荣期”曰：“文选琴赋云，遁世之士，荣期绮季之畴。”[③]

论四皓应招出山辅翼太子者，如《寿考》之《文章得业生正六位上行越前大掾大江朝臣匡衡对》云：“绮里季之助汉惠，商山之月低眉，喻君体于松柏之质。”《本朝文粹注释》卷第三《陈德行》之《正六位上行尾张掾田口朝臣齐名对》篇“梁泊鸾之山栖”注云：《后汉书·逸民》《梁鸿传》云：“仰慕前世高士而为四皓以来二十四人作颂。”[④]而纪斋名《答入道前太政大臣辞大臣并章奏表勅》“至彼应曜独卧于淮阳，

---

① 藤原明衡原著、柿村重松注. 本朝文粹注释：卷第二[M]. 大正十一年京都内外出版.

② 藤原明衡原著、柿村重松注. 本朝文粹注释：卷第四[M]. 大正十一年京都内外出版.

③ 藤原明衡原著、柿村重松注. 本朝文粹注释：卷第一[M]. 大正十一年京都内外出版.

④ 藤原明衡原著、柿村重松注. 本朝文粹注释：卷第三[M]. 大正十一年京都内外出版.

许由长游于颖水”句后注“应曜独卧于淮阳”曰:“焦氏《类林·栖逸》云,应曜隐于淮阳山中,与四皓俱征,独不至,时人语曰,商山四皓不如淮阳一老。”①江匡衡《为入道大相国谢官文书内览表》云:“天子不夺人志,明王必遂物性。汉四皓虽出,应曜独留于淮阳之云,尧三征不来,许由长栖于颖水之月。”用《史记·留侯世家》所载注释四皓。也延续了中国古代对四皓与淮阳老的对比,认为四皓应招出山降低了隐者之节②。其《为入道太政大臣辞左大臣并章奏随身等表》亦有此段文字。③ 橘赠纳言《赋冬日可爱》注引《三国蜀志·秦宓传》云:“足下欲自比于巢许四皓,何故揭文藻见壤颖乎。”④

又江匡衡《七言,冬日陪东宫,听第一皇孙初读御注孝经,应令诗一首》云:“得扶翼于戚里,谁招商山四皓之霜。匡衡以太子宾客,忝列敬师之初筵,以翰林主人,敢记崇学之盛事”,可知日本亦设有太子宾客一职。⑤

2.《笺注桑华蒙求》《十八史略纪事本末》中有关四皓的论传

《继体三相　惠帝四皓》云:

> 初戚姬有宠于高帝,生赵王如意,吕后见疏。太子盈仁弱,帝以如意类己,欲废太子而立之。群臣争之,皆不能得。吕后使人强要张良画计。良曰“此难以口舌争也。顾上有所不能致者四人,曰东园公、绮里季、夏黄公、角里先生,以上嫚侮士,故逃匿山中,义不为汉臣。上高此四人,今令太子为书,卑辞安车固请,宜来。至以为客,时从入朝,令上见之,则一助也。”吕后使人奉

① 藤原明衡原著、柿村重松注.本朝文粹注释:卷第二[M].大正十一年京都内外出版.
② 藤原明衡原著、柿村重松注.本朝文粹注释:卷第四[M].大正十一年京都内外出版.
③ 藤原明衡原著、柿村重松注.本朝文粹注释:卷第五[M].大正十一年京都内外出版.
④ 藤原明衡原著、柿村重松注.本朝文粹注释:卷第八[M].大正十一年京都内外出版.
⑤ 藤原明衡原著、柿村重松注.本朝文粹注释:卷第九[M].大正十一年京都内外出版.

太子书招之，四人至。帝击布还，愈欲易太子，后置酒，太子侍，良所招四人者从，年皆八十余，须眉皓白，衣冠甚伟。帝怪问之，四人前对，各言姓名，帝大惊曰："吾求公数岁，公避逃我，今何自从吾儿游乎?"四人曰："陛下轻士善骂，臣等义不辱，今闻太子仁孝恭敬爱士，天下莫不延颈，愿为太子死者，故臣等来尔。"帝曰："烦公幸卒调护。"四人出，帝召戚夫人指示之曰："我欲易之，彼四人者辅之，羽翼已成，难动矣。"①

《张良招四皓》截"惠帝四皓"一段，文字上有略微改动，但整体相同。此二者不仅承袭《史记》《汉书》等之描绘，更将四皓拒绝刘邦、辅佐刘盈之原因借由四皓之口言明，所用语言凝练简洁，刻画人物却形象鲜明。②

总体上，日本古代史论中四皓之形象与中国本土基本相同，且侧重于其蕴含隐逸之风的高士形象；而辅翼太子之史事中，四皓更多为"张良计"之配角。围绕日本四皓史事及四皓形象所形成的四皓文化，以描绘四皓隐逸山居生活、评述四皓羽翼太子之政事及与此相关的具象载体，产生了丰硕的文学、艺术成果。

二、"真假"四皓与"张良计"的讨论

日本文献中的四皓多以历史人物形象出现，如田中桐江（1668—1742）《平生所好》云："汉初四皓避秦，作歌曰，莫莫高山，深谷逶迤。晔晔紫芝，可以疗饥。驷马高盖，其忧甚大。富贵之畏人，不如贫贱之肆志。乃共入商洛地肺山。"更将四皓避秦隐居、所隐之地、所作之

① 木下葵峰（公定）着. 笺注桑华蒙求：卷之上[M]. 积玉圃[ほか]，1882：廿一.
② 曾先之原著. 十八史略纪事本末：卷一[M]. 吉川半七，1898.

歌皆言明，显表四皓其人、四皓行迹之真实。[①] 相关文论之着眼点，更多的集中于讨论四皓是否曾真正出山、四皓羽翼太子之事是张良之“计”、四皓褒贬之评价及四皓隐居与高寿等。

1. 关于“真假”四皓出山的讨论

伊藤东涯(1670—1736)《三杰优汉孰忧论》云四皓是高祖“素不相识之四老人”，认为高帝与四皓素不相识，却并未说张良是用他人假替四皓。[②]

佚名《读留侯世家》则云：“子房招四皓以翼太子，太子因之遂得以全矣，而世人以为真四皓。夫四皓不羁名利硁硁乎果者也。子房一招之岂能至乎?”而是“以他人须眉皓白者，诈为四皓，故令伟衣冠以侍太子，以耸动其主，变移其意者也。”认为确有四皓，但“真四皓”并未出山羽翼太子，子房所招“四皓”是以“他人须眉皓白者”“诈”之。而整篇文章并未因此而否定张良与四皓，而是认为“此所谓有非常之事，而为非常之行者耶”。以“非常”之“事”与“非常”之“行”定位之。菅茶山(1748—1827)《题留侯鬻剑图》有云：“其致四皓，后世或不信，当时□□□不信，千岁之下何必信，苟疑可疑，信可信，十□之上乃可信，非知陛下独知，背果贵否，余不信。”则不信张良真的罗致四皓。[③]

尾藤二洲(1745—1813)《静寄轩集》所载张志和《渔父诗》“翻嫌四皓曾多事，出为储皇定是非”句后则云：“四皓之出，是非不必论也。”“王弇州以四皓为子房之假，其说却似有理。”认为四皓是否出山不需要议论，肯定王弇州张良假借他人之观点。[④]

---

① 田中桐江. 东海漫游稿：卷之五(享保六年序)[M]. 加藤国安监修. 日本汉诗：第五辑(纪行篇). 日本古典书籍库.

② 伊藤东涯. 绍述先生文集：卷之七[M]. 加藤国安监修. 日本汉诗. 日本古典书籍库.

③ 菅茶山. 黄叶夕阳村舍诗：黄叶诗后编[M]. 加藤国安监修. 日本汉诗. 日本古典书籍库.

④ 尾藤二洲. 静寄轩集：附录卷之四[M]. 加藤国安监修. 日本汉诗. 日本古典书籍库.

2. 关于四皓羽翼太子是“张良计”的讨论

更多的文章将着眼点集中在“张良计”上。人见竹洞(1637—1696)《张良赞》“高祖有大事,则尽心运筹。若难以口舌争,则招四皓立汉嗣。呜呼!智哉,其忠诚之厚也,可谓子房真儒者也。”①

伊藤东涯(1670—1736)《三杰优汉孰忧论》云:“欲摇动国本,则引四皓而安之。”②其《张良招四皓论》更详尽地论述了张良“引四皓而安”太子事之原委,论曰:“及其欲易世子也,唯引四老人侍坐太子,无复一言之规谏,而储位以定。其何故哉?高帝之为人智而不仁,唯知建国制地之预利害,而不知纲常伦理之关安危为最大,且甚也于立六国之利害。其所素谙练,故详述利害而能纳其说。及其欲易储嗣也,其笃于色而寡于恩,悍妻之制不足以御也,鲠臣之舌不足以挽也。当是时也,为良者假引申生扶苏之往戒,以聒其耳,不徒不从而或甚之,于是引高踏远引之人以羽翼之,而太子遂安。彼其素不好文儒,苟不可其意,何有于萧曹,况其素不相识之四老人乎?盖其欲易之本,非有深思远虑而为之,殆如易奕去梗其欲废也,本轻故其不□亦易。良知其机也熟,故其待之也,亦轻从容暇豫,遂收其功,良之智亦大矣。”“假使高帝知尊圣人,而良有圣人之用,则固知其无废嫡立庶之事矣。”③

伊藤认为是张良熟悉“高帝之为人智而不仁”,“不知纲常伦理之关安危为最大”,又“笃于色而寡于恩”,且“其素不好文儒”,然张良真正厉害之处在于,他料定高帝“欲易太子之本,非有深思远虑而为之”,在其“悍妻之制不足以御也,鲠臣之舌不足以挽也”之时,“知其机也熟”,于是“假引申生扶苏之往戒”,“引高踏远引之人”,即高帝

---

① 人见竹洞. 人见竹洞诗文集[M]. 加藤国安监修. 日本汉诗. 日本古典书籍库.
② 伊藤东涯. 绍述先生文集:卷之七[M]. 加藤国安监修. 日本汉诗. 日本古典书籍库.
③ 伊藤东涯. 绍述先生文集:卷之七[M]. 加藤国安监修. 日本汉诗. 日本古典书籍库.

"素不相识之四老人"羽翼太子,而终成事。整个事件是围绕张良之"智"展开的,四皓只是其智谋中的一个"道具",因而在文末又云:"假使高帝知尊圣人,而良有圣人之用,则固知其无废嫡立庶之事矣。"点明高帝确不尊圣,而张良亦无圣人之用,只是用"智谋"而已。此观点虽对高帝、张良,以至于四皓评价不甚高,但却更接近历史的真相。《读唐李泌传》亦云:"故挟术持数,招商山四皓,耸动其主,以定太子位。魏征者,始仕建成,而不能辅佐,建成完太子位后却以辅太宗,又当废承乾,不能谏争大宗,故论及之。"点明四皓羽翼太子之事是张良"挟术持数"之计谋。①

3. 对四皓的褒贬评判

三岛毅(1830—1919)《寒玉林》云:"古今唯商山四皓,羽翼国储,可以拟此而已。"肯定四皓"羽翼国储"之高功。② 菅茶山(1748—1827)《四皓图赞》更云:"汉初无用之物,无如商山四老人,而萧曹平勃之所不能,四老人则能之。夫鼓败而成药,木朽而出芝,今之无用于世者,吾安知其不有有用之时乎?"认为四皓本是"无用之物",却能为萧曹平勃之所不能为,即羽翼太子安汉嗣。并由此联系鼓败成药、木朽出芝,认为时机对了,无用之人也可能成就大事。欲扬先抑,强调刻画四皓出山之时机的重要性③。

与对四皓的褒扬态度截然不同者,如松永尺五(1592—1657)《时不见石》则云:"东照神君之圣谕,乃贱四皓之往辙,继程婴之遗志,以托六尺之孤,以寄百里之佥。"④内藤湖南(1866—1934)《贺皇太子成

---

① 伊藤东涯. 秋田文苑·上集:卷二十七[M]. 加藤国安监修. 日本汉诗. 日本古典书籍库.

② 三岛毅. 晃山离宫三十胜记[M]. 明治三十五年八月刊.

③ 菅茶山. 黄叶夕阳村舍诗[M]. 加藤国安监修. 日本汉诗. 日本古典书籍库.

④ 松永尺五. 尺五堂恭俭先生全集[M]. 加藤国安监修. 日本汉诗. 日本古典书籍库.

年式表》也更云："天从人愿，岂假四皓作羽翼。"①认为假借四皓为羽，是孱弱太子行径，当为今之皇太子不屑，意在祝贺太子靠自身本事赢得天下，四皓则只是无能太子守住自身位置的注脚。

4. 四皓之隐

除四皓出山羽翼太子安汉嗣之外，四皓之隐居与长寿等话题，也为历代日本文人雅士所吟咏。有关四皓隐居之作，如林鹅峰（1618—1680）《菊赋》"隐士叙其谱者，同工异曲，可以辨彼此。""彼白者若四皓抚须，侍储皇之前。"点明出山安储皇的四皓之隐士身份，且言须眉皓白、出山羽翼汉嗣是四皓自别于其他隐者之标志。② 人见竹洞（1637—1696）《五芝堂记》云："昔三君隐茅山，而投勾曲之环。四皓避嬴秦，而唱商岭之歌。"指出四皓因避秦而隐居，并乐于隐居生活，作歌于商山之中，勾勒出与混乱尘世截然不同的悠然隐居生活景象。③ 贯道（1708—1795）《二三知几饯余于东山某楼赋以留别》则云："养生商山芝，四皓夙所慕。"隐居山林，以商芝为食，这正是四皓平生所向往的生活。④

而以四皓长寿入文者，则有石川丈山（1583—1672）《答释传心》所云："安愉佚于老耋，而竞四皓之寿。"⑤还有冈本黄石（1811—1898）《黄石三弟六集诗序》所云："中以四老为最负大名，曰冈本黄石、大沼枕山、小野湖山、森鲁直，四老人者皆七八十许，并以诗称，所著风行海内外。"以四皓之名冠及当时四位极负盛名且高寿七八十之文人墨客，可见四皓之高寿所为人仰慕。《六仙歌》则言及"明治丁亥谷雨

---

① 内藤湖南. 湖南诗文存[M]. 加藤国安监修. 日本汉诗. 日本古典书籍库.

② 林鹅峰. 鹅峰先生林学士文集：卷第一[M]. 加藤国安监修. 日本汉诗. 日本古典书籍库.

③ 人见竹洞. 人见竹洞诗文集[M]. 加藤国安监修. 日本汉诗. 日本古典书籍库.

④ 贯道：南游集：卷之上(宝历十年序)[M]. 加藤国安监修. 日本汉诗. 日本古典书籍库.

⑤ 石川丈山. 新编覆酱集：续集[M]. 加藤国安监修. 日本汉诗. 日本古典书籍库.

前，平安四老东山筵”。《贺谷如意赖支峰神山凤阳江马天江四翁合祝荣寿二首》“洛阳昔有耆英会，今日还开四老筵。”此当是受中国唐代白居易等模仿商山四皓的“香山九老会”之影响，中国有敬老尊老的传统，历朝历代多见“耆老会”，最有名且距冈本所处时代最近者，当属康熙大寿时所作“百老会”。《四月十五日入京都十七日赴东山四老宴会时谷雨前二日》更云“白头喜我剩仙福，得及四翁称寿辰”，足见时人以得四皓之寿为荣，以之为“仙福”。①

三、日本汉诗中的商山四皓

日本汉诗，即日本人用汉字书写的、遵循中国古典诗歌体制的诗歌，是中日古代文学关系史中的一道独特风景。汉诗既是日本文学的一部分，又是中国古代文学的海外分支，承受着历代中国诗歌经典的影响，其各种表现及历史原因，能显示中国诗歌经典的特点与张力，厘清中国文学经典海外传播的真实路径与基本原则。

据《日本汉诗》，其录汉诗别集凡二百九十种，涉及商山四皓者，达五十余首诗，其中以四皓为题者约二十首，另有内容涉及四皓者约三十首，从数量上即可见四皓入日诗之盛。商山四皓入诗，从江户时代至当代皆有作品传世，所涉内容与文类似，涵盖“真假”四皓出山之争论、四皓羽翼太子事之评价、四皓隐居与高寿之吟咏等诸主题。兹整理所得诗篇题目及出处于下：

策颜周良（1501—1579）《琉璃井》，见《策颜禅师南渡集》

石川丈山（1583—1672）《宿一原》，见《新编覆酱集》续集

释元政（1623—1668）《散步至隐者寓居题盆中橘》，见《草山集》冬之卷

---

① 冈本黄石. 黄石斋集：第六集[M]. 加藤国安监修. 日本汉诗. 日本古典书籍库.

松永尺五(1592—1757)《孟冬哉生明次丈山赠谢小庐丈就乡兼寄仆之诗》,见《尺五堂恭俭先生全集》
松永尺五(1592—1757)《蟋蟀居壁》,见《尺五堂恭俭先生全集》
人见竹洞(1637—1696)《腊月梅》,见《人见竹洞诗文集》之五言律
人见竹洞(1637—1696)《橘中商山诗序》,见《人见竹洞诗文集》之五言律
人见竹洞(1637—1696)《芝兰香歌呈綂耕先生伏乞雌黄》,见《竹洞人见先生后集》
人见竹洞(1637—1696)《林向阳次前韵而以其未押者为杂吟八韵示綂耕先生则和之》,见《竹洞人见先生后集》
木下顺庵(1621—1698)《四皓围棋图》,见《锦里文集》卷九
新井白石(1657—1725)《四皓吟》,见《白石先生余稿》卷之三
室鸠巢(1658—1734)《奉和白石先生九韵》,见《鸠巢先生文集》后编鸠巢文集
荻生徂来(1666—1728)《和越君瑞韵》,见《徂来集》卷之六
伊藤东涯(1670—1736)《汉高帝》,见《绍述先生文集》卷二十四
秋山玉山(1702—1763)《四皓》,见《玉山先生诗集》卷之六
西山拙斋(1735—1798)《四皓庙分题同子元雪涛子龄成甫赋余得时字》,见《拙斋西山先生诗抄》卷中
释大典(1719—1801)《四皓赞》,见《北禅诗草》卷之五
薮孤山(1735—1802)《四皓出山图》,见《孤山先生遗稿》卷之六
中井竹山(1730—1804)《四皓赞》,见《奠阴集》自笔本诗集卷之五、活字本卷之一
柴野栗山(1736—1807)《四皓》,见《栗山堂诗集》卷四
尾藤二洲(1745—1813)《高桥龙乡席上观四皓图作用名字》,见《静寄轩集》卷之一
亀田鹏斋(1752—1826)《四皓》,见《鹏斋先生诗抄》卷之二

菅茶山(1748—1827)《题留侯鬻剑图》,见《黄叶夕阳村舍诗》黄叶诗后编

赖山阳(1780—1832)《四皓图》,见《山阳遗稿》诗、《赖山阳全书·诗集》卷十九

馆柳湾(1762—1844)《吟啸菴四老会》,见《柳湾渔唱》三集

大窪诗仏(1767—1837)题画类有《商山四皓博弈图》,见《清新诗题》续卷下

条崎小竹(1781—1851)《群鹤图》,见《小竹斋诗抄》卷之二

広濑淡窓(1782—1856)《读先哲丛谈七首其一》,见《远思楼诗抄》

梁川星岩(1789—1858)《有感》,见《星岩集》甲集

《四皓围棋图》,见《星岩集》丙集

斋藤正谦(1797—1865)《灵芝》,见《铁研斋诗存》屏风

大槻磐溪(1801—1878)《张良》,见《宁静阁》第四集,一名《咏史十二首之张良》,见《爱古堂漫稿》

土井聱牙(1817—1880)《正月私塾会课探题得撰格五》,见《聱牙斋诗稿》卷二

森春涛(1819—1889)《仙弈林》,见《春涛诗抄》卷六

森春涛(1819—1889)《春山仙奕图杉山千和寿言》,见《春涛诗抄》卷十五

冈本黄石(1811—1898)《贺谷如意赖支峰神山凤阳江马天江四翁合祝荣寿二首》,见《黄石斋集》第六集

冈本黄石(1811—1898)《四月十五日入京都十七日赴东山四老讌会时谷雨前二日》,见《黄石斋集》第六集

大沼枕山(1818—1891)《四皓像》,见《枕山诗抄》卷之上

大沼枕山(1818—1891)《避暑绝句》,见《枕山诗抄》卷之下

副岛种臣(1828—1905)《遣兴四首》,见《副岛沧海(沧海诗选)》卷二

副岛种臣(1828—1905)《空山》,见《副岛沧海(沧海诗选)》卷三

田边莲舟(1831—1915)《四皓图》,见《莲舟遗稿》漫书数首
田边莲舟(1831—1915)《商山采芝图》,见《莲舟遗稿》漫书数首
国分青崖(1857—1944)《满中原》,见《青崖诗存》卷六
国分青崖(1857—1944)《读史有感其四》,见《青崖诗存》卷十九
佚名《四皓博弈图》,见《秋田文苑(增补)·旭峰诗抄初编》卷二
佚名《张良》,见《秋田文苑(增补)·旭峰诗抄初编》卷二
熊阪磐谷(不详)《嘲高生十首并序其八》,见《南游稇载录戊亥游囊》(享和元年刊)

值得注意的是,四皓入汉诗,有近五分之二者,言四皓之隐居生活;而以四皓为题者,有半数为题画诗。

1. 高隐四皓

四皓进入日本文化,首先是以“贤”与“隐”的形象被接受的,近二十首的“高隐四皓”诗即是对此最好的论证。细观写四皓隐居之原因者,有“山中四皓恐轻士,鲁国两生岂鄙儒。”(伊藤东涯《汉高帝》)言四皓因恐惧汉高帝轻士善骂,隐居拒不出山。“嬴颠项蹶战争时,好入商山饱紫芝。庙食千秋遗躅在,曾安刘氏閫扶危。”(西山拙斋《四皓庙分题同子元雪涛子龄成甫赋余得时字》)赞四皓避秦乱入商山隐居,而又出山扶危安汉。“空山寂历四无边,两两相看皓首连。既为汉家成羽翼,却来依旧紫芝前。”(释大典《四皓赞》)则赞四皓功成身退,复隐山林。“商山老,商山老,隐者之宗丘壑英。已避秦氏坑儒乱,宁慕汉家养老荣。今日把酒与君对,幽趣相得意自清。善哉吴郡王氏子,千载为君洗冤名。”(尾藤二洲《高桥龙乡席上观四皓图作用名字》)更言四皓是隐者之宗,并否定其贪慕汉朝“明养老”的政策,“为君洗冤名”。“橘中二叟已收手,商颜四老皆推枰。”(森春涛《春山仙奕图杉山千和寿言》)“作意安刘是一时,丈夫出处本无期。只怜四老宵宵梦,齐向青山采紫芝。”(大沼枕山《四皓像》)认为四皓出山辅翼太子只是一时之事,而采芝青山才是梦寐以求之念想,更将自己纳

入四皓之中,“幽人避暑比狼秦,来对商山四皓民。”(大沼枕山《避暑绝句》)“龙庭积雪终难鬶,须学商山四皓歌。”(熊阪磐谷《嘲高生十首并序其八》)

而描写四皓隐居生活情景者,则有人见竹洞《橘中商山诗序》云:“对棋之乐者何?橘中不减商山。采芝之歌者何?商山亦不减橘中。想夫四皓逍遥其间,而乐之者何其忘矣。何忘乎?嬴秦之亡,刘汉之兴,皆忘之。非秦非汉,非棋非芝,别有商山之在橘中者何乎?称橘隐颗之方寸者,心之清乎?商山在于此者,士不忌山林乎,又有流州玉尘数斛者何?学士之堦庭,玉树之色,主人有文章玉轴之声云尔。”其诗云:“包贡何求淮与湘,商颜曾向橘中藏。满林颗颗绿将熟,四老白头先饱霜。”将橘中叟与四皓弈棋结合起来,言四皓隐居,采芝而歌,更云“四皓老人歌旦采,三闾大夫纫尚长。”(人见竹洞《芝兰香歌呈統耕先生伏乞雌黄》)“争功擎柱未央宫,辟世围棋商岭中。谩道汉家太子贵,那知松下有清风。”(秋山玉山《四皓》)亦赞四皓避世隐居弈棋、清风高节之乐。“雪顶霜髯唱紫芝,山中日月一枰棋。留侯计荣无多子,只把闻人赠戚姬。”(梁川星岩《四皓围棋图》)则将四皓隐居与“张良计”结合起来,认为四皓归隐后,张良再无计助汉廷,无法避免戚姬之惨祸。

白居易的古体讽喻诗,曾影响了一批日本诗人,激发出一批讽刺诗,多属托物寓讽、委婉含蓄之作。具体至四皓诗,“风霜湘水姿,四皓隐何奇。”(释元政《散步至隐者寓居题盆中橘》)则认为四皓之隐并无稀奇。“商崖有四皓,逃世对幽棋。”“黄绮遗林下,置棋局日长。”“不比商崖老,出山竟忘归。”(森春涛《仙弈林》)甚至认为四皓出山之后竟忘记返隐山林。而隐居生活亦非只有欢乐,“更恨不为天下瑞,徒教隐士疗饥来。”(室鸠巢《奉和白石先生九日韵》)则发隐居山林、志不得舒的苦闷。“太公渭水托垂丝,四皓商崖歌采芝。不信今逢尧舜世,匹夫身系国安危。”(国分青崖《又为十绝句》)言四皓隐居山林作歌采芝、远离世俗之生活，实则于近代战争年代发“身系国安危”之慨叹。“采芝何必望神仙，四皓功名千岁寿。”（斋藤正谦《灵芝》）甚至将四皓拔高与神仙等同，功名与寿仙之形象，更是出于诗人对四皓之仰慕，而自觉、主动以之为模本来学习的对象，这些都客观反映了四皓文化对士林，乃至整个日本社会风俗的影响之大。

2. 题画诗

作为将四皓文化具象化的艺术表现方式，“四皓图”“四皓弈棋”等是古代日本习见之绘画主题（后文详述），与之密切相关的题咏作品也屡见不鲜。据上文所列《日本汉诗》中的诗作，有关四皓的题画诗即有木下顺庵《四皓围棋图》、薮孤山《四皓出山图》、菅茶山《题留侯鬻剑图》、赖山阳《四皓图》、大窪诗仏《商山四皓博弈图》、条崎小竹《群鹤图》、梁川星岩《四皓围棋图》、森春涛《春山仙奕图杉山千和寿言》、大沼枕山《四皓像》、田边莲舟《四皓图》及《商山采芝图》、佚名《四皓博弈图》等，所咏主题最多者即为“四皓弈棋”。

博弈是东方文化生活的重要组成部分。棋与琴、书、画并称中国四大传统艺术形式，不同于一般的消遣游戏，弈棋影响与陶冶着人们的道德观念、行为准则、审美趣味及思维方式等。杜甫《秋兴》诗之四云：“闻道长安似弈棋，百年世事不胜悲。”“弈”中之恬淡、豁达、风雅、机智，和军事、哲学、艺术共聚一堂，是中华民族智慧和意志的结晶，是中华民族优秀的传统文化遗产。棋道也是日本民族土生土长的民族文化之一，而四皓文化与围棋结缘，进入日本主流文化载体，体现在中日两国的优秀文学艺术作品中，则表明古代汉字文化圈中的国家、民族，有着共同的文化心理与文化认同感。中国古代的四皓文化在外域广泛流播，对日本乃至东亚文化圈的传播与影响，一定程度上对认识中国文化的历史地位，有着重要的历史和现实意义。

四、四皓文化在日本的艺术接受

1. 绘画作品中的四皓题材

早在石器时代，中国的先民就在陶器上绘制图案花纹。汉代首先发展了人物画，唐代长安汇集了全国大批优秀书画家，中国画传播到日本、朝鲜等国。《日本现存中国名画目录》共收唐宋至明清中国画家 570 名，现存日本的中国名画 2000 多件。日本浮世绘画家中林不析曾说，中国绘画是日本绘画的母体。历史上以四皓在商山隐居生活为题材的绘画作品为数不少，日本古代人喜欢用商山四皓的典故，日本汉文传统内有一定的材料说到这种故事，作为将四皓文化具象化的艺术表现方式，"四皓图""四皓弈棋"等皆为古代日本习见之绘画主题。

今见最早的有关商山四皓的画作，是东汉彩箧绘《南山四皓》，绘于日本人于朝鲜汉墓中发掘的一竹篾筐子，图画上有四位高士，旁有隶书南山四皓的款识，箧盖纵九厘米，横三九厘米（见附录一图 1）。今藏于朝鲜平壤博物馆。

东京国立博物馆藏，日本 14 世纪（南北朝时代）的《商山四皓文王吕尚图屏风》。此作原为法隆寺舍利殿（syariden）内部围绕须弥坛（shumidan）而放置在西、北、东墙面的壁画，也被称为舍利殿屏风（syaridenbyoubu）。贞治 3 年（1364 年）重造舍利殿的佛龛（zusi），此时舍利殿内部也进行着改装，据推测本图的制造年代也大约为同一时期。江户时代这些壁画被从墙上分离下来，改制成屏风，改制过程中出现了原画被大幅剪短或者错简（sakkan）的情况。此作为鉴戒画（kankaiga，即以劝诫为目的的绘画作品）的一种，绘有对名君效忠的贤士，故事情节分作六部分，自左向右展开。图上有诸多后人的补笔，作为南北朝时代为数不多的壁画留存作品非常珍贵。其中第一幅左半幅被命名为《商山四皓抵汉宫图》，收入东京美术学校编《南都十大寺大镜》①，右半幅命名为《商山四皓绘屏风三只各所分写/一》，②第三幅右半幅被命名为《商山四皓绘屏风三只各所分写/五》，收入《法隆寺宝物集》③，存奈良帝室博物馆。

镰仓时代前期僧人荣西（1141—1215）是日本茶道的鼻祖，为入宋求法，其于仁安三年（1168）四月乘商船由博多出发抵达明州（今浙江宁波）。他从杭州带回茶种，日本才有茶道。有关他的后辈模仿中国艺术，建仁寺所收藏的文物中，有一些采用商山的故事，而喝茶之风习在镰仓时代的日本禅宗僧人中兴盛起来，并逐渐流行至驻扎京城的有势力的武士中间。《太平记》中便有武士聚集于布置奢华的房间内举行茶聚会的记载。《喝茶往来》详尽地描述了茶聚会时房间内的陈设，可见室内到处挂着商山四皓、竹林七贤、龙虎、鹭鸳的图画。从中国返回日本的民间贸易船记录《蔗轩日录》1486 年 3 月 14 日条记录："……宁波府南门金湜家有日本等扬所画《三笑图》《商山四皓图》，壁之左右挂之。"④

安土桃山时代到江户时代初期（16 世纪末到 17 世纪上半叶），受到武家统治者欣赏的许多画家，创作了很多流传至今的源氏物语屏风和绘卷。同一时期以中国历史和神话为题材的作品也很多，"商山四皓"即是其中重要的组成部分。桃山时期曾我派第一代画家曾我直庵创作《商山四皓、虎溪三笑图》屏风，曾我萧白作《商山四皓图屏风》。⑤ 至江户时期，画家尤其狩野派用此典故来进行创作，如狩野尚

① 东京美术学校编. 南都十大寺大镜：第 10 辑[M]. 东京：大冢巧芸社：1934.

② 法隆寺竇物集：第 30 辑[M]. 奈良帝室博物馆：1922.

③ 法隆寺竇物集：第 31 辑[M]. 奈良帝室博物馆：1922.

④ 季弘大叔《蔗轩日録》有载。见大西广. 雪舟史料を読む[J]. 月刊百科，2005(07).

⑤ 见桥本治日本美术史芸术新潮，2001(02).

信作《商山四皓·竹林七贤图》,[①]还有江户初期长谷川派等创作了《商山四皓》(1601 年)等,海北派创始者海北友松所作《商山四皓图》(附录二图 10),为纸本着色屏风,竖五尺八寸八分,横一丈二尺,是今见最大幅的四皓题材画作。[②]

明治初期的画家桥本雅邦,将狩野派的传统和西洋画的透视技巧融为一体,为明治时期日本画的创新作出贡献。桥本有多幅以四皓为题的作品,有《商山四皓图(双幅)》(附录二图 11)竖四尺,横一尺六寸,由黑须博吉君、原富太郎君等藏,[③]《商山四皓图》(附录二图 13),为纸本水墨,竖四尺,横一尺四寸,由横滨原富太郎君、东京一郎君等藏,[④]《四皓行棋图》(附录二图 12),桥本秀邦君藏。[⑤] 此外,今还可见的四皓图画作品有,《文昭院殿御宝纪》载"御台所に法眼元信笔四皓七贤の画屏风を捧ぐ"[⑥]天授庵存《商山四皓·禅宗祖师图》,真珠庵《商山四皓·蚬子猪头図》[⑦]等。

四皓图画以尊老重贤为主线,体现贤德与隐逸思想、孝道观念,"商山四皓"作为高隐和道德文化的象征,由于政治功业参与其中,成为文人士大夫政治理想的寄托,这些以四皓闲居文事为描绘对象的作品,成了历代文人雅士借以寄托自身的精神抱负的象征和隐喻。日本文化同中国文化本质上同源同质,日本收藏中国画之富,及中国画在日本之势力,与日本人心神之契合,都显示出四皓文化强大的传播影响力。

---

① 商山四皓·竹林七贤图[J]. 日本美术工芸社编,1987:12—14.

② 海北友松笔、村山旬吾编. 和汉名画选第四十七图[M]. 国华社:1917.

③ 桥本雅邦. 共寿余録[M]. 画报社:1903;雅邦大観:第 10 辑[M]. 画报社:1914.

④ 桥本雅邦. 雅邦大観:第 4 辑,[M]. 画报社:1914;雅邦遗墨集[M]. 南阳堂本店:1921.

⑤ 桥本雅邦. 雅邦大観:第 10 辑[M]. 画报社:1914.

⑥ 黑板胜美校订. 国史大系続[M]. 东京:经济杂志社,1902—1905;田岛志一编. 四皓七贤人図二枚(图 7). 元信画集:1[M]. 审美书院:1903.

⑦ 土居次义. [M]. 国华,1967(04).

2. 建筑与器物中的四皓元素

日光东照宫是日本关东地方北部、栃木県日光市に所在する神社，建于元和3年(1617)，是供奉江戸幕府初代将军德川家康神格化后的神明“东照大权现”之神社。后因三代将军家光，重现今所见绚烂豪华之姿，1999年12月被登录为世界遗产。日光东照宫采“权现造”与“八幡造”式建筑样式，以大量的石材作为地基，再配合木制结构，分前后二进殿。其中有从中国运来的木材，请中国匠人雕刻了“唐门”，雕刻中国典故，如“许由洗耳”“竹林七贤”等，阳明门也有很多此类雕刻，初层组西面(南から)即有商山四皓(しょうざんしこう、4人)、虎渓三笑(3人)、西王母と东方朔(5人)及三圣吸酸(3人)，四皓之形象逼真、形象、绚丽，与其他中国古代文化典故中的人、物、神形象一起，展示于全球文化的视野中，足见四皓文化对日本文化的影响力，在日本民族文化中的重要地位。

日本现存有一个从中国传入的“八臣瓢”，乃范制之葫芦器。此器原藏日本法隆寺，明治间奉献宫中成为御物。其形似双耳盖罐，图像有三组人物，分别是孔子、荣启期问答图，苏秦、张仪向鬼谷先生求都图，以及四皓盘游图，共九人。显真《古今目录抄》云：“人形虽有九人，其中荣启期非臣家，故云八臣。”[①]此器传入日本的时间、创制年代及作者等信息皆无考。器身花纹似中晚唐铜镜的纹饰，又画风、画意近似南朝砖墓竹林七贤图及唐孙位高逸图，疑为唐诏代故物，但囿于无文献资料佐证，此说亦难成立。

商承祚《长沙古物闻见记》有《楚匏》曰：“二十六年，季襄得匏一，出楚墓，通高二十八公分，下器高约十公分，截用葫芦之下半，前有斜曲孔六，吹管径约二公分，亦为匏质。口与匏衔接处，以丝麻缠绕而后漆之。六孔当日必有璜管，非出土散佚则腐烂。吹管亦匏质，当纳

① 关野贞.支那工艺图鉴：第四辑图版九十九解说引文引[M].日本印本.

幼葫芦于竹管中，长成取用。”[①]匏不易保存，此物出土后已化作飞尘。“范匏技法唐时即已娴熟”，国内却无实物遗存，韩鄂《四时纂要》转录《山居要录》中的“种大葫芦”条时，删去了模制葫芦的内容，有关模制葫芦的内容几乎不为人所知，宋、元诸朝亦无记载者，至明谢肇淛在其所着《五杂俎》记载：“余于市场戏剧中见葫芦多有方者，又有突起成字为一首诗者。盖生时板夹使然，不足异也。”夹板葫芦算是模制葫芦的雏形，到清代康乾时期达到“黄金时代”，乾隆《咏壶卢器》一诗序言：“壶卢器者，出于康熙年间。圣祖命奉宸取架匏而规模之，及熟遂成器焉，碗、盂、盆、盒，惟所命。盖其朴可尚，而巧非人力之能为也。”又于《咏葫芦瓶》中注释：“匏蒂初生，函以木范，迨落实时，各肖形成器。此制创自康熙年间。”[②]四皓作为中国古典文化的“代言人”，荣登“八臣”之列，此匏又被日本皇家所珍视，足见日本四皓形象及其文化内核的认知度及认可度之高，四皓已逐渐剥离其史事形象，成为“贤隐之长者”的文化符号，为域外文化所接受，产生更为广泛和深远的影响。

此外，在史传、文论、诗歌、绘画、雕刻等历史、文学、艺术门类之外，日本古典文献中，还有一种讲故事的表达手法，其中《通俗绘入汉楚军谈》录有《四皓羽翼太子》《张良从四皓归山》两篇长篇故事讲述四皓羽翼太子之史事，并配有插图。另有《寻商山四皓连事》流传于世。[③] 连事是一种把事情的原由用词语或歌词连接起来的艺术。虽然其形式极其原始，但具有演剧的结构。连事内容大多取材于日本和中国的故事，主要是在舞台上唱有趣的吟诵风格的歌谣或词句，其中也含有与后述曲目“风流”相似的东西。现存的连事手写本有三十

---

① 商承祚. 长沙古物闻见记续记[M]. 北京：中华书局，1996.

② 王世襄. 说葫芦[M]. 北京：中华书局，1993.

③ 高野辰之. 面と狂言[M]. 东京：东京堂，1942.

余种,“寻商山四皓连事”即其中之一。以上数种关于四皓的日文典籍,虽有中国本土四皓文化的影响,但已经完全内化为日本文化的一部分,这也反映了四皓文化在异域流播过程中最重要的历史与现实意义。

第二节　商山四皓在古代韩国

本节系统梳理韩国古代文献中有关商山四皓的资料,解读史论中涵盖商山四皓真伪之讨论,四皓辅翼太子之评判及商山四皓新形象之形成;以四皓辅翼太子之本事、隐居远世之高逸、食芝长寿之形象等为题材形成数量可观的诗赋作品;诗赋中的题画诗也表现出四皓文化在艺术领域的影响,题画诗又以奕棋为突出表现主题,折射出韩国古代的社会风气与士阶层的审美趋向。商山四皓在韩国古代文献中的数量、深度及影响,不亚于其在中国本土的流播;对四皓的关注与评论,也表明汉字文化圈中的国家与民族强烈的文化认同感,对辅证中国文化的历史地位具有重要的史料价值与强烈的现实意义。

一、史论商山四皓真伪与辅翼太子事

1. 商山四皓真伪之讨论

四皓传至古代韩国,首先引起讨论者,即有关四皓真伪的话题,以 16 世纪中期约同时出现的四篇《四皓有无辨》最具代表性。柳景深(1516—1571)《四皓有无辨》以义理推断与史传实证为据,认为无四皓其人,论曰:

> ……昔高皇帝欲易太子,吕后用留侯计招延四皓,以成羽翼之功而卒安天下。人皆谓四皓之兼善,而臣独以为不过留侯技

术而已也。嗟乎！四皓远秦之害，高卧商山，超然有避世之志，则必不肯来辱于谩骂之朝。而翻然而起，颠倒来仪，则果可谓遗世而独立者乎……（张良）独计以为与其明争显谏于昭昭之际，不若阴消默夺于冥冥之中，故阴试其自神之术，假托其高世之名，异其衣冠，宏其状貌，起高帝之心，耸一时之听，则留侯之谋隐然已行于处置之中矣。不然则高帝之惑固不可解，而惠帝之为惠帝亦不可知也。然则彼所谓四皓者，其真有避世之士而请而来之耶？抑或无四皓之名而假而称之耶？有避世之志，则必不赴太子之招；有兼善之志，则终惠帝之世未见有一事之调护，则果可谓有其真乎？不可谓有其真，则果不可谓假而名之耶？若以四皓为避秦而还汉，则鲁连之蹈海，东门之种菰，桃源之避乱，并皆记传于当世之史。而彼所谓夏黄、角里之辈，秦史不书，汉史无传，则不唯前对于汉高者非真商山之老，而彼所谓东园、绮里之称，亦必自留侯始矣……①

柳景深认为张良所请入汉廷的四位老者，并非真正的四皓，甚至连四皓也是张良虚构出来的人物。黄俊良（1517—1563）《四皓有无辨》载曰："四人者，不可谓必无。而其曰'迎致'，则恐不可为必有也。名为羽翼者，实留侯之谋也"。"子房虽有儒者气像，而不知圣人大学之道。故立心虽近于正，而其举措之际，多自智术中来也。如附耳韩信之封，议者谓待臣之不诚；背约鸿沟之分，先儒谓不义之甚。此皆过于用智，出于阴谲。迎致四老，亦其一也。"②认为四皓不一定不存在，但"迎致"之举不一定有，且所谓的四皓羽翼太子刘盈一事，实际

① 柳景深. 龟村先生文集：卷之二[M]. 韩国景仁出版社汇编. 韩国历代文集丛书. 首尔：景仁文化社，1999.

② 黄俊良. 锦溪先生文集：卷之四[M]. 韩国景仁出版社汇编. 韩国历代文集丛书. 首尔：景仁文化社，1999.

上是张良的计谋。卢禛(1518—1578)《四皓有无辨》也认为“当时固无有四人之来，而此特良之谋也”①。

以上数位都认为四皓未必真有其人，即使有也不会参与此事，也不会有如此高待遇，而辅翼太子是张良的计谋，此概当时朝鲜士大夫中主流观点。

朴承任(1517—1586)《四皓有无辨》则持相反观点，其论曰：

……谨按汉史传，高祖欲易太子，张良招四人者从太子，因置酒入见，太子得不废。世或疑之，臣窃以谓无可疑者。夫君子出处，视世道污隆，而以天下治乱、生民休戚为之忧乐焉。当初四人之避世而高蹈者，以秦室之乱也。虽乱邦难居而为此不得已之举，其为天下无辜之民，所以为己忧者，容有既耶。然而秦政之虐虽曰极矣，苟继之者善而改纪其非道，则邦之乱民之戚，亦岂至于终不可救哉？扶苏之长且贤而见弃，胡亥之幼且愚而得嗣，在当时虽愚夫愚妇，亦必扼腕而不自禁，矧乎四人之贤者哉？鲍车之臭未散，望夷之鹿已变，卒至极乱大戚、鱼烂河决而后已，其耳目所及，忧愤所发，必不以一时林薮之遁迹而有所少缓。直至鹿死刘手，帝业告成，而后方能畅采芝之乐而歌治世之休，则又其厌既往之乱、思善继于方来者，其为忧益加切矣。一朝赴陇之鹤书不暇他求，而独以国本将摇为辞，此固秦室之所以亡而丧乱之所以极，愚夫愚妇之所尝扼腕于昨日者也。热羹才惩，覆辙在眼，四人之忧，其有大于此者乎？方以为乐者，又将转以为大忧。而庙堂筹策，既已罄竭，唯待吾手之一掷，则虽事之成败、言计之行不行所不可必，而决知其此非吾四人者洗耳踰垣

① 卢禛. 玉溪先生续集：卷之三[M]. 韩国景仁出版社汇编. 韩国历代文集丛书. 首尔：景仁文化社，1999.

之日也。故臣之意，以为四人而果君子耶，固以治乱休戚为之忧乐。其忧乐既在于治乱休戚，则四人之出，不于此时，而又何待耶……嫡庶争嗣，主器将移，危乱之形已萌，彼其逃难而辞世者疑若不肯斯时焉出，而四人者竟出焉。呜呼！此其所以为四人者也。四人者，果以一己之安危为忧乐而不以天下生民为忧乐者乎？徒计一己之安慰而任他汉室旋复为秦，则四人者岂所以为四人者哉？谋帷口舌之争已极，虽以颈血溅地之危言，犹未能撼诚中之一念，则彼其徒以燕见衣冠之甚伟、前对泛然之片言，疑若不足以动其溺爱之嬖蛊。而太子之位，终以是而定焉。是则先儒程氏纳约自牖之说，已尽之矣。而司马公植党拒父之过言，胡氏亦已备论其不然。则臣之所谓无可疑者，岂不灼灼然哉！不然，以张良之智，岂不知高帝之不可欺而敢为假饰，以求斯须之侥幸？以高帝之明，岂不识假饰之非真而遽以为真四人者出焉，以轻改偏私之滞固乎？此张良之必不敢为而高帝之必不肯受者也。尚何人遂有'安刘是灭刘'之论。然则四人虽曰真，四人者而能羽翼太子于一时，亦何足称乎？为此论者，其果真知赵王之必能善继而戚夫人之必为贤母乎？先儒有云：人臣之义，当以王陵为正。臣亦云：君子之道，当以四皓为法。①

朴氏认为四皓辅翼太子之事可信，是“以治乱休戚为之忧乐”与“君子之道”的追求与实践，并批判司马光《资治考异》中“植党拒父”的观点失之公允，张良“假饰”之说也经不起推敲。还认为当以“人臣之义，当以王陵”为正，窥见封建专制王朝夺嫡者未必善继为贤之无法克服的弊端。

---

① 朴承任. 啸皋先生文集：卷之三[M]. 韩国景仁出版社汇编. 韩国历代文集丛书. 首尔：景仁文化社，1999.

2. 四皓辅翼太子之评判

与四皓真伪讨论密切联系的是关于四皓辅翼太子本事的评论。古代韩国文献可证，关于四皓辅翼太子之史事的评论，多出于事情结果上功与过的权衡，可大致分为三派：

其一，四皓发挥重要作用，但罪责也大。具思孟（1531—1604）《四皓羽翼太子论》认为四皓虽安刘盈太子之位有功，却客观引起更大的政治危机。他们既不是“先虑其终”而“定天下之大事者”，也不是“必出于正”而“谨一身之大节者”①。李退溪（1501—1570）《批具思孟四皓羽翼太子论》认为“吕雉故汉室之贼，当时大恶未着，高祖安得逆探其未至之祸而遽废嫡立庶而可乎？既立如意，将何以处吕雉乎？存之则无两全之理，或废或杀则非其罪，此高帝之所以欲易而终不易，非独四皓之力能回其意也。但此是良、平诸公之忧耳，非紫芝翁轩眉耸袂之秋也。而轻此一着，卒招杜牧之讥，是可惜也。篇中讥四皓则是，遂谓高帝欲易太子为得计，则似未安。”《答南山甫》中表述更为清晰：“惟四皓但知溲溺之辱为可避，不知虐后横戚之请为可耻，轻出为客，随入侍宴，至于高帝怪问而后乃知其为四皓焉。虽则有定国本之功，其为枉寻直尺，亦已甚矣。况初既染迹如此，后若产、禄之计得成，而四人不死，则杜牧所谓‘四皓安刘是灭刘’者，安所逃其鈇钺哉?”肯定四皓“定国本之功”②，也批评四皓不该轻易出山，集中在太子地位得保之后，吕雉乱政之后果上。

其二，四皓羽翼太子，当居功至伟。黄玹（1855—1910）《四皓论》论曰：“夫论人于三代之后，如将人人焉责以君子之出处，则是世无一人之可全。”认为不得“概以出处之正”评判历史人物。“今夫四皓一

① 具思孟. 八谷先生外集：卷之四[M]. 韩国景仁出版社汇编. 韩国历代文集丛书. 首尔：景仁文化社，1999.

② 李退溪. 退溪先生文集：卷之八、卷之十四[M]. 韩国景仁出版社汇编. 韩国历代文集丛书. 首尔：景仁文化社，1999.

出，安太子而定宗社，厥功伟矣。或者以四皓之安太子而有吕氏之乱，有吕后之乱而汉几亡；或者以四皓处士也，不当干人国家事；雌黄轩轾，汔无定案。要之，二者皆非也。”“周昌、叔孙通之强项而争且倦矣，留侯之谋画而无所施矣，于是乎四皓者不疾不徐，张拱趋揖，而能移高帝之心，此汉初第一之奇功，而非战国游说之士所及也。”认为“四皓者，真处士哉！其真救世之士哉！”①

其三，四皓之举有时代必然性，不可求全责备。魏伯珪（1727—1798）《格物说·四皓》认为不该对四皓如此严苛，求全责备。“先儒之论四皓，多未满语。然自战国下及楚汉，举世之富贵功名、风驱波荡者，簸人心而摇人脚，盖无一男子开眼出头于尘埃洞者矣。独四人者同志相得，高歌放怀，俯视人间，不啻若蜗角，何其高哉！及天下大定，略伸山眉，又闻太子动摇，乱兆将成，则不害一出爬着老人闲痒，遂使黄帝一见，知悔溲冠之谬；储皇复安，永奠磐石之宗。人狗马盟，渺乎其下风。若使迟留鹤禁，翩宾凤仪，晚年荣福，岂不胜于采芝疗饥哉？不竢终日，复归云山，空使世人望商颜如鹏霄之寥廓，岂非翩翩快男儿哉！论人苟皆格之以稷高伊博，万古岂有全人哉？”②

此外，金春泽（1670—1717）《史论·张良四皓之力》认为“虽无四人者，亦终不易太子”，“苟使帝坚欲易太子，不思百岁后吕后之患、将相大臣之事，则彼白须四老人者，尤何足顾惮？”③认为在太子事中真正发挥作用的当是叔孙通等大臣，否定张良、四皓之功。李瀷（1681—1763）《人事门·四皓》更大胆，连四皓的功绩、品格一并否

① 黄玹．梅泉集：卷之六[M]．韩国景仁出版社汇编．韩国历代文集丛书．首尔：景仁文化社，1999．

② 魏伯珪．存斋集：卷之十四[M]．韩国景仁出版社汇编．韩国历代文集丛书．首尔：景仁文化社，1999．

③ 金春泽．北轩居士集：卷之八[M]．韩国景仁出版社汇编．韩国历代文集丛书．首尔：景仁文化社，1999．

定。其论曰："意者秦末天下云扰，彼此不过敛迹避乱之类，本无高世见识，故厚币可以诱致也。"[①]此观点虽非史论主流，但于研究者却是值得重视的新见。

又有柳希春《拟留侯招四皓书》云："足下之贤不下于太公，汉室之变又急于文武之时，足下何不变巢由自养之志，怀太公济世之心也？足下去就，实时之治乱……伏望佥足下舍采芝之乐，怀济时之志，回白驹于青云，辅汉储于鹤禁，使已晦之前星复明，将摇之根本不摇。"[②]多为仿中国前朝诗人之拟作，以《史记》《汉书》等四皓事迹为题材进行创作，模拟古人口吻，细描张良请四皓出山之情态。此类作品还有张经世（1547—1615）《拟张良招四皓书》[③]。赵瓒韩（1572—1631）《张良请四皓书》[④]等文，这种习作训练，在一定程度上反映出商山四皓在韩国古代文化中占有的分量，士人们对其熟悉程度和评判态度，也表现出四皓文化在异域流传之广泛，影响之深远。

二、韩国古代诗歌中的商山四皓题材

以四皓辅翼太子之政事、隐居山林远世之高逸、食芝长寿之生活及民间传说等，形成了数量可观的文学艺术作品，而诗歌这一文体，在表达四皓文化的作品数量与整体风貌上，都能代表韩国古代对中国商山四皓文化的接受程度。

---

① 李瀷. 星湖僿说：卷之十七[M]. 韩国景仁出版社汇编. 韩国历代文集丛书. 首尔：景仁文化社，1999.

② 柳希春. 眉岩先生集：卷之三[M]. 韩国景仁出版社汇编. 韩国历代文集丛书. 首尔：景仁文化社，1999.

③ 张经世. 沙村张先生集：卷之三[M]. 韩国景仁出版社汇编. 韩国历代文集丛书. 首尔：景仁文化社，1999.

④ 赵瓒韩. 玄洲集：卷之十五[M]. 韩国景仁出版社汇编. 韩国历代文集丛书. 首尔：景仁文化社，1999.

1. 咏史诗

笔者所得文献中，最早与四皓相关的诗歌作品，出现在高丽朝末期。李齐贤（1287—1367）之《四皓归汉》诗云："见说扶苏孝且仁，胡令二世祸生民。逋翁不为卑辞屈，未忍刘家又似秦。"[①]李齐贤是高丽末期重要的文臣、诗人、性理学者、画家，此诗言四皓为防止秦二世乱国再度上演而归汉。

闵思平（1295—1359）《愚谷咏四皓》诗云："正位新临碧镂东，每承三接赞皇风。川朝幻海恩波阔，日浴咸池瑞晕红。既召逋翁扶汉鹄，更求贤博似丁鸿。元良继体非他术，至正无私是妙工。"[②]认为四皓是"至正无私"之贤博。

"丽末三隐"之一的李穑（1328—1396）《牧隐诗稿》有多篇诗作与四皓有关，其中《朝唫》诗有云："尺书可屈汉四皓，绵蕝难招鲁两生。"[③]韩处宁（生卒年不详）《四皓》更标明四皓是"志在唐虞嗟世远，岂向高皇展怀抱"之高士，将四皓之功提升到"微尔汉祚谁能保"[④]的高度。

元天锡（1330—?）《四皓》诗云："四皓入商山，本欲避秦虐。栖身香桂林，散虑翠松壑。亦有忧世新，一为汉储作。人心无古今，天理因可度。有客老烟霞，壮气塞寥廓。空将采芝歌，独咏还独酌。"[⑤]

试想，若四皓为趋利，做了刘盈之上宾后当不复隐；若为保清名，

① 李齐贤. 益斋乱稿：卷第三[M]. 韩国景仁出版社汇编. 韩国历代文集丛书. 首尔：景仁文化社，1999.

② 闵思平. 及菴先生诗集：卷五[M]. 韩国景仁出版社汇编. 韩国历代文集丛书. 首尔：景仁文化社，1999.

③ 李穑. 牧隐诗稿：卷之二十七[M]. 韩国景仁出版社汇编. 韩国历代文集丛书. 首尔：景仁文化社，1999.

④ 韩处宁. 东文选：卷之八[M]. 韩国景仁出版社汇编. 韩国历代文集丛书. 首尔：景仁文化社，1999.

⑤ 元天锡. 耘谷行录：卷之三[M]. 韩国景仁出版社汇编. 韩国历代文集丛书. 首尔：景仁文化社，1999.

当不复出山，何必避刘邦却信一个平庸后生，徒惹非议。张良既能给吕后出招请四皓，必知上意，料定诸事。且当朝的人如何预知身后之事？如此则四皓出山完全是无私地忠心为社稷安危着想，后又选择离开更是真明智，如此才得为后人所歌咏传诵。如金时习（1435—1493）《咏史·四皓翁》诗云："有翁有翁四皓翁，须眉皓白腰龙钟，衣冠奇伟神色醲。昔年商岭避祖龙，采芝高隐深山峰。汉家定业头虽颙，轻士善骂难兼容。汉欲求公公藏踪，何自贲然来游从。调护太子仁孝恭，卒定汉嫡培汉宗。高祖已与赵王留情钟，非可口舌徒相讻。画计出自留侯胸，不尔孝惠何由逢。有翁有翁四皓翁，何时重卧商山松。复谩歌歌疏慵，商山猿鹤应迟尔侪还来蹵。"①

金时习是朝鲜王朝时六生臣之一，定宗时司宪府大司宪，可谓位高权重。该诗全面讲述了四皓从避秦乱到拒高祖，从调护太子到复隐商山的全过程。"调护太子仁孝恭，卒定汉嫡培汉宗。高祖已与赵王留情钟，非可口舌徒相讻。画计出自留侯胸，不尔孝惠何由逢。"这几句可谓淋漓尽致地刻画出四皓之贤，对其评价亦是全面肯定，高度赞扬，且流露出希望他们早日回归山林，过闲云野鹤、谩歌闲适之生活的愿望，具有典型意义。

此类咏史抒怀之作还有很多，兹列举如下：

金时习《赠江陵朴进士》，见《梅月堂诗集》卷之六

洪贵达（1438—1504）《移朝东宫》，见《虚白亭文集》卷之一

金欣（1448—1492）《逢四皓》，见《颜乐堂集》卷之一

南孝温（1454—1492）《长兴偶吟》二十一首其十七，见《秋江先生文集》卷之三

李荇（1478—1534）《四皓》，见《容斋先生集》卷之一

---

① 金时习. 梅月堂诗集：卷之二[M]. 韩国景仁出版社汇编. 韩国历代文集丛书. 首尔：景仁文化社，1999.

金安老(1481—1537)《咏史杂言》二十首之七，见《希乐堂文摘》卷之四

申光汉(1484—1555)《咏史・四皓》，见《企斋别集》卷之一

沈彦光(1487—1540)《拟咏史・四皓》，见《渔村集》卷之十

奇遵(1492—1521)《阅史》，见《德阳遗稿》卷之三

李珥(1536—1584)《咏四皓三首》，见《栗谷先生全书》卷之十四《琐言》

周世鹏(1495—1554)《送四皓还商山》，见《武陵杂稿别集》卷之一

柳希春(1513—1577)《送四皓还商山》，见《眉岩先生集》卷之一

曹好益(1545—1599)《送四皓还山诗》，见《芝山先生文集》卷之一

赵任道(1585—1664)《送赵司评子重还商山》，见《涧松先生续集》卷之一

郭说(1548—1630)《咏史有感》四首其一，见《西浦先生集》卷之四

全湜(1563—1642)《四皓》，见《沙西先生文集》卷之一

申钦(1566—1609)《四皓》，见《象村稿》卷之二十

姜沆(1567—1618)《咏史》，见《睡隐集》卷之一

沈东龟(1594—1660)《商山四皓》，见《晴峰集》卷之一

李晚荣(1606—1672)《四皓》，见《雪海遗稿》卷之二

南龙翼(1628—1692)《咏史・四皓》，见《壶谷集》卷之七

姜锡圭(1628—1695)《咏史・四皓》，见《聱齖斋集》卷之四

赵显期(1634—1685)《四皓》，见《一峰先生诗集》卷之一

李万白(1656—1716)《四皓歌》，见《自濡轩先生文集》卷之一

沈錥(1685—1753)《商山》，见《樗村先生遗稿》卷之二十

黄景源(1709—1787)《望华表山》，见《江汉集》卷之二

金熤《次李商隐咏古五诗韵·四皓》，见《竹下集》卷之二

赵秀三（1762—1849）《园居九十咏·四皓》，见《秋斋集》卷之四

赵秀三（1762—1849）《论商山四皓笑堕留侯术中》，见《秋斋集》卷之七

李裕元（1814—1888）《咏史·四皓》，见《嘉梧槁略》册三

上述诗歌中，金时习《咏史·四皓翁》等在全面肯定、高度赞扬四皓的同时，表达出寿老、闲逸的思想，而这正是韩国古代诗歌中四皓主题作品的另一重要主题。除上文所载篇目，李穑诗作中言四皓高隐者，便有“欲向商山参四皓，紫芝深处露凄迷”《遣兴》（卷之七），“四皓高歌芝岭上，七贤沈醉竹林中”，《读史三首》（卷之八）“当时四皓紫芝曲，千载足配熏风琴”，《山高歌》卷之八“且问无心如可学，商山四皓岂难求”，《望三角山上云》卷之十九“寻无路接玄圃四皓，衣沾紫芝露”，《吊苍苔》卷之二十三“钓得神龙由有欲，且看四皓拂衣归”，《衿州吟》卷之三十五等。权近（1352—1409）《四皓用裴同年韵》诗云：“采芝遗老隐商山，鹤发牖鬠映两颜。唐虞世远更谁适，百日高歌天地闲。”还有尹铉（1514—1578）《雪霁寒松》见《菊涧集》卷下等。

2. 题画诗

值得注意的是，诗赋中有很重要的一部分为题画诗，题咏“四皓图”、“四皓弈棋”等画的诗歌作品有：

元天锡（1330—?）《题四皓图》，见《耘谷行录》卷之二

权遇徐（1363—1419）《四皓图》，见《梅轩先生集》卷之五

居正（1420—1488）《题永川卿画·四皓围棋》，见《四佳集》卷之四十六

姜希孟（1424—1483）《题任侯士洪屏风·商山四皓》，见《私淑斋集》卷之四

丁寿岗（1454—1527）《商山四皓图》，见《月轩集》卷之三

李滉（1501—1570）《郑子中求题屏画·商山四皓》，见《退溪先生

文集》卷之三

高敬命(1533—1592)《题四皓围棋图》,见《霁峰集》卷之一

沈攸(1620—1688)《题四皓图》,见《梧滩集》卷之十一

李瑞雨(1633—1709)《画幅杂咏·四皓围棋》,见《松坡集》卷之七

崔锡鼎(1646—1712)《敬次御制题商山四皓图》,见《明谷集》卷之六

洪世泰(1653—1725)《题四皓围棋图》,见《柳下集》卷之三

黄玹(1855—1910)《四皓围棋图》,见《梅泉集》卷一

“四皓图”“四皓弈棋”等是古代韩国习见的绘画主题,与之密切相关的题咏作品也屡见不鲜。作为将四皓文化具象化的艺术表现方式,这部分题画作品,表现出四皓文化在艺术领域的传播与接受情况。

四皓入题画诗以弈棋为突出表现主题,源于博弈是东方文化生活的重要组成部分,棋与琴、书、画并称中国四大传统艺术形式,不同于一般的消遣游戏,弈棋影响与陶冶着人们的道德观念、行为准则、审美趣味及思维方式等。弈棋主题入诗,折射出韩国古代的社会风气与士阶层的审美趋向。而四皓文化与围棋结缘,进入古代韩国主流文化载体,体现在中韩两国的优秀文学艺术作品中,则表明古代汉字文化圈中的国家、民族,有着共同的文化心理与文化认同感。

三、四皓文化在绘画、建筑中的表现

韩国古代的绘画艺术中,商山四皓作为习见题材为历代所推重,作品也屡见不鲜。绘画、建筑等将商山四皓文化具象化,并产生以四皓绘画、四皓庙、四皓墓等为题材的诸多诗赋。早在两汉时期,有关

四皓的绘画图本就已传遍祖国南北大地。今可见最早有关商山四皓的绘画作品，为汉代彩箧绘《商山四皓》(题《南山四皓》见林树中主编《海外藏中国历代名画》第一卷)，该画绘于日本人于朝鲜汉墓中发掘的一竹箧筐子之上，筐子出土于汉代乐浪郡，图画上有四位高士，旁边有隶书"南山四皓"的款识，箧盖纵9厘米，横39厘米，今藏于朝鲜平壤博物馆。

据上文所列四皓题画诗作可知，约十四世纪即有《四皓图》，此后十五世纪有永川卿画《四皓围棋》，任侯士洪屏风《商山四皓》，十六世纪有郑子中求题屏画《商山四皓》等。近代还有将四皓围棋之意象用国画形式载入画报者，如《韩国画报》。

另据奇遵(1492—1521)《四皓庙》诗，见《德阳遗稿》卷之二可知，四皓庙最晚修建于1521年，此后赵昱(1498—1557)有《次溢之四皓庙韵・二首》(见《龙门先生集》卷之三)，宋翼弼(1534—1599)《览李谪仙过四皓庙诗有感》(见《龟峰先生集》卷之二)，金熤(1723—1790)《次李商隐咏古五诗韵・四皓庙》(见《竹下集》卷之二)，宋翼弼《览李谪仙四皓墓诗有感》(见《龟峰先生集》卷之一)可证同时也修建有四皓墓。除四皓庙、四皓墓等之外，还有采芝洞，见郑重器(1685—1757)《梧麓书堂杂咏・采芝洞》①。

商山四皓在韩国古代历史上的影响，丝毫不亚于其在中国本土的流播。数量可观的文学艺术作品，在表达四皓文化的作品数量与整体风貌上，代表韩国古代对中国商山四皓文化的接受水平。而韩国古代士子文人将商山四皓的形象，定义在心怀天下之治世能臣、张良计之关键人物的范围内，所论多围绕其辅佐太子、稳固汉廷的事功展开，并涉及吕后乱政等，对四皓的评价持并非全然肯定的态度，这

① 郑重器. 梅山先生文集：卷之二[M]. 韩国景仁出版社汇编. 韩国历代文集丛书. 首尔：景仁文化社，1999.

也正反映出四皓文化突破国门，走向世界的发展过程中，其形象重新被定义与接受，在传播中生发出更为理性、客观的价值意义。

第三节　四皓文化异域传播简评

四皓通过中国史籍与文学艺术作品，进入更广阔的文化视野，史料的完善借鉴与吸收，唐代以后与中国本土的文化交流的广泛、深入，元白诗在日本、韩国等地的盛行，都使得四皓为域外更多人所熟知，便展现出成熟、完备、细致的形象特征与文化气质。通过整理与分析所得日本与韩国古代有关商山四皓的史料，可以到如下一些认识：

首先，四皓文化在域外产生了一定的影响，并进行了文化的历时传播。相关文献资料涵盖史志、文论、诗歌、话本、绘画、建筑等多领域，涉猎四皓文化精神内核的高隐、贤德、仙寿等诸层面，且皆有相当数量和类型化的认知体系形成，数量可观的文学艺术作品，无论是数量还是整体风貌上，都代表日本、韩国古代对中国商山四皓文化的接受水平。日本、韩国古代士子文人多将商山四皓的形象，定义在心怀天下之治世能臣、张良计之关键人物的范围内，所论多围绕其辅佐太子、稳固汉廷的事功展开，并涉及吕后乱政等，对四皓的评价持并非全然肯定的态度，这也正反映出四皓文化突破国门，走向世界的发展过程中，其形象重新被定义与接受，在传播中生发出更为理性、客观的价值意义。

其次，当四皓东渡，进入日本、韩国文化本体，经历了数百年甚至上千年的流播发展，四皓文化实际上已经脱出中国本土，内化于日本、韩国文化的内核之中，成为日本、韩国古典文化的重要组成部分，形成了全新的独立而完整的形象及文化内涵，一定程度上深入体现于日本、韩国文化领域的方方面面。类似于佛教从印度东传入中国，已经完全融入中国文化的精髓之中，四皓文化同世界一切优质文化一样，其域外传播与发展的脉络符合普遍规律，形成其独特的普世价值，具有一定的历史及现实意义。

再次，在文学机缘之外还有文化机缘，而文化的核心是思想，思想传播是文学传播的永恒前提。中国文学经典的海外传播，多遵循“思想先行”的原则。钱钟书的名言“东海西海，心理攸同”，应成为比较文学界的指导原则。《白氏文集》之所以成为日本汉诗史上唯一一部能够影响一个时代的中国别集，原因正在于“白诗中体现出的‘闲适’‘感伤’的审美情趣和佛道思想适应了日本平安时代的文化背景和日本的文学传统，容易引起贵族文人的共鸣”。[①] 四皓文化在日本、韩国的传播与发展，正是“中国文学经典海外传播”的典型例证，在古代越南等的情形也大抵相同。四皓文化某种程度上是属于东亚，甚至更广阔地域范围内的共同文化，而各自之所以保留自己的独特之处，正是“片段传播”与“思想先行”的最好实践。学界应扩大视野，对域外四皓的传播与影响，给予必要的关注，以期获得更丰富更有意义的学术成果，同时弘扬中国优秀的传统文化。

更重要的是，四皓文化在异域的传播，对日本、韩国乃至东亚文化圈的传播与影响，在更高的理论层面说明，古代汉文化圈中的民族与国家，拥有共同或接近的文化心理和文化认同感；中国文化对日本、韩国文化的塑造与影响，对于认识中国文化的历史地位，具有重要的理论意义和现实意义。四皓文化中的智谋、隐逸、长寿等内容，与中国古代传统文化的思想本质深刻一致，日本、韩国对中国文化的接受与进一步发展，也是值得深入研究的课题，需要引起更多的关注。

① 吴雨平．橘与枳：日本汉诗的文体学研究[M]．北京：中国社会科学出版社，2008：156.

结 语

有关四皓的文献资料浩繁、散碎，且很多具有难以详核的先天缺陷，海外史料又非常匮乏且不易得，有关四皓的研究缺乏全面系统的学术成果支持。如何耙梳出真正有价值的文献，做到文献梳理与理论探讨并重，宏观研究与微观考察结合，将四皓文化全部信息面面俱全地纳入某一项研究成果中，困难确实较大。

本书不同于以往的研究，或从某一侧面切入将四皓纳入其中进行举证论述，或以地方文化推广方式进行四皓形象的展示，而是围绕商山四皓史事、四皓形象演变、文学艺术表现及四皓文化域外流播等话题，选取几个较为重要的节点，展开对商山四皓较为系统化的深入探讨，力求能为商山四皓的研究建构一个较为合理的体系，厘清并评价四皓出仕与隐逸的史事，澄清四皓原始形象并描画其后世传播接受演绎历程；考察四皓文化现象在诸多文学艺术领域的具体表现及特征，尤其是对所得古代日本、韩国有关四皓的珍贵文献进行系统整理与分析，展现域外四皓文化的流播向度及其有别于中国本土的传播接受情况，从而勾勒出四皓研究的基本脉络与学理格局，以期将四皓文化真正落到实处。

论文的主要观点如下：

商山四皓的故事发轫于秦汉时期，无论出仕还是隐逸都获得成功，在历代士大夫文人心目中产生了强烈的共鸣。四皓从本就充满传奇色彩的史传中一步步走来，历经汉魏晋南北朝忠于前代史料、唐五代以肯定为主流、宋金于质疑中推动“层累”、元明清从“政坛”到“神坛”的形象转型，被赋予新的文化内涵。

四皓高贤、隐逸、仙寿三重形象的复合，对后人精神世界影响深远。高贤重德，却功成身退，使他们成为历代士子的完美仕途典范；数度归隐、悠游泉林的高洁与淡泊，使他们成为隐士的代名词；须眉皓白、长寿仙姿又符合中国传统文化尊老重贤的内核。

四皓从史传走向广阔的领域，四皓文化在文学艺术领域里也绽放出夺目的光彩。借助唐诗、宋词、元曲、明清小说、戏剧等文本，依托绘画、雕塑、碑刻、建筑等载体，历代文人对四皓文化内涵的接受及侧重点逐渐符号化，被赋予深刻、丰富的象征意味，不断丰富完善，深入人心。

四皓文化不仅在中国本土广为流播，还溢出国土，流播至古代日本、韩国、越南等国，在四皓“真假”与“张良计”的思考辩论中，在诗赋、绘画等艺术作品中不断讽咏，焕发出新的生命力，成为中国文化与世界文化交流的模板，不仅将四皓文化传播发扬，也为人类优质文化增添了一股清流。

经过历史的层层积累，形成有创造性、批判性及普遍性等特质，才能成为具有广泛、深远影响力的文化。四皓形象的塑造与演变，四皓文化传播的主要表现形式，四皓文化的影响与流播，不断生发出新的文化内涵，成为中国传统文化的重要符号。

此外，本书尝试将四皓形象特质的定位及其演变历史的把握，纳入中国士人的精神家园建设，中国传统尊贤崇老文化、隐逸升仙文化等大文化格局中，探讨四皓辅翼太子史事的历代认识及变化，四皓个人人格尊严的完整与社会发展中的作用，四皓文化域外流播的向度及影响等，以期在研究的学理层面上获得更多的新突破，真正将四皓文化的后世传播与接受落到实处，揭示其发展、变迁的规律及其背后的原因，并拓展新的研究领域，从而勾勒出商山四皓研究的基本脉络与学理格局。

本书的成果可充分发挥四皓研究对商洛区域经济、文化、社会发展的重要指导作用。地方上开发利用四皓文化资源，应有一个相对正确的把握，具体操作尤须注意适度，应尊重历史人物与事件的价值分量，不可偏废其一，也不应过于实用主义，盲目拔高或贬低四皓文化形象，在彰显四皓精神文化力量的同时，不能夸大历史人事的价值分量，更不能过分强调古为今用，否则反而减短四皓文化的生命力；应持严谨的治学态度，尤其注意批评、反对的声音，较客观准确地把握四皓文化的价值，延长四皓研究的学术生命，也为地域文化建设的思路、举措、调试等提供具有学理化的坚实基础。

附录一

商山四皓图版

图1　佚名　汉代彩箧绘南山四皓图(部分)

图 2　佚名　东晋商山四皓延惠太子图漆平盘

（1997 年江西省南昌火车站东晋墓葬群出土，南昌市博物馆藏。《文物》2001 年第 2 期载）

图 3　南朝（420—589）墓砖画《南山四皓》（河南省博物馆藏）

图 4　佚名（传五代王齐翰（款））四皓图卷　美国纽约大都会藏

图 5　北宋　李公麟（传）四皓围棋图卷

图 6　南宋　刘松年、陆恢商山四皓图　手卷

图 7　元　佚名　商山四皓图轴　北京故宫

图 8　元　商山四皓图(《中国文艺辞典》1931 年载)

图 9　明　重刻商山四皓像碑

图 10　明　张路杂　商山四皓图

图 11　清　舒浩　商山四皓
立轴

图 12　清　黄慎　商山四皓

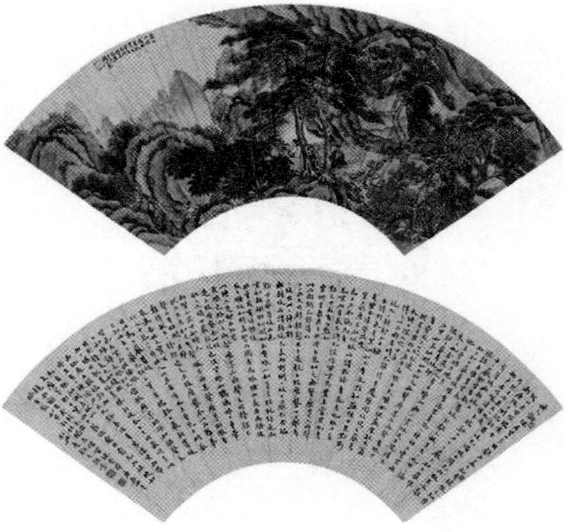

图 13　周丕基、寿石工(1885—1950)商山四皓图并行书
(书法扇面)

图 14 柳滨(1887—1945)商山四皓 立轴 设色纸本

图 15 沈子丞(1904—1996)商山四皓

图 16 黄山寿 商山四皓

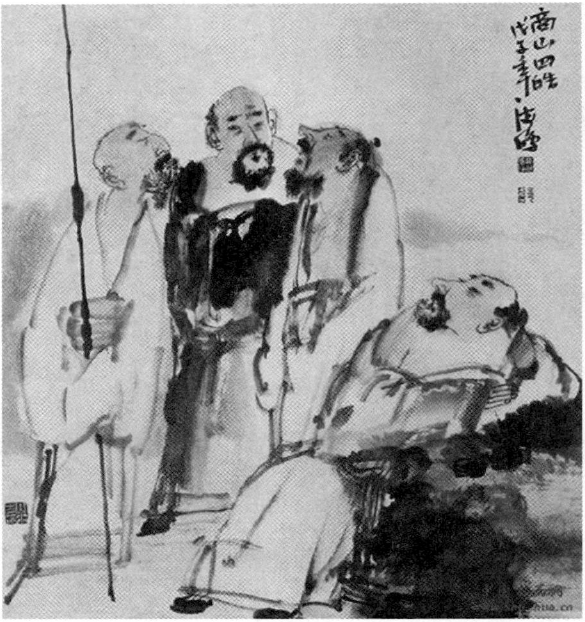

图 17　折海鸥　商山四皓

图 18　永昌四皓古迹(1983 年)

图 19　严誉城　商山四皓图(局部)

图 20　朱乃正、姚有多等合写　商山四皓图(2000 年)

图 21　崔自默　商山四皓(局部)(2007 年)

图 22　商山四皓　德州德嘉拍卖有限公司拍卖品(2010 年迎春艺术品拍卖会书画专场拍卖品)

图 23　佚名　商山四皓图

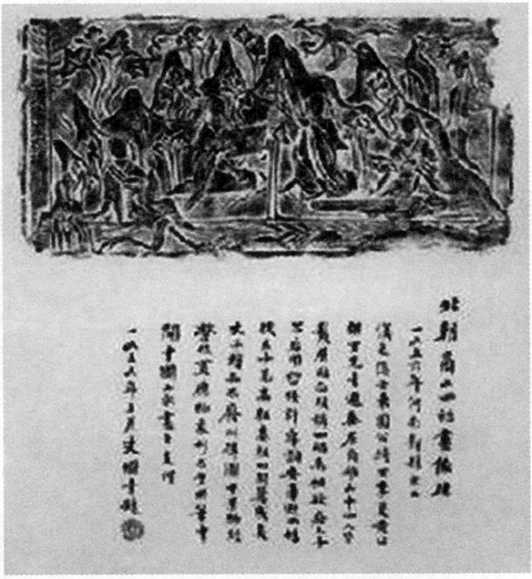

图 24　北朝商山四皓画像砖题

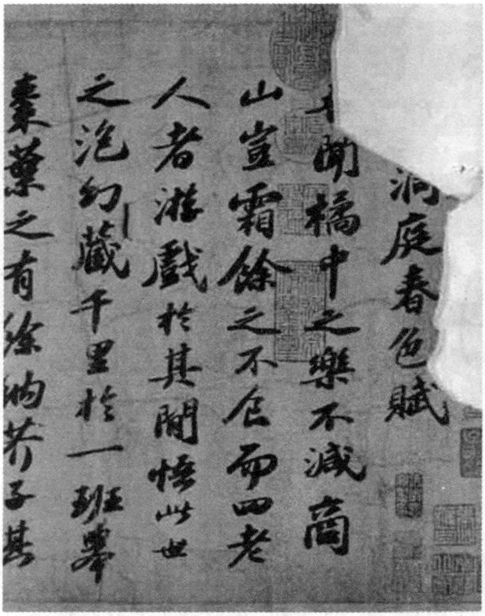

图 25　宋　苏轼　洞庭春色赋(书法残片)

图 26　颐和园长廊彩画故事大全——商山四皓

图 27　明崇祯　青花商山四皓图笔筒

图 28　清中期　青花加白人物商山四皓花瓶

图 29　清　木雕　商山四皓人物笔筒图

图 30　清康熙　斗彩　斗彩商山四皓图纹罐

（大明成化年制，成化六字款。18. 5 厘米高。釉面有轻微的划痕。）

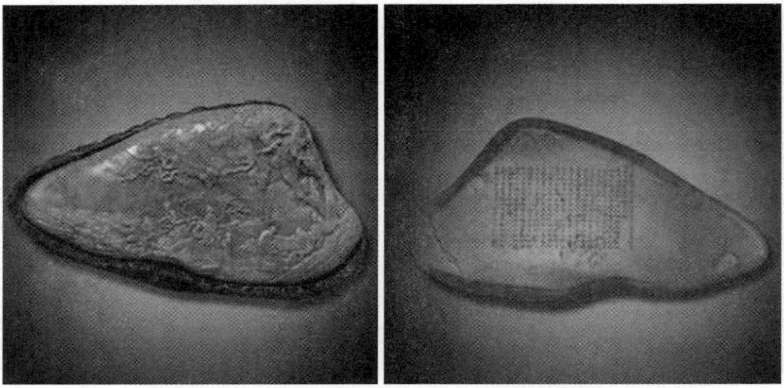

图 31　清乾隆　御制碧玉雕“马远四皓图”山子

图 32　清顺治　青花商山四皓故事图笔筒

图 33　民国　潘匋宇　粉彩四皓图梅瓶

图 34　当代　杜浩生　熊群安　粉彩四皓图瓶

（景德镇陶瓷馆藏民国瓷器选萃其一，瓶高 33 厘米，口径 6 厘米。

题款："四皓。乙丑（1925 年）春月，古番匋宇写。"器底：印章"古欢"。）

图 35　圆柏盆景　巍然侣四皓

图 36　清代“大夫第”十六扇砖屏之“商山四皓”

（宁波保国寺存，见《新江北》第 293 期，2007 年 11 月 2 日）

图 37　“田义墓”石刻

图 38　商山四皓(福建厦门华艺石雕商城藏)

图 39　陕西省商洛市丹凤县四皓碑林园

图 40　四皓石刻像(四皓碑林园刻绘)

图 41　戚姬寺遗址

图 42 《韩国画报》1991 年 4 月 15
日载《商山四皓》图

附录二

日本商山四皓图版

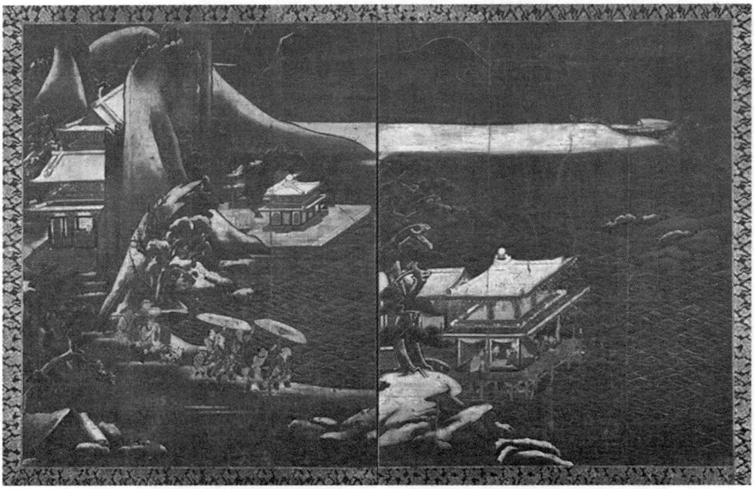

图1 商山四皓 文王吕尚图屏风(6-1)

图 2　商山四皓　文王吕尚图屏风(6－2)

图 3　商山四皓　文王吕尚图屏风(6－3)

图 4　商山四皓　文王吕尚图屏风(6－4)

图 5　商山四皓　文王吕尚图屏风(6－5)

图 6　商山四皓　文王吕尚图屏风(6－6)

图 7　文王尚吕・商山四皓图屏风　狩野山乐

(17 世纪前半，纸本金地着色，六曲一双，177.5＊356.5cm，京都妙心寺藏。收录于《日本美术全集》第 15 卷《永德と障屏画》，讲谈社，1991 年)

图 8　商山四皓图六曲屏风(一)曾我萧白

（作于明和二—八年(1765—1771)，纸本墨画六曲一双，各 156. 2 * 366. 6cm，ボストン美术馆藏）

图 9　商山四皓图六曲屏风(二)曾我萧白

（收录于《日本美术全集》第 19 卷，讲谈社，1991 年。《在外の至宝》第 6 卷，1980 年）

图 10　商山四皓图　海北友松

图 11　商山四皓图(双幅)桥本雅邦

图 12　商山四皓图　桥本雅邦

图 13　商山四皓图　桥本雅邦

图 14　四皓七贤人图　田岛志一编

图 15　商山四皓六扇屏图(日本东京国立博物馆藏)

图 16　雕刻有商山四皓的日光东照宫阳明门

参考文献

著述类：

[1] （汉）司马迁. 史记[M]. 北京：中华书局，1959.

[2] （汉）班固. 汉书[M]. 北京：中华书局，1962.

[3] （晋）陈寿. 三国志[M]. 北京：中华书局，1982.

[4] （晋）葛洪撰、王明校释. 抱朴子内篇校释[M]. 北京：中华书局，1985.

[5] （汉）赵岐等撰、（清）张澍辑、孙星衍、庄逵吉校定. 三辅旧事[M]. 北京：中华书局，1985.

[6] （汉）扬雄. 法言[M]诸子集成. 上海：上海书店出版社影印世界书局版，1986.

[7] （汉）王充. 论衡[M]诸子集成. 上海：上海书店出版社影印世界书局版，1986.

[8] （汉）荀悦. 申鉴[M]. 上海：上海古籍出版社影印明文始堂本，1990.

[9] （汉）徐干. 中论[M]. 上海：上海古籍出版社影印江安傅氏双鉴楼藏明刊本，1990.

[10] （汉）扬雄著、汪荣宝疏、陈仲夫点校. 法言义疏[M]. 北京：中华书局，1997.

[11] （汉）王充. 黄晖撰. 论衡校释[M]. 北京：中华书局，2006.

[12] （汉）应邵编. 王利器校注. 风俗通义[M]. 北京：中华书局，2010.

[13] （晋）庾信著、（清）倪璠注、许逸民校点. 庾子山集注[M]. 北京：中华书局，1980.

[14] （晋）皇甫谧. 列女传、高士传合刊本[M]. 沈阳：辽宁教育出版社，1998.

[15] （晋）袁宏著、张烈点校. 两汉纪[M]. 北京：中华书局，2002.

[16] （北魏）郦道元著、陈桥驿译注、王东补注. 水经注[M]. 北京：中华书局，

2012.
[17] (北齐)魏收. 魏书[M]. 北京：中华书局，1974.
[18] (南朝宋)范晔. 后汉书[M]. 北京：中华书局，1960.
[19] (南朝梁)萧子显. 南齐书[M]. 北京：中华书局，1972.
[20] (南朝梁)萧统编、(唐)李善注. 文选[M]，中华书局影印本，1977.
[21] (南朝梁)释僧祐. 弘明集[M]. 四部丛刊景明本.
[22] (南朝)沈约. 宋书[M]. 北京：中华书局，1974.
[23] (唐)刘知几著、(清)浦起龙通释. 史通[M]. 上海：上海古籍出版社，1958.
[24] (唐)司马贞. 史记索隐[M]. 中华书局标点本，1959.
[25] (唐)欧阳询. 艺文类聚[M]. 北京：中华书局，1965.
[26] (唐)房玄龄等. 晋书[M]. 北京：中华书局，1974.
[27] (唐)颜师古. 匡谬正俗[M]. 北京：中华书局，1985.
[28] (唐)张九龄著，刘斯翰校注. 曲江集[M]. 广州：广东人民出版社，1986.
[29] (唐)杜佑撰、王文锦等点校. 通典[M]. 北京：中华书局，1988.
[30] (唐)皇甫湜. 皇甫持正集[M]. 四部丛刊初编，第158册.
[31] (唐)李匡文. 唐宋史料笔记·资暇录[M]. 北京：中华书局，1985.
[32] (唐)李贤. 后汉书[M]. 北京：中华书局，2007.
[33] (五代)刘昫等，旧唐书[M]. 北京：中华书局，1975.
[34] (五代)杜光庭撰、王斌、崔凯、朱怀清校. 录异记辑校[M]. 济南：巴蜀书社，2013.
[35] (宋)徐铉. 四部丛刊初编本：徐公文集[M]. 上海：上海商务印书馆，1912.
[36] (宋)高承撰、李果订正. 事物纪原[M]. 商务印书馆，1937.
[37] (宋)司马光. 资治通鉴[M]. 北京：中华书局，1956.
[38] (宋)李昉. 太平御览[M]. 北京：中华书局影印本，1960；中华书局，2000.
[39] (宋)洪适. 隶释[M]. 中华书局影印本，1985.
[40] (宋)程大昌. 宝刻类编[M]. 北京：中华书局，1985.
[41] (宋)王禹偁. 小畜集[M]. 上海：上海古籍出版社，1985.
[42] (宋)曾协. 云庄集：卷四[M]. 上海：上海古籍出版社，1985.
[43] (宋)黄伯思. 东观余论[M]. 北京：中华书局，1988.
[44] (宋)潘自牧. 记纂渊海[M]. 北京：中华书局，1988.
[45] (宋)苏辙. 栾城集后集[M]. 北京：中华书局，1989.
[46] (宋)文天祥. 文山先生全集[M]. 上海：上海书店，1989.
[47] (宋)赵明诚. 金石录[M]. 北京：中华书局，1991.
[48] (宋)曾慥. 类说[M]. 上海：上海古籍出版社，1992.
[49] (宋)王益之撰，王根林点校. 西汉年纪[M]. 郑州：中州古籍出版社，1993.

［50］（宋）陈鹄. 涧泉日记西塘集耆旧续闻［M］. 上海：上海古籍出版社，1993.
［51］（宋）朱熹. 朱子语类［M］. 北京：中华书局，1994.
［52］（宋）郑樵. 通志二十略［M］. 北京：中华书局，1995.
［53］（宋）家铉翁. 则堂集［M］. 沈阳：沈阳出版社，1998.
［54］（宋）程颢、程颐撰，潘富恩导读. 二程遗书［M］. 上海：上海古籍出版社，2000.
［55］（宋）张君房辑. 云笈七签［M］. 北京：中华书局，2003.
［56］（宋）王衮撰、王振国、宋咏梅点校. 博济方［M］. 上海：上海科学技术出版社，2003.
［57］（宋）程大昌. 雍录：卷五［M］. 北京：中华书局，2005.
［58］（宋）程大昌. 姓氏急就篇［M］. 北京：国家图书馆出版社，2006.
［59］圣宋文选全集（宋刻本）［M］北京：北京图书馆出版社、国家图书馆出版社，2006.
［60］（宋）乐史. 太平寰宇记［M］. 北京：中华书局，2007.
［61］（宋）郭若虚著、俞剑华注释. 图画见闻志［M］. 南京：江苏美术出版社，2007.
［62］（宋）李昉等编. 太平广记［M］. 北京：中华书局，2013.
［63］（宋）陈思. 两宋名贤小集［M］. 北京：全国图书馆缩微文献复制中心，2011.
［64］（宋）王群栗点校. 宣和画谱［M］. 杭州：浙江人民美术出版社，2012.
［65］（宋）朱长文著、何立民校. 墨池编［M］. 杭州：浙江人民美术出版社，2012.
［66］（宋）王应麟著、傅林祥点校. 通鉴地理通释：卷九［M］. 北京：中华书局，2013.
［67］（宋）刘道醇. 宋朝名画评［M］. 北京：商务印书馆 2013.
［68］（金）王朋寿. 类林杂说［M］. 北京：文物出版社，1982.
［69］（元）梁寅. 策要［M］台北：艺文印书馆，1972.
［70］（元）脱脱等. 辽史［M］. 北京：中华书局，1974.
［71］（元）脱脱等. 金史［M］. 北京：中华书局，1975.
［72］（元）谢应芳等. 龟巢稿［M］. 上海：上海古籍出版社，1987.
［73］（元）赵汸. 东山存稿［M］. 上海：上海古籍出版社，1987.
［74］（元）郑玉. 春秋阙疑［M］. 上海：上海古籍出版社，1987.
［75］（元）李道谦. 甘水仙源录［M］. 上海：上海古籍出版社，1989.
［76］（元）脱脱等. 宋史［M］. 北京：中华书局，1996.
［77］（元）赵道一. 历世真仙体道通鉴［M］. 南京：江苏广陵古籍刻印社，1997.
［78］（元）佚名撰、李之亮校点. 宋史全文［M］. 哈尔滨：黑龙江人民出版社，2005.
［79］（元）马端临. 文献通考［M］. 北京：中华书局，2006.

[80] (元)骆天骧撰、黄永年点校. 类编长安志[M]. 西安：三秦出版社，2006.
[81] (元)杨朝英. 乐府新编阳春白雪[M]. 北京：北京图书馆出版社，2006.
[82] (元)杨士宏选、(明)张震辑注、(明)顾璘评点、陶文鹏. 唐音评注[M]. 石家庄：河北大学出版社，2010.
[83] (元)冯福京. (大德)昌国州图志[M]. 北京：商务印书馆，2013.
[84] (元)汪克宽. 春秋胡传附录纂疏：卷四[M]. 北京：商务印书馆，2013.
[85] (明)李贽. 藏书[M]. 北京：中华书局，1974.
[86] (明)宋濂. 元史[M]. 北京：中华书局，1976.
[87] (明)朱橚等. 普济方[M]. 北京：人民卫生出版社，1983.
[88] (明)罗懋登. 西洋记[M]. 上海：上海古籍出版社，1985.
[89] (明)郭勋辑. 雍熙乐府[M]. 上海：上海书店，1985.
[90] (明)黄姬水. 贫士传[M]. 北京：中华书局，1985.
[91] (明)李贤. 明一统志[M]. 上海：上海古籍出版社，1987.
[92] (明)梅鼎祚. 古乐苑[M]. 上海：上海古籍出版社，1987.
[93] (明)臧懋循. 元曲选[M]. 杭州：浙江古籍出版社，1998.
[94] (明)廖道南. 楚纪[M]. 北京：北京图书馆出版社，1991.
[95] (明)郑真. 荥阳外史集[M]. 上海：上海古籍出版社，1991.
[96] (明)汪砢玉. 珊瑚网[M]. 上海：上海古籍出版社，1991.
[97] (明)李日华. 味水轩日记[M]. 上海：上海远东出版社，1996.
[98] (明)卓人月汇选、徐士俊参评. 古今词统[M]. 辽宁教育出版社，2000.
[99] (明)严衍. 资治通鉴补[M]. 上海：上海古籍出版社，2007.
[100] (明)袁中道. 珂雪斋集[M]. 上海：上海古籍出版社，2008.
[101] (明)吴承恩. 西游记[M]. 北京：人民文学出版社，2008.
[102] (明)李贽. 初潭集[M]. 北京：中华书局，2009.
[103] (明)冯梦龙. 警世通言[M]. 北京：中华书局，2009.
[104] (明)何景明纂修、吴敏霞主编. 雍大记[M]. 西安：三秦出版社，2010.
[105] (明)陈继儒著、印晓峰点校. 妮古录[M]. 华东师范大学出版社，2011.
[106] (明)张丑. 清河书画舫[M]. 上海：上海古籍出版社，2011.
[107] (明)沈泰. 盛明杂剧二集[M]. 北京：国家图书馆出版社，2011.
[108] (明)沈泰. 盛明杂剧初集[M]. 北京：中国书店，2011.
[109] (明)张元忭. (万历)绍兴府志[M]. 宁波：宁波出版社，2012.
[110] (明)刘基. 覆瓿集[M]. 北京：国家图书馆出版社，2012.
[111] (明)谢肇淛撰、傅成校点. 五杂俎[M]. 上海：上海古籍出版社，2012.
[112] (明)刘达可. 璧水群英待问会元[M]. 明丽泽堂活字印本.
[113] (明)刘源长著、刘谦吉辑、陆求可订. 茶史[M]. 名古屋：梶田勘助，[出版

年不明].
[114] (清)严可均编. 全上古三代秦汉三国六朝文[M]. 北京：中华书局，1958.
[115] (清)阮葵生. 茶余客话[M]. 北京：中华书局，1960.
[116] (清)秦嘉谟. 月令粹编[M]. 台北：广文书局，1970.
[117] (清)李有棠. 金史纪事本末[M]. 北京：中华书局，1980.
[118] (清)梁玉绳. 史记志疑[M]. 北京：中华书局，1981.
[119] (清)纪昀总纂. 四库全书总目[M]. 北京：中华书局，1981.
[120] (清)董诰等编. 全唐文[M]. 北京：中华书局，1983.
[121] (清)佚名. 平山冷燕[M]. 北京：人民文学出版社，1983.
[122] (清)严可均. 铁桥漫稿[M]. 香港：世界书局，1984.
[123] (清)金圣叹. 金圣叹全集[M]. 南京：江苏古籍出版社，1985.
[124] (清)章学诚著、叶瑛校注. 文史通义校注[M]. 北京：中华书局，1985.
[125] (清)梁章巨. 三国志旁证[M]. 北京：中华书局，1985.
[126] (清)胡承诺. 绎志集((附札记))[M]. 北京：中华书局，1985.
[127] (清)屈大均. 广东新语：卷七[M]. 北京：中华书局，1985.
[128] (清)梁启超. 中国历史研究法[M]. 上海：上海古籍出版社，1987.
[129] (清)王毓贤. 绘事备考[M]. 上海：上海古籍出版社，1987.
[130] 佚名. 睢州志[M]. 郑州：中州古籍出版社，1990.
[131] (清)穆彰阿. (嘉庆)大清一统志[M]. 北京：中华书局，1990.
[132] (清)李汝珍. 镜花缘[M]. 上海：上海古籍出版社，1991.
[133] (清)袁枚. 随园随笔[M]. 南京：江苏广陵古籍刻印社，1991.
[134] (清)冯桂芬. (同治)苏州府志[M]. 上海：上海古籍出版社，1991.
[135] (清)曹庭栋等编. 宋百家诗存[M]. 上海：上海古籍出版社，1993.
[136] (清)宫梦仁. 读书纪数略[M]. 上海：上海古籍出版社，1994.
[137] (清)黄宗羲. 明文海：[M]. 上海：上海古籍出版社，1994.
[138] (清)袁栋. 书隐丛说[M]. 上海：上海古籍出版社，1996.
[139] (清)钱维乔. (乾隆)鄞县志[M]. 北京：中华书局，1996.
[140] (清)屈大均. 翁山文钞[M]. 北京：人民文学出版社，1996.
[141] (清)无名氏. 说唐全传[M]. 上海：上海古籍出版社，2000.
[142] (清)孔广镛、孔广陶. 古代书画著作选刊[M]. 上海：上海古籍出版社，2011.
[143] (清)褚人获. 坚瓠集[M]. 上海：上海古籍出版社，2002.
[144] (清)李光廷. 广元遗山年谱[M]. 上海：上海古籍出版社，2002.
[145] (清)叶昌炽. 缘督庐日记抄[M]. 上海：上海古籍出版社，2002.
[146] (清)毕沅. 关中胜迹图志[M]. 西安：三秦出版社，2004.

[147] (清)顾祖禹.读史方舆纪要[M].北京:中华书局,2005.
[148] (清)王先谦.后汉书集解[M].上海:上海古籍出版社,2006.
[149] (清)沈钦韩.汉书疏证[M].上海:上海古籍出版社,2006.
[150] (清)袁于令著、刘文忠校点.隋史遗文[M].北京:人民文学出版社,2006.
[151] (清)方濬颐.二知轩文存[M].上海:上海古籍出版社,2010.
[152] (清)黄宗羲.宋元学案[M].北京:中华书局,2010.
[153] (清)卞永誉.式古堂书画汇考[M].杭州:浙江人民美术出版社,2012.
[154] (清)顾炎武撰、王文楚等点校.肇域志[M].上海:上海古籍出版社,2012.
[155] (清)卞永誉.式古堂书画汇考[M].杭州:浙江人民美术出版社,2012.
[156] (清)孙岳颁.佩文斋书画谱[M].杭州:浙江人民美术出版社,2013.
[157] (清)戴震、山西省地方志办公室.(乾隆)汾州府志[M].北京:中华书局,2014.
[158] (清)许鸣磐.方舆考证[M].北京:国家图书馆出版社、北京图书馆出版社,2014.
[159] (清)王如玖编.直隶商州总志[M].清乾隆九年本.
[160] 陈梦雷编纂、蒋廷锡校订.古今图书集成:理学汇编经籍典第四百十六卷史学部总论[M].北京:中华书局影印本.
[161] 杨锺羲撰集、刘承干参校.雪桥诗话[M].北京:北京古籍出版社,1989.
[162] 徐世昌.晚晴簃诗汇[M].北京:中华书局,1990.
[163] 张其淦.邵村学易[M].民国刻寓园丛书本,民国15年(1926)排印本.
[164] 刘毓盘.词史[M].上海:上海群众图书公司,1931.
[165] 侯外庐.中国思想通史[M].北京:人民出版社,1957.
[166] 隋树森.全元散曲[M].北京:中华书局,1964.
[167] 唐圭璋.全宋词[M].北京:中华书局,1965.
[168] 顾学颉点校.白居易集[M].北京:中华书局,1979.
[169] 郭绍虞.中国文学批评史[M].上海:上海古籍出版社,1979.
[170] 唐圭璋.全金元词[M].北京:中华书局,1979.
[171] 杨伯峻校注.论语[M].北京:中华书局,1980.
[172] 瞿蜕国、朱金城校注.李太白集校注[M].上海:上海古籍出版社,1980.
[173] 顾颉刚.古史辨[M].上海:上海古籍出版社,1982.
[174] 张采田.玉溪生年谱会笺[M].上海:上海古籍出版社,1983.
[175] 钱钟书.管锥编[M].北京:中华书局,1984.
[176] 吴之振.宋诗钞[Z].北京:中华书局,1986.
[177] 诸圣邻.大唐秦王词话[M].郑州:中州古籍出版社,1986.
[178] 苏绍兴.两晋南朝的士族[M].台北:联经事业出版公司,1987.

[179] 李商隐著、刘学锴、余恕诚注. 李商隐诗歌集解[M]. 北京：中华书局，1988.
[180] 安旗主编. 李白全集编年注释[M]. 成都：巴蜀书社，1990.
[181] 卞孝萱校订. 刘禹锡集[M]. 中华书局，1990.
[182] 徐新荣. 商洛古诗文选注[C]. 陕西人民出版社，1990.
[183] 吴光、钱明、董平、姚延福编校. 王阳明全集[M]. 上海：上海古籍出版社，1992.
[184] 叶舒宪. 中国神话哲学[M]. 北京：中国社会科学出版社，1992.
[185] 钱钟书. 谈艺录[M]. 北京：中华书局，1993.
[186] 王世襄. 说葫芦[M]. 北京：中华书局，1993.
[187] 丹凤县志编纂委员会编. 丹凤县志[M]. 西安：陕西人民出版社，1994.
[188] 王国维. 宋元戏曲史[M]. 长沙：岳麓书社，1995.
[189] 丁锡根. 中国历代小说序跋集[M]. 北京：人民文学出版社，1996.
[190] 龚斌. 陶渊明集校笺[M]. 上海：上海古籍出版社，1996.
[191] 商承祚. 长沙古物闻见记续记[M]. 北京：中华书局，1996.
[192] 林树中主编. 海外藏中国历代名画[M]. 长沙：湖南美术出版社出版，1998.
[193] 商务印书馆编. 中国人名大辞典[M]. 北京：商务印书馆，1998.
[194] 彭定求等. 全唐诗(增订本)[M]. 北京：中华书局，1999.
[195] 程毅中. 宋元小说家话本集[M]. 济南：齐鲁书社，2000.
[196] 李文实. 商山四皓历代诗文集注[M]. 北京：中国文联出版社，2000.
[197] 张新科. 唐前史传文学研究[M]. 西安：西北大学出版社，2000.
[198] 葛兆光. 中国思想史[M]. 上海：复旦大学出版社，2001.
[199] 柯劭忞. 新元史[M]. 长春：吉林人民出版社，2001.
[200] 陈思. 书苑菁华[M]. 北京：北京图书馆出版社，2003.
[201] 王晓毅. 儒释道与魏晋玄学形成[M]. 北京：中华书局，2003.
[202] 余英时. 士与中国文化[M]. 上海：上海人民出版社，2003.
[203] 王兆鹏、尚永亮. 文学传播与接受论丛[C]. 北京：中华书局，2006.
[204] 曾枣庄、刘琳. 全宋文[M]. 上海：上海辞书出版社；合肥：安徽教育出版社，2006.
[205] 郝臣杰、陈道久. 商山四皓研究[C]. 北京：作家出版社，2007.
[206] 王文楚等点校. 太平寰宇记[M]. 北京：中华书局标点本，2007.
[207] 严耕望. 唐代交通图考[M]. 上海：上海古籍出版社，2007.
[208] 叶舒宪. 神话意象[M]. 北京：北京大学出版社，2007.
[209] 汤一介、胡仲平. 魏晋玄学研究[C]. 武汉：湖北教育出版社，2008.

[210] 吴雨平. 橘与枳：日本汉诗的文体学研究[M]. 中国社会科学出版社，2008.
[211] 徐有富主编、程千帆校阅. 中国古典文学史料学[M]. 北京：北京大学出版社，2008.
[212] 阳清. 先唐文学人神遇合主题研究[M]. 北京：人民出版社，2009.
[213] 张伯伟. 域外汉籍研究集刊[M]. 北京：中华书局，2009.
[214] 李丰楙. 忧与游——六朝隋唐神仙道文学. [M]北京：中华书局，2010.
[215] 刘尚慈. 春秋公羊传译注[M]. 北京：中华书局，2010.
[216] 孙明君. 两晋士族文学研究[M]. 北京：中华书局，2010.
[217] 叶舒宪编选. 神话——原型批评[M]. 西安：陕西师范大学出版社，2011.
[218] 赵望秦、蔡丹. 史记与咏史诗[M]. 西安：三秦出版社，2012.
[219] [日]木下葵峰(公定)著. 笺注桑华蒙求：卷之上[M]. 积玉圃[ほか]，1882.
[220] [日]曾先之原著. 十八史略纪事本末：卷一[M]. 吉川半七，1898.
[221] [日]三岛毅. 晃山离宫三十胜记[M]. 明治三十五年八月刊(1902).
[222] [日]黑板胜美校订. 国史大系続[M]. 东京：经济杂志社，1902—1905.
[223] [日]田岛志一编. 四皓七贤人図二枚. 元信画集：1[M]. 审美书院：1903.
[224] [日]关野贞. 支那工艺图鉴：第四辑图版九十九解说引文引[M]. 日本印本.
[225] [日]桥本雅邦. 共寿余录[M]. 画报社：1903；雅邦大観：第 10 辑[M]. 画报社：1914.
[226] [日]海北友松笔、村山旬吾编. 和汉名画选第四十七图[M]. 国华社：1917.
[227] [日]桥本雅邦. 雅邦大观：第 4 辑，[M]. 画报社：1914；雅邦遗墨集[M]. 南阳堂本店：1921.
[228] [日]藤原明衡原著、柿村重松注. 本朝文粹注释：卷第四[M]. 大正十一年京都内外出版.
[229] [日]加藤国安监修，日本汉诗：第五辑(纪行篇). 日本古典书籍库.
[230] [日]法隆寺宝物集：第 30 辑[M]. 奈良帝室博物馆：1922.
[231] [日]东京美术学校编. 南都十大寺大镜：第 10 辑[M]. 大冢巧芸社：1934.
[232] [日]黑板胜美、国史大系编修会编. 新订增补国史大系：朝野群载[M]. 东京：日本吉川弘文馆，1964.
[233] [日]高野辰之. 面と狂言[M]. 东京：东京堂，1942.
[234] [日]平岗武夫. 中国诗文选[M]. 东京：株式会社筑摩书房，1977.

[235] [日]伊藤漱平编. 中国の古典文学[M]. 东京：东京大学出版会，1981.
[236] [日]泷川资言. 史记汇注考证[M]. 上海：文学古籍刊行社出版，商务印书馆，1955；上海：上海古籍出版社，1985.
[237] [日]大西广. 雪舟史料を読む[J]. 月刊百科，2005(07).
[238] [韩]韩国景仁出版社汇编. 韩国历代文集丛书[M]. 首尔：景仁文化社，1999.
[239] [美]路易斯·亨利·摩尔根. 古代社会[M]. 杨东莼、马雍、马巨译. 北京：商务印书馆，1981.
[240] [美]浦安迪. 中国叙事学[M]. 北京：北京大学出版社，1996.

论文类：

学位论文

[241] 叶修成. 黄帝族及其神话传说考[D]. 贵州大学，2005.
[242] 周存喜、韩邦奇.《苑洛集》研究[D]. 西北大学，2007(6).
[243] 焦磊. 关羽神圣化过程的历史考察：以关帝庙为核心[D]. 山东大学，2008.
[244] 吴承游. 孟姜女故事的流传与地域社会——江西广昌“孟戏”的文化考察[D]. 南昌大学，2008.
[245] 李丽华. 诸葛亮若干问题论析[D]. 山东大学，2009.
[246] 孙学锋. 民间美术中的八仙形象研究[D]. 东南大学，2010.
[247] 朱伟利. 黄帝神话在新密的流传及其民俗文化[D]. 河南大学，2010.
[248] 辛丽丽. 明清文学中八仙形象的传播[D]. 北京师范大学，2011.
[249] 吴祎. 湖北诸葛亮传说的生成机制[D]. 华中师范大学，2011.
[250] 蒋波. 秦汉时期的隐逸现象及其相关问题研究[D]. 西北大学，2012.
[251] 刘明辉. 魏晋士人政治心态类型研究[D]. 南开大学，2010.
[252] 张艳艳. 张良故事研究三题[D]. 江苏师范大学，2012.

期刊论文

[253] 姚怀亮. 商於道:“诗歌之路”[A]. 三秦文化研究会年录论文集[C]. 2004.
[254] 杜玉俭. 唐代文学中的商山四皓题材[A]. 唐代文学研究——中国唐代文学学会第十二届年会暨国际学术研讨会论文集[C]. 广州：中国唐代文学学会、华南师范大学，2004：26；[M]. 唐代文学研究：第十一辑，南宁：广西师范大学出版，2006：163—188.
[255] 黄巩. 读船山遗书有感[J]. 船山学报，1935，(1).
[256] 西北区古迹名胜及文物的调查[J]. 文物参考资料，1951，(10).

［257］ 陈直. 汉晋人对史记的传播及其评价［J］. 四川大学学报(社会科学版)，1957，(3).
［258］ 黄胜白. 李时珍的实践精神和唯物观点［J］. 中国药学杂志，1955，(08).
［259］ 柳涵. 邓县画象砖墓的时代和研究［J］. 考古，1959，(5).
［260］ 逯钦立. 读陶管见［J］. 吉林师大学报，1964，(1).
［261］ 黄胜白. 李时珍的实践精神和唯物观点［J］. 中国药学杂志，1955，(8).
［262］ 卫仲璠. 司马迁的讽刺语言的艺术［J］. 文史哲，1958，(2).
［263］ 陈朝璧. 关于山水诗产生和发展问题的商榷［J］. 厦门大学学报(社会科学版)，1963，(3).
［264］ 曾枣庄. 吕后篡权的故事［J］. 四川师范学院学报(社会科学版)，1977，(1).
［265］ 天兵. 还吕雉的本来面目［J］. 江西师院，1977，(1).
［266］ 杨光莉，秦廷辉，韩侃. 还吕雉野心家的本来面目［J］. 贵阳师院学报(社会科学版)，1977，(1).
［267］ 王先霈，范际燕. 形象思维过程中艺术与政治的关系［J］. 文学评论，1980，(2).
［268］ 沈家庄. 思精神远晚唐独步——杜牧七绝散论［J］. 湘潭大学(社会科学学报)，1981，(4).
［269］ 嘉泉，碧波. “安刘必勃”辨［J］. 晋阳学刊，1982，(04).
［270］ 张义忱.《‘安刘必勃’辨》质疑［J］. 晋阳学刊，1983，(2).
［271］ 寇养厚. 杜牧七言绝句浅论［J］. 河北师范大学学报(哲学社会科学版)，1984，(3).
［272］ 冯汉镛. 唐“商山路”考［J］. 人文杂志，1985，(2).
［273］ 陈文华. 论中晚唐咏史诗的三大体式［J］. 文学遗产，1989，(05).
［274］ 张森年. 从《大风歌》看刘邦晚年的忧患［J］. 广西大学学报(哲学社会科学版)，1989，(2).
［275］ 张建民. 试论王禹偁的“商州诗”［J］. 商洛师专学报，1993，(2).
［276］ 洛士，仁胜. 卖“老”的“艺术”［J］. 山西老年，1994，(10).
［277］ 张菱. 吕雉评传［J］. 山西大学师范学院学报(综合版)，1995，(01).
［278］ 傅伯星. 让马远走出历史——论马远生卒年的确认及其主要创作的动因与真意［J］. 新美术，1996，(3).
［279］ 裴斐. 论李白的隐逸［J］. 江汉论坛，1981，(1).
［280］ 高文，何法周. 试论陶渊明的政治倾向［J］. 开封师院学报(哲学社会科学版)，1977，(6).
［281］ 刘维治. 白居易宦海沉浮及其山水之吟［J］. 辽宁大学学报(哲学社会科学

版)，1997，(4).
[282] 刘学锴. 李商隐咏史诗的主要特征及其对古代咏史诗的发展[J]. 文学遗产，1993，(1).
[283] 朱顺佐，陈荣昌. 骆宾王临海之行[J]. 唐代文学研究，1996.
[284] 陈贻焮. 唐代某些知识分子隐逸求仙的政治目的——兼论李白的政治理想和从政途径[J]. 北京大学学报(人文科学)，1961，(3).
[285] 魏明安. 皇甫谧《高士传》初探[J]. 兰州大学学报，1982，(4).
[286] 陈建华. 论唐代咏隐士诗的思想性[J]. 齐齐哈尔师范学院学报(哲学社会科学版)，1997，(5).
[287] 金毅. 论逸民、隐士及其隐遁权——《庄子》《法言》《抱朴子》论隐逸[J]. 北京第二外国语学院学报，1997，(4).
[288] 叶嘉莹. 谈李白、杜甫的友谊和天才的寂寞——从杜甫《赠李白》诗说起[J]. 北京师范大学学报，1982，(3).
[289] 洼德忠，萧坤华. 道教史(连载之二)[J]. 宗教学研究，1983，(3).
[290] 周晓瑜.《汉书》颜注评议[J]. 文献，1987，(4).
[291] 张鹏. 邓县彩色画像砖墓浅析[J]. 美术研究，1993，(2).
[292] 郑杰文. 方仙道的派系——论方仙道之三[J]. 中国道教，1991，(2).
[293] 周本述. 洞庭西山与"商山四皓"[J]. 苏州教育学院学刊，1986，(3).
[294] 郝臣杰. 四皓传奇[J]. 陕西档案，1994，(2).
[295] 潘慎.《楚歌》究竟是为谁而发[J]. 名作欣赏，1994，(3).
[296] 李克昌. 白居易商州"七年三往复"[J]. 商洛师专学报，1996，(1).
[297] 李献奇. 洛阳新发现唐志丛识[J]. 中原文物，1996，(2).
[298] 莫砺锋. 杜诗"伪苏注"研究[J]. 文学遗产，1999，(1).
[299] 朱金城. 李白《山人劝酒》《商山四皓》《过四皓墓》三诗考释[J]. 河北大学学报(哲学社会科学版)，1980，(4).
[300] 魏明安. 魏晋思潮与皇甫谧[J]. 兰州大学学报，1985，(1).
[301] 师长泰. 论杜牧咏史七绝的艺术特色[J]. 人文杂志，1986，(1).
[302] 郭文镐. 杜牧若干诗文系年之再考辨[J]. 西北师大学报(社会科学版)，1987，(2).
[303] 雷玉江. 谈杜牧的咏史绝句[J]. 新疆师范大学学报(哲学社会科学版)，1988，(2).
[304] 张国伟. 杜牧、李商隐的咏史绝句[J]. 河北学刊，1989，(5).
[305] 杨伟立. 简论葛洪神仙道理论的虚弱性[J]. 社会科学研究，1990，(6).
[306] 陈恂如. "传畸人于千秋"——略论司马迁的"爱奇"[J]. 河北师范大学学报(社会科学版)，1991，(4).

[307] 蒋寅. 大历诗僧漫议[J]. 广西大学学报(哲学社会科学版),1993,(2).
[308] 晋文. 简论汉惠帝[J]. 淮阴师专学报,1995,(4).
[309] 阮堂明. 生命的理想图式与幻灭——李白"功成身退"思想及其意义[J]. 河北大学学报(哲学社会科学版),1996,(1).
[310] 金周淳. 陶渊明诗文中的儒佛道思想[J]. 赣南师范学院学报,2000,(2).
[311] 金周淳. 陶渊明诗文之思想根源[J]. 阜阳师范学院学报(社会科学版),2000,(5).
[312] 党芳莉. 八仙研究综述[J]. 文史知识,2000,(3).
[313] 谢汉强. 这可能是柳宗元的一篇佚文[J]. 柳州师专学报,2002,(3).
[314] 陈道久. 商洛有望跻身历史文化名城[J]. 商洛师范专科学校学报,2001,(9).
[315] 郝臣杰. 商山四皓后裔源流[J]. 商洛师范专科学校学报,2004,(6).
[316] 李建锋. 活在楚歌中的历史：汉初宫廷斗争[J]. 文教资料,2006,(18).
[317] 黄秀坤. 宋代《史记》人物史评与诗评之比较举隅[J]. 北华大学学报(社会科学版),2000,(3).
[318] 蒋波,朱战威. 商山四皓汉初事迹述论[J]. 商洛学院学报,2010,(1).
[319] 蒋波. 汉代的"招隐士"[J]. 秦汉研究,2011.
[320] 邵书峰. 尚义贵柔追名逐利——论张良的人生价值观[J]. 山西师大学报(社会科学版),2011,(6).
[321] 季乃礼. 论汉初的"孝治"[J]. 学术月刊,2000,(9).
[322] 康保成. 试论陶渊明的"四皓"情结[J]. 中国文化研究,2004,(1).
[323] 郭伟廷. 陶渊明诗文世界中的隐士[J]. 华南师范大学学报(社会科学版),2006,(6).
[324] 刘翠,刘石. "四皓""南山"与陶渊明[J]. 文艺研究,2010,(11).
[325] 王晓卫. 魏晋诗歌中的"南山"意象[J]. 贵州大学学报(社会科学版),2000,(5).
[326] 杨清之. 汉初士人隐逸情绪与汉代隐逸文学的发端[J]. 海南广播电视大学学报,2008,(4).
[327] 孔定芳. 清初明遗民的"云游"行为及其意蕴[J]. 人文杂志,2005,(3).
[328] 牛继清. 张良卒年及相关史事考论[J]. 淮北煤炭师范学院学报(哲学社会科学版),2005,(3).
[329] 王子今. "四皓"故事与道家的关系[J]. 人文杂志,2012,(2).
[330] 朱丁. 盛唐隐逸文化数议[J]. 哈尔滨学院学报(社会科学),2002,(1).
[331] 杜玉俭. 唐代文学中的商山四皓题材[J]. 唐代文学研究,2006.
[332] 范毓周. 从汉末名士到竹林七贤：魏晋风度的渊源与形成历程[J]. 寻根,

2009,(2).
[333] 张再林. 白居易对商山四皓的咏叹[J]. 阅读与写作,2011,(4).
[334] 曾礼军. 论唐代诗人对《史记·留侯世家》的接受[J]. 呼兰师专学报,2004,(1).
[335] 张骏翚. 试论隐逸文化对文学之影响[J]. 乐山师范学院学报,2002,(6).
[336] 赵启斌. 中国绘画史上的"老人图"[J]. 收藏家,2001,(9).
[337] 商山四皓·竹林七贤图[J]. 日本美术工芸社编,1987.
[338] 赵启斌. 略论《商山四皓、会昌九老图》的艺术价值[J]. 中国书画,2004,(10).
[339] 郑岩. 南昌东晋漆盘的启示——论南北朝墓葬艺术中高士图像的含义[J]. 考古,2002,(2).
[340] 谢汉强. 这可能是柳宗元的一篇佚文[J]. 柳州师专学报,2002,(3).
[341] 朱文通. 也谈"商山四皓"和"悠然见南山"——沈从文先生的一个疏误[J]. 社会科学论坛,2003,(12).
[342] 牛树林. 咏商洛古诗考异[J]. 商洛师范专科学校学报,2004,(1).
[343] 刘刚. "悠然见南山"确实是在用"商山四皓"的典故吗? [J]. 中国文化研究,2005,(1).
[344] 雷文汉. 商州四皓庙四皓墓稽考——兼论商山即楚山[J]. 商洛师范专科学校学报,2006,(1).
[345] 魏耕原. 最后绝裂: 变形的"高士传"——陶渊明《五柳先生传》作年考论[J]. 陕西师范大学学报(哲学社会科学版),2006,(1).
[346] 任文利. 王阳明史论佚文《四皓论》考[J]. 湖南科技学院学报,2007,(3).
[347] 吴承学,李晓红. 任昉《文章缘起》考论[J]. 文学遗产,2007,(4).
[348] 张冷夫,王英全. "商山四皓"文化品牌建设的思考[J]. 商场现代化,2008,(24).
[349] 王英全. 商山四皓文化产业发展研究[J]. 商洛学院学报,2010,(3).
[350] 王子玮. 陕西商洛四皓墓旅游资源的开发[J]. 运城学院学报,2012,(4).
[351] 卢燕新. 白居易与洛阳"七老会"及"九老会"考论[J]. 河南大学学报(社会科学版),2012,(1).
[352] 徐卫民. "商山四皓"文化学术研讨会纪要[J]. 史学月刊,2013,(11).
[353] [日]大山岩根. 关于李商隐的〈四皓庙〉诗[J]. 东北大学中国语学文学论集,第二十一号(2006 年 11 月 30 日).

后 记

热浪又炙古城，太匆匆，怎堪光阴荏苒似流星。寒窗泪，苦雨醉，莫低头，倏忽九载青春已随风。

西北大学这座园子见证了我的努力，我的青春。流水的教室，铁打的自习室，阴凉的图书馆，挑灯的水房过道，还有令人热血沸腾的绿茵场，都留下了我深深浅浅的脚印。我熟识这园子里的每一条路、每一棵树，了解昏黄路灯的明灭规律，甚至与南门外小村庄的每家店铺老板都能拉上家常。那年推荐免试攻读硕士研究生者有我，那年提前攻读博士研究生者是我，如今颤颤乎乎呈送半青之果者亦吾。

这座园子也承载了师长们对我无微不至的关爱。书山学海虽路遥崖远，然欣遇恩师良友。九年前我懵懂而苦恼地来到西北大学，即得遇刘卫平师言传大学与气质之关系，遵其"既来之，则安之"的教诲，开始用心感受大学，融入汉语言文学专业，竟至深爱上这座园子。四年前我紧张地站在复试门口，李浩师肯定地对身边的老师们说我知道这孩子，并告诫我不要为"坐火箭"上来而沾沾自喜，要直面困难，在挫折中不断进取，我便真的一下子不再慌乱；每一次同李浩师面谈或书信，老师言辞间全是对学生的关爱与呵护，您的笃定与鼓励是我坚持读博努力奋斗的主心骨；面临情感的困惑，就业的巨大压力，您的谆谆教导与殷殷期望，为我打开一扇前所未有的窗，阳光才逐渐重新照进我的生活。

李浩师与卫平师慈父般爱护学生、激励学生，无数次的殷殷期盼与耐心点拨，筑成一座通向学海彼岸的彩虹桥。黄留珠师、阎琦师、张弘师、张文利师、李芳民师、孙尚勇师等都在我的论文构思、撰写、修改过程中给予了极大的帮助，陈大康老师、张新科老师、杜敏老师及土屋昌明（日）老师等也给予学生宝贵的指导意见，甚至在学生的学业瓶颈期不厌其烦地鼓励与帮助。

吾师亦吾父，其恩重，传道授业解惑无微不至，落红蜡泪春雨润物无声；其情深，不以吾之愚钝耐心蒙之，不以吾之才疏腾吾志气。每思至吾今日所谓“小成”，无不立巨人之肩，得高而见远。学生才疏学浅，幸博采众贤之光，方获甘甜之果。切切之恩，余常感激涕零，怀涌泉之心。

来自五湖四海的同窗兄弟姐妹，虽非亲人却情堪比手足，大家一起熬过漫漫雪夜，一起耐过炎炎酷暑，一起在课堂、饭桌、小径上讨论学业人生，甚至 2011 级所有师兄师姐围坐一堂为我出谋划策解困。岁月刻出圈圈年轮，寒暑熬去重重挚友，这条求学路多少崎岖坎坷，曾几度让我迷失濒临崩溃，但我内心真的满足，也真诚感恩，有你们一路同行，通往理想的道路氤氲而温暖。

硕博五载，父祖亦规勉，至亲常牵挂，三代共叙西大情缘。这座园子对我的意义不仅仅是读书，也是父辈夙愿得以实现的地方。最难报父母恩，奈何情深而笔短，一时竟无从言表。我能做的，只有尽力走稳脚下的每一步；能期盼的，只有不负其爱，做个让人放心的孩子。

苦累焦躁忘却，千山万水笑看。感恩与珍惜藏在心间，通向未来的路会走得更加坚定！

图书在版编目(CIP)数据

商山四皓本事及接受研究/魏敏著. —上海：上海三联书店，2020. 1
ISBN 978 - 7 - 5426 - 6569 - 0

Ⅰ. ①商…　Ⅱ. ①魏…　Ⅲ. ①历史人物—人物研究—中国—西汉时代　Ⅳ. ①K820. 341

中国版本图书馆 CIP 数据核字(2018)第 284702 号

商山四皓本事及接受研究

著　　者 / 魏　敏

责任编辑 / 殷亚平
装帧设计 / 一本好书
监　　制 / 姚　军
责任校对 / 张大伟

出版发行 / 上海三联书店
(200030)中国上海市漕溪北路 331 号 A 座 6 楼
邮购电话 / 021 - 22895540
印　　刷 / 上海惠敦印务科技有限公司

版　　次 / 2020 年 1 月第 1 版
印　　次 / 2020 年 1 月第 1 次印刷
开　　本 / 890 × 1240　1/32
字　　数 / 350 千字
印　　张 / 7. 25
书　　号 / ISBN 978 - 7 - 5426 - 6569 - 0/K · 510
定　　价 / 48. 00 元

敬启读者，如发现本书有印装质量问题，请与印刷厂联系 021 - 63779028